本书为江苏高校哲学社会科学研究项目
"当代俄罗斯国立大学治理问题研究"（2018SJA1086）
阶段性研究成果

转型期
俄罗斯国立大学 治理变革研究

解瑞红 著

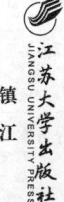

江苏大学出版社
JIANGSU UNIVERSITY PRESS

镇江

图书在版编目(CIP)数据

转型期俄罗斯国立大学治理变革研究 / 解瑞红著
. — 镇江：江苏大学出版社，2021.11
ISBN 978-7-5684-1543-9

Ⅰ.①转… Ⅱ.①解… Ⅲ.①高等学校—学校管理—
研究—俄罗斯 Ⅳ.①G649.512.1

中国版本图书馆 CIP 数据核字(2021)第 221657 号

转型期俄罗斯国立大学治理变革研究
Zhuanxingqi Eluosi Guoli Daxue Zhili Biange Yanjiu

著　　者/解瑞红
责任编辑/夏　冰
出版发行/江苏大学出版社
地　　址/江苏省镇江市梦溪园巷 30 号(邮编：212003)
电　　话/0511-84446464(传真)
网　　址/http：//press.ujs.edu.cn
排　　版/镇江市江东印刷有限责任公司
印　　刷/江苏凤凰数码印务有限公司
开　　本/718 mm×1 000 mm　1/16
印　　张/14
字　　数/260 千字
版　　次/2021 年 11 月第 1 版
印　　次/2021 年 11 月第 1 次印刷
书　　号/ISBN 978-7-5684-1543-9
定　　价/56.00 元

如有印装质量问题请与本社营销部联系(电话：0511-84440882)

目录

第一章 One

绪 论

从俄罗斯高等教育发展的进程来看，俄罗斯国立大学是重要发展主体。虽然近二三十年间俄罗斯私立大学数量在急剧增长，但仍然不能改变国立大学在俄罗斯高等教育体系中的主体地位。从属性上说，大部分国立大学属于联邦级，由联邦政府提供财政拨款并进行管理，少数国立大学属于俄联邦主体和市级教育行政部门，但多数拨款仍然由联邦政府负责。国立大学代表着俄罗斯大学的最高水平和最高层次，对俄罗斯国立大学进行研究，有助于我们发现俄罗斯高等教育和俄罗斯整个教育发展的特点和趋势。俄罗斯国立大学的改革和俄罗斯政治、经济、文化及意识形态的转型密切相关，外部环境的改变使国立大学内外治理体系发生了显著的变革。

第一节 选题缘由及研究意义

一、选题缘由

顾明远先生曾经说过："苏联解体以前的东西，我们摸得较透。但对解体后的俄罗斯，我们很缺乏研究。"① 从我国高等教育研究成果来看，20 世纪 90 年代以后，我国高等教育研究视野从苏联转向美国等西方国家，对于俄罗斯的研究多集中于苏联时期，对当前俄罗斯国情、社会发展情况、高等教育发展状况等研究很少。正如顾先生所言，我们对俄罗斯高等教育的研究出现了断层。以"俄罗斯国立大学"为主题词在 CNKI 上进行检索发现，相关文章 2020 年有 57 篇，2019 年有 54 篇，2018 年有 40 篇。2010 年到 2020 年累计为 479 篇。而 2010 年之前的研究成果基本上每年都呈个位数。从研究内容上进行分析，对俄罗斯国立大学进行理论研究的，2020 年为 3 篇，2018、2019 年均为 2 篇。2010 年到 2020 年，理论研究方面的论文累计只有 44 篇②。在文章类别中，介绍性、新闻式内容占绝对比例，纯理论研究凤毛麟角。俄罗斯是我们的邻居，也属于世界大国和强国，无论从哪个角度来讲，对俄罗斯和俄罗斯教育体制的研究都具有重要的价值。

从世界历史进程来看，20 世纪 70 年代起源于世界性石油危机的财政困难，导致很多发达国家和发展中国家出现经济衰退等危机。为了摆脱经济危机，20 世纪 80 年代以后，世界上多数国家在政治、经济、科技等方面都

---

① 万秀兰. 比较教育学科的发展战略与建设目标——浙江师大比较教育学科建设研讨会纪要 [J]. 全球教育展望，2008（4）：91-96.
② 数据根据 CNKI 论文归总，并经过主题筛选得来。

进行了一系列改革，其重要的表现形式就是社会各领域的结构性转型。

经济危机和社会转型同样对高等教育领域产生了冲击。经济危机导致各国财政赤字加大，从而影响了政府对高等教育的资助，引发了世界性高等教育财政危机。正如世界银行在《高等教育：不同经验的思考》中所论述的，世界经济危机使"全世界高等教育都处于危机之中"①。社会转型促使高等教育体系结构发生重大变革，传统治理模式解体，高等教育治理结构从上到下发生了根本性变化。在两种因素交互作用下，出现了20世纪八九十年代开始的世界范围内的高等教育大改革。从改革的特征来看，经费和财政改革是这次改革的主要领域，减轻政府财政压力，通过社会力量多渠道、多方面筹措资金是改革的主要内容。改革的主旨就是减少高等教育对国家财政的依赖，推进高等教育市场化。从改革的取向上看，吸收多种主体参与高等教育治理，简政放权、扩大高校自主权、提高高校民主化程度是主要方向。

20世纪90年代初苏联解体，俄罗斯社会政治制度、经济体制发生剧烈变革。在社会转型过程中，具有苏联政治经济体制烙印的国立大学不可避免地受到了冲击，传统的大学治理模式被打破，国立大学失去了"中央集权制"模式下的优势地位。在西方高等教育改革浪潮的冲击下，私有化、民主化和市场化思潮冲击着俄罗斯国立大学，推动俄罗斯国立大学不得不进行相应的改革，这可以定位为俄罗斯国立大学的第一次转型。

进入21世纪，俄罗斯社会转型进入一个新的发展时期，现代化建设成为社会发展的主要目标。2000年是俄罗斯高等教育改革的分界线，为了改变当时俄罗斯国立大学发展迟缓的情况，俄罗斯联邦政府提出了提高国立大学质量、实现高等教育全面现代化的发展目标。为了实现这个目标，俄罗斯联邦政府陆续颁布了一系列法令，自上而下地推进高等教育尤其是国立大学的转型和发展。把创建世界一流大学、发挥高等教育在国家高科技创新领域的引领作用定位为当时大学转型和发展的主要职责；强调要提高俄罗斯一流大学在世界大学排名中的地位，建立以大学为中心的国家创新体系。这可以理解为俄罗斯国立大学的第二次转型。

俄罗斯国立大学的两次转型都和俄罗斯国家转型有着紧密联系，第一次转型正值社会制度从社会主义社会转向资本主义社会，第二次转型则是国家从以西方为模板的社会模式转向探索建设俄罗斯自己的社会模式。也

---

① World Bank. Higher Education: The Lessons of Experience. Washington, 1994: 1.

因此，俄罗斯国家转型为国立大学的各种改革既提供了背景，又提供了方向和方法。

二、研究意义

（一）理论意义

从我国高等教育发展历史来看，新中国成立初期，苏联教育模式是我国教育管理制度建构的主要模板。当前，中俄两国都需要在教育服务市场化逐渐建立和完善的情况下，提高大学的治理能力和治理水平。将治理理论、社会转型理论等内容引入俄罗斯国立大学治理体系的研究，会使高等教育治理理论的研究更加坚实和丰富。伴随着整个教育制度的变革，从治理的视角分析大学内外部的管理问题，会成为俄罗斯高等教育研究的新视角。

（二）现实意义

20世纪90年代初苏联解体后，俄罗斯社会政治、经济制度都发生了裂变式的转型。经过一系列治理体系的变革，俄罗斯国立大学获得了广泛的自主权，特别是在普京任总统执政以后，俄罗斯联邦政府对高等教育实行了大刀阔斧的改革，包括政府拨款制度、招生考试制度、学生资助制度等。其宗旨是重塑大学和政府的关系，提高大学的自主性，提高大学内部治理的能力，包括允许国立大学开展有偿教育服务、从事经济活动、自主寻求多样性资金来源等。这种改革的趋势和世界高等教育形势的发展有一定的形似性，符合世界高等教育发展的潮流。近年来，中俄两国合作程度不断加深，而高等教育领域的合作和交流对两国可持续发展具有巨大的推动作用。国立大学是俄罗斯高等教育体系的主体，对转型期俄罗斯国立大学内外部治理问题的研究具有重要的现实意义，并能为我国高等教育体制改革提供有益借鉴。

第二节　相关概念的梳理

一、转型期

转型代表着变化和变革。20世纪90年代以来一些变革国家内部发生了巨大变化——国家政治、经济体制遭到颠覆，人民的谋生和生活的方式已经改变，从政治、经济体制看完全成了全新的国家。"真正的俄罗斯社会转型应该始于 1992 年的私有化改革，将俄罗斯的整个经济体制从过去的计划经济主导转移到以市场为中心的轨道上来"①，本书所说的转型时期特指 20 世纪 90 年代初期苏联解体以后俄罗斯在政治、经济、社会、意识形态、教育领域发生激烈社会变革的一段历史时期。今天，苏联解体已经过去了 30 多年，这些年来，俄罗斯的社会结构以政治变革为中心发生了深刻变革。之所以要把转型期作为俄罗斯国立大学研究的主要背景，是因为：第一，90 年代初俄罗斯社会发生了剧烈的变革，这种变革是突发的，它直接导致世界上一个超级大国的整个社会结构发生了根本性变化；第二，在国家治理上，在由高度集中的计划经济体制和政治体制向市场经济体制和民主法治体制的转换过程中，政府的治理体系和治理结构发生了根本性变化，这些变化必然促使国立大学治理方式发生根本性转变。社会主导价值观和意识形态的改变，影响国立大学的变革方向。90 年代初，随着苏联解体，西方所谓的自由主义思想横行于俄罗斯政治、经济、社会领域，这种思潮严重分裂了俄罗斯联邦中央和地方的关系，讨价还价成为中央和地方主要的政治协商模式。普京执政后，力求重塑中央权力，形成了一个相对集中的中央政府，促使俄罗斯国家治理模式从完全分权向相对集权转变。国家治理理念的变动也导致了国立大学治理模式的摇摆变动，这是转型期的社会发展特点对俄罗斯国立大学治理模式变革的显著影响。

二、俄罗斯国立大学

（一）定义

国立大学，我们通常理解为"国家设立的大学"，即由中央政府教育部门设立并直接管辖，校长由中央政府或国家教育管理部门任命，经费来自国库，冠以国立之名称的公立大学②。从世界大学排名来看，除美国等少数几个国家的大学外，在大多数国家中，国立大学往往在其大学序列中处于前列，代表国家最高的教育水平。虽然自新中国成立以来，我国基本上取消了国立大学的称呼，但国家设立、国家教育部门管理、国家财政拨款等国立大学的基本特征没有改变，因此并不影响国立大学的定义。从属性上说，由于国立大学经费主要来自国家，具有准公共组织的属性，因此必然

---

① 赵定东，杨政. 俄罗斯社会转型理论及立论基础析论［J］. 西伯利亚研究，2005（4）：48-51.
② 李木洲，刘海峰. 民国时期国立大学的设立与分布［J］. 高等教育研究，2014，35（4）：79-85.

需要体现一定的公共利益。

俄罗斯国立大学主要继承于苏联时期的大学，虽然私有化、市场经济因素等社会组织结构变革对国立大学产生了巨大影响，但主要经费来自国家拨款、由联邦主管部门进行直接管理、实行校长任命制等特征仍然存在。

（二）国立大学的法律组织形式

国立大学的法律地位反映了大学与国家、社会的相互关系，它是由国家法律规定、国家教育管理机构监督执行的。强调国立大学的法律地位，目的是明确国立大学本身的权利和责任是受到法律保障的，国立大学治理权力、能力、责任体系及组织结构是得到国家法律认可和保护的。

国立大学的法律组织形式一般包括举办者构成、财产制度、创办学校的各种相关文件、学校管理制度和机构等。《俄罗斯联邦教育法》第 11 条第 1 款"国立和非国立教育机构"中指出，允许国立教育机构以《俄罗斯联邦公民法》中非商业性机构组织形式的规定创办。《俄罗斯联邦教育法》关于国立大学性质的相关规定，一方面为国立大学的创立、发展确定了政策和法律规范，另一方面也表明需要促使国立大学按照自身特点进行个性化发展。俄罗斯国立大学的法律依据自上而下一般包括三个层次：第一个层次是元法律，即联邦《宪法》对国立大学的相关规定，如对国立大学非商业性机构的性质界定等，这是最高层次的法律规定；第二个层次是部门法律，是由以联邦政府为主体的俄罗斯教育管理部门或高等教育管理部门颁布的相关法律或法规，如关于高等教育发展目标、发展阶段等的法令和文件，它往往成为国立大学发展的宏观背景，指引着国立大学的发展方向；第三个层次是国立大学自己颁布的章程和相关的规章制度，它代表了大学内部的治理结构和权力划分。

按照总法和相关部门法的规定，俄罗斯国立大学在法律上享有行政权力、行政执行权力并承担相关的责任。国立大学的行政权力是指大学拥有从事教育活动的权力，大学有落实国家教育大纲的权利和义务；行政执行权力一般是指在获得办学许可证并通过国家鉴定后，国立大学拥有颁布高等级大学及职业教育国家统一式样毕业证书的权力。国立大学的责任主要有：有义务严格按照国家教育标准完成教育活动；有义务提供相应的法律法规所要求提供的信息和文件；需要按照国家要求获得办学许可并根据相关要求进行国家鉴定。

国立大学的权利和义务必然需要国家相应的法律保障，有序、稳定的国家教育管理体制是国立大学法律地位、国立大学组织活动调控的重要保障，也是大学治理体系建立的主要依据。

（三）国立大学的形式

俄罗斯高等教育体系主要包括综合大学、学术学院和专门学院三种组织形式。当前，俄罗斯国立大学主要以综合大学、学术学院为主，专门学院较少。

（四）国家鉴定

俄罗斯的大学只有通过国家鉴定才能颁发国家统一式样的毕业证书，从目前俄罗斯国立大学的发展趋势来看，基本上都通过了国家统一鉴定，具有独立的办学资格。

三、统治、治理与管理

社会学中，统治是指建立在外在强制力量基础上的控制方式，其目的是维持一定的社会秩序，当通过强制性手段迫使人服从的时候，就表现为统治。在政治学中，"统治"一是指个人、组织或阶级为了维持自己的利益，通过政权等形式支配其他个人、组织或阶级的过程；二是指个人或组织凭借政权、军队来控制和管理国家或地区。"统治"包含着浓烈的权力和支配的意蕴。

《荀子·君道》中将治理表述为："明分职，序事业，材技官能，莫不治理，则公道达而私门塞矣，公义明而私事息矣。"治理理论的创始人詹姆斯·N. 罗西瑙（James N. Rosenau）认为，治理是对相互竞争的利益主体进行协调时发挥作用的原则、规则和程序[①]。因此，治理可以是一种制度安排，建立在相关利益主体相互协调的关系之上[②]；可以是一种实践方式，是正式权威和非正式权威权力在大学管理中的实践安排[③]。治理强调的是利益相关者的互动和协调。治理是一种目标的支配活动，政府可以是主体，但不一定非得依靠强制或权威来实现。

从以上定义可以看出，"统治"强调强制和权威，"治理"中包含着权威的因素，但这个权威是共同主体参与的结果。治理更强调政府与各种社会主体之间的合作。"统治"的运行向度是自上而下的，权力向度是单一的管理；而"治理"的运行向度是上下互动的，主要形式是协商、合作、伙

---

① ［美］詹姆斯·N. 罗西瑙. 没有政府的治理［M］. 张胜军，刘小林，等译. 南昌：江西人民出版社，2001：9.

② 李福华. 大学治理的理论基础与组织架构［M］. 北京：教育科学出版社，2008：24.

③ 王洪才. 大学治理的内在逻辑与模式选择［J］. 高等教育研究，2012，33（9）：24-29.

伴关系，权力向度是多元的[①]。

管理学中将管理解释为由计划、组织、指挥、协调及控制等职能要素组成的活动过程，以期高效地达到既定组织目标[②]，"是管理人员通过做决策，分配资源，指导别人的行动来达到工作的目标"[③]。

治理和管理的区别在于，治理的主体是多元的，管理的主体具有唯一性和特殊性；治理和意识形态、文化观念有关，不同的意识形态和文化观念会产生不同的治理模式，而管理更多的同生产力和科学技术水平相关；治理多指向宏观领域，在一定程度上要服从法律和道德的因素，但当社会性质发生变化时，治理重新引领法律和道德的建设，管理指向微观领域，涉及技术和具体方法；治理是长期的，管理是短期的、多变的；等等。

政府职能从"统治"到"治理"的转变具有划时代的意义。一方面，它缓解了政府和社会各种主体的矛盾，实现了各种社会主体和社会关系间的良性互动与和谐共处。另一方面，它又实现了从一元主体到多元主体的转变，而多元主体的共同治理是应对当今社会复杂多变情况的有效途径。这种转变还代表着各个主体关系间权力与权利关系的重新调整和定位，推动了社会中新秩序的生成。在全球化时代，从"统治"走向"治理"是发达国家和发展中国家政府正在进行的积极改革。

大学的外部治理是政府与大学关系规则的建构，规定着政府、大学和其他社会主体的权力边界和运行机制，对大学发展具有战略指导作用。大学的内部治理是大学内部关系和利益主体框架的架构，指引着大学具体的管理方式。政治、经济、社会结构的急剧转型需要大学治理体系的变革。可以看到，尽管转型方式略有差异，但基本方向都是从一元强单一治理模式向多元协商治理模式转型，其中蕴含着放权、法治、民主等价值诉求。

---

① 陈广胜. 走向善治：中国地方政府的模式创新 [M]. 杭州：浙江大学出版社，2007：124-125.
② 周三多. 管理学：原理与方法 [M]. 2版. 上海：复旦大学出版社，1997：10.
③ 孙永正. 管理学 [M]. 2版. 北京：清华大学出版社，2007：8.

第三节　文献综述

一、俄罗斯大学外部治理的研究

（一）关于俄罗斯社会转型的研究

社会转型是指社会经济结构、文化形态、价值观念、生活方式等发生转变[①]。俄罗斯社会转型问题是冷战后日本学者较为关注的一个研究领域[②]。1992 年以后，俄罗斯从计划经济体制转为市场经济体制，政治、经济、文化、意识形态都发生了深刻的变革。从词源上说，"转型"一词比"改革""过渡""转变""变革"等词的概括性更强，能更好地表现出那一段历史时期社会发展的主要特色。而俄罗斯的转型期具体指的是 20 世纪 90 年代以来，时至今日，伴随着苏联的解体，俄罗斯持续经历着的政治、经济、文化等领域转变的时期。具体表现为：在政治体制上从苏联时期的高度集权政治模式向以总统、多党制、三权分立为特征的西方式政治模式转变；在经济体制上从苏联时期的高度集中的计划经济体制向市场经济体制过渡，在所有制结构上私有制取代苏联时期的公有制；在意识形态上从一元的共产主义思想形态向多元化的意识形态转变；在社会层面上实现了从"无阶级"到有阶级的社会结构转变；在国家结构上从各加盟共和国组成的联邦制国家向单一联邦制国家转变[③]。俄罗斯社会转型期大致可以分成以下三个阶段[④]：第一，1992 年是俄罗斯自由化改革或者说社会转型的开始，传统的社会主义政治和经济体制瓦解，社会结构随之发生重大变化，俄罗斯又重新建构了西方式资本主义治理模式。第二，在叶利钦执政时期（1991—1999），俄罗斯政治和经济体制变化最为激烈，社会结构同样也是如此，社会纵向流动速度加快。叶利钦执政后期，1998 年金融危机之后，俄罗斯社会结构变化开始趋向平稳，此间社会变革最大的特点是对于私有化的改革。第三，2000 年至今，俄罗斯政治、经济及社会局势平稳发展，特别是普京执政后，对俄罗斯各个领域进行了深入改革：对内继续走民主化改革之路，

---

① 安方明. 社会转型与教育变革：俄罗斯历次重大教育改革研究［M］. 北京：社会科学文献出版社，2006：5.

② 阎德学. 冷战后日本关于俄罗斯社会转型研究综述［J］. 俄罗斯中亚东欧研究，2012（4）：86-91.

③ 姜炳军. 俄罗斯研究生教育传统与变革的研究［D］. 北京：北京师范大学，2006：49.

④ 王广振. 转型期俄罗斯中产阶级问题研究［D］. 济南：山东大学，2007：7-9.

实施具有俄罗斯特色的"新政"，在稳定社会秩序和市场体系、提高经济水平等方面取得了显著效果；对外致力于打击一切反俄罗斯势力，重建俄罗斯国际形象。通过一系列改革，俄罗斯市场经济体制逐渐完善，社会结构变化逐渐正常化、平稳化，公民重塑国家信心。

本书所设想的俄罗斯社会转型应该指从苏联解体至今，俄罗斯在政治、经济、社会、文化等领域的转型过程。

（二）关于国立大学、政府、市场关系的研究

刘省非在《教育市场化——转型期俄罗斯高等教育改革研究》一书中阐述了俄罗斯社会从高度集中的计划经济向现代市场经济转型所导致的政治、经济、社会结构发生重大变革的情况下高等教育领域的改革；阐述了俄罗斯高等教育在市场化条件下逐渐建立的分权化管理体制、多元化办学主体、扩大化办学自主权、竞争性市场机制、自主性招生分配制度、多样化资金筹措途径等。李丽在《大学与政府：俄罗斯高等教育与国家崛起》一书中侧重从大学外部治理的角度分析在转型期大学与政府的关系，系统分析了俄罗斯社会发展的不同时期大学和政府的关系，如：在苏联时期大学是加强无产阶级专政的工具，为社会主义建设培养人才，同时也出现了教育政治化、意识形态化的极端局面；苏联解体后的初期，在社会私有化的背景下，大学获得了短暂的自治，但随后政府重新加强了对大学的控制。此外，对于俄罗斯大学的宏观治理问题，很多学者认为，理顺大学和政府的关系是高等教育改革的重心。如王书武、宋丽荣（2009）认为，大学与政府的关系是国家高等教育治理体系中的核心问题，对大学的发展起着引导和指向的作用。在现代政治治理下，高校管理面临着一系列的挑战[①]。社会环境的转型迫使俄罗斯国立大学必须进行内外治理体系的变革，这种变革一般由政府主导，社会力量广泛参与。由于历史传统惯性的影响及相似的高等教育治理体系，研究俄罗斯大学与政府关系，对中国建构大学与政府关系理论具有启示意义。刘淑华（2016）认为，苏联解体后，俄罗斯高等教育发生了激烈的变革。在变革中，各种关系得以重构，苏联时期全面控制式的高等教育外部治理模式正在被政府、市场、大学、社会多元分化的现代高等教育外部治理模式取代。在新模式中，对高等教育，政府职能从全面控制和直接管理转变为宏观调控和间接管理。分权化、民主化成为

---

① 王书武，宋丽荣. 现代政治治理下的俄罗斯大学与政府关系［J］. 继续教育研究，2009（10）：155-156.

高等教育治理体制改革的重要理念，社会、市场等社会主体的权力在高等教育权力体系中增长迅速，市场、社会力量参与高等教育治理的途径增多，力度加大。高等教育治理体系中形成了国家—社会管理模式，大学自治权扩大，大学拥有了一定的学术、行政和财政自主权①。与此相对应，为了更好地整合人力和资金等各项资源，提高组织效率，2010 年俄罗斯将联邦教育署和联邦科学与创新署并为联邦教育与科学部，并相应地进行了人事和管理机制的改革，联邦教育与科学部成为高等教育最高管理机关，具有行政管理和决策的权力。此项改革的目的是便于国家集中优势资源，进行一流大学建设。大学内外部权力分配问题研究的集大成者是霍里金，他认为，高等教育发展主要受到四类权力的影响：政治权力、经济权力、企业权力、团体权力。政治权力以社会实践为基础，最终反映在高校发展中就演变成了法律法规对高校的约束；经济权力与市场紧密相连，在市场机制下体现经济权力的运行，因而经济权力会对高等教育提出要求，但也会为高等教育提供需求和资源，它的杠杆作用比较灵敏；企业权力建立在绩效的基础之上，强调高等教育发展的产出效率，也强调权力主体之间所有的契约关系；团体权力则建立在信息与联系的基础之上，体现的是高等教育机构在运行过程中享受公共团体资源的目的②。苟立云（2006）对俄罗斯大学教育的几大走向进行了总结，她认为，伴随着俄罗斯经济的恢复，俄罗斯大学教育的走向发生了新的变化③。王会花（2018）认为，当前俄罗斯政府加强了对大学的分类管理和监控，其主要方式是对国立大学和非国立大学实行不同的国家评审和认证制度④。

关于大学和市场的关系，俄罗斯学者大多是根据转型时期产生的主要矛盾进行分类的，主要包括以下观点：

其一，差异论。这是对苏联时期高等教育管理方式的一种否定观，这种观点强调要"去国家主义"，认为大学和政府是两种性质不同的社会组织，双方在争取大学的领导权上是竞争的关系，代表人物为科年杰夫（Князев Е. А）。他认为，俄罗斯大学存在着改革与反改革的周期性运动：改革时期寻求高等教育的自我发展，强调大学自主、自治、自由的权力；

---

① 刘淑华. 近 20 年来俄罗斯的高等教育外部治理变革 [J]. 高等教育研究，2016，37（7）：90-97.

② Холкин Д В. Управленческий консалтинг в высшей щколе [J]. университетское управление，2004（2）：21.

③ 苟立云. 俄罗斯大学教育的几大走向分析 [J]. 黑龙江高教研究，2006（7）：151-152.

④ 王会花. 俄罗斯高等教育评估体系发展脉络及启示 [J]. 世界教育信息，2018（1）：48-52.

反改革时期则体现为政府控制的强化，大学要无条件地遵守政府的各项决议①。俄罗斯治理体系的改革就是政府控制与大学自治之间的循环。俄罗斯独立的早期处于改革阶段，因此大学获得了一定的自治权。社会改革基本确定后，就到了反改革时期，政府又加强了对大学的控制。科年杰夫（2007）认为，国家政策的变换总是左右着大学的发展战略，形成了大学治理控制与反控制的上升和下降的曲线。国家、社会和大学三者的关系，事实上是"谁服从于谁"的问题，改革与反改革总是交替存在的，呈现周期性的运动轨迹，由于这种趋向，大学治理是随着外界政治环境而动荡的②。持这种观点的学者还认为，大学要远离政府，"除非大学面临危机，国家权力不应该对大学的知识生产和科研工作施加任何政府限制"③。萨维里耶夫（Савельев А. Я.）也认为，国家是大学的创办者和出资人，这对大学具有积极的作用，但也要看到，从属性上说，政府倾向于管理和控制，大学则崇尚自由，两者之间是对立的关系，其斗争贯穿于大学治理体系建构的始终。大学只有获得充分的自治才能发展，而政府的干预对此是消极的④。

其二，同一论。这种观点认为，大学是政府的附属机构，服从国家的领导是大学的义务，国家的战略就是大学的目标。这种观点强调国家利益至上，是一种"国家主义"观。大学和国家是统一的，国家利益是大学所有行为的最终目的。卡列尼科夫（Колесников В. И.）就认为，俄罗斯国立大学是由国家出资创办的，大学的学术自由和自治必须建立在国家体制的规范下。民主化不应该成为影响国家监督和领导的借口，国家监督和领导的方法应该具体细化到大学的日常工作中去⑤。国家对大学的日常管理是国家进行治理的主要方式和手段。科贝尔（Копыл А. Н.）考察过俄罗斯大学发展的历史后认为，俄罗斯的大学传统上就具有显著的服从性，这是与俄罗斯的文化和历史发展相一致的，高等教育培养受教育者的爱国思想和意识，培养的受教育者要具有高尚的道德并服从国家意志⑥。国家和大学的关

---

① Князев Е А. Автономия и авторитарность – исторический обзор реформ отечественноно высшего образования [М]. М.：НИИВО，1991：1.

② Князев Е А. О греформ образования. доклады на44-йконференции [J]. Посев，2001г. http：// www. posev. ru/2007-06-20.

③ Сперанский Н. Государство и наука [J]. Вестник Высшей школы，1991（6）：88-94.

④ Савельев А Я，Момот А И，Хотеенков В Ф и др. Высшее образование в России：Очерк истории до 1917 г [М]. М.：НИИВО，1995：64.

⑤ Колесников В И. формирование системы управления университетами в России [J]. Педагогика，2003（2）：48-54.

⑥ Копыл А Н. Проблема преемственности в русской педагогике XVIII-XIX вв. [J]. Педагогика，2006（7）.

系是上级和下属的关系。

其三，求同论。这种观点不主张把国家和大学分裂开来，认为大学与政府都是社会中的重要组织，都有各自的权利和义务。大学的自治本身就是国家所赋予的，因此自治本身也是国家权力摄入的结果。科年杰夫认为，大学管理与政府管理是不同的管理方式，政府的管理是行政的官僚管理模式，而大学的管理则需要放权，弱化行政命令。在治理体系建构中，要明确政府和大学的协作关系，在提高大学自主权的同时，也要明确大学的责任①。由于组织性质的差异，大学和政府组织是不同的，但二者在共同的场域中要寻求合作的可能性。巴拉巴诺娃（Барабанова С. В.）对此比较认可。她认为：一方面，大学不能完全交付市场，必须依靠国家的财政支持；另一方面，国家对大学的管理方式应该由行政命令转变为法律和政策的手段。"市场经济不是能够解决所有问题的，有些问题需要国家实行社会文化调节与管理职能，国家由行政管理走向国家调整。这意味着国家对大学的影响在新条件下转变为：预测和计划功能、组织调节功能、实践调节功能及监督功能，即计划、组织、分配、协调与监督五个方面。"②

综上所述，20世纪末俄罗斯教育制度的改革主要表现为五个方面：一是将市场和竞争引入高等教育体制中；二是促进高等教育领域的私有化，立法允许和促进非国立大学的产生和发展；三是多种主体参与的协同治理机制的建立；四是高等教育培养体系中对个性的强调；五是高等教育治理体制中的自治化和权力下移。转型期俄罗斯的大学外部治理中最显著的特征是政府职能转变与大学自主权增加。联邦中央主要是对全国教育实施宏观管理，制定国家教育法律和国家教育标准，实施教育监控，对直属教育机构进行直接管理。联邦主体和地方自治机构的任务是贯彻并实施中央教育政策，制定辖区内的教育法律、教育法规、教育纲要和教育标准，决定辖区内学校领导的任免，决定辖区内高校的设置与撤销，发展辖区内的教育机构。大学内部的具体工作则由大学自行决定，这些权力包括：在行政自主权方面，大学自主选举校长，校长在学校全体会议上选举产生，经国家鉴定委员会审核，报经上级教育管理机关批准；全面推行合同聘任制，大学有权决定人员编制，决定教职工的招聘、解聘、职称晋升等事宜；自主选

---

① Князев Е А. Об университетах и их стратегиях［J］. Университетское управление：практика и анализ，2005（4）：9-17.

② Барабанова С В. Государственное регулирование Высшего образования в русскийсой федерацииадминистративно-правовые вопросы［M］. Казань：Изд-во Казанского государственного университета，2004：45.

择和解聘院长及行政人员；有权自主形成内部管理结构，自主决定设立和撤销除分校以外的分支机构，分支机构的地位和功能在高等学校章程中加以规定；在财政自主权方面，高等学校自主支配国家拨发的预算资金；等等。

二、俄罗斯国立大学内部治理的研究

（一）关于国立大学的法人地位的研究

尼卡拉耶夫娜（Николаевна）对大学内部治理的发展过程进行了阶段性的划分。第一阶段是1991—1999年，这是苏联解体后高等教育的改组和动荡阶段，高校在自治和政府控制之间来回摆动。第二阶段是2000—2007年，这个阶段联邦政府致力于鉴定标准的设计，政府对大学改变了直接行政管理的方式，开始转为以监督为主的间接管理，大学自主性增强。第三阶段为2008年至今，在明确了目标的基础上对大学进行系统的评价。她认为，这个发展过程是大学自主性不断增强的过程，大学内部治理逐渐在大学治理结构中占有主导性的地位[1]。克利切夫斯卡娅（Кельчевская Н. Р.）认为，国立高等教育机构作为组织—法律机构有三个层次。第一个层次为教学—生产共同体，包括大学及其分支，甚至是具有法人地位的附属机构和组织。这个共同体的稳定性和整体性由法人代表的章程与合约确立。这个系统并不稳定，因为各种经济利益和冲突产生了各种类型的矛盾并使管理过程复杂化。第二个层次是作为统一法人，不包括分支、部门和其他法人代表的权力分支，也就是说国立高等教育机构是单一制的机构。管理大学的权力属于校长，劳动和服务市场的所有契约关系由大学自身来实现。这类体制是稳定的，但不是高效的，因为结构分支的领导者缺乏某种自治权力导致创造性的缺失。第三个层次是国立大学作为法人代表，但包括所有分支机构：分校、代表团、部门及类似机构，这类分支的地位和功能由大学章程条例所规定。大学内部各层次结构分支的存在，使得它们之间的关系按照两个方向发展：水平方向和垂直方向。水平关系在同一水平各结构分支之间发展，培养高水平人才是其活动的主要结果。垂直关系处于垂直整合的各层次之间，并取决于财政资源的中心化及按照结构分支的再分配。在组织大学内部经济关系体制时，必须确立组织结构分支的具体功能和经济功能的个性化条件。组织经济关系的主要目的在于促进各个环节提

---

① Анатольевна А М. Анализ эффективности методов управления университетом［J］. Территория новых возможностей. Вестник ВГУЭС, 2015（28）: 44-51.

高效率①。大学内部治理能力的提高，主要体现为第三个层次。大学需要具有独立的法人地位。

（二）关于国立大学内部治理特点的研究

苏联时期，国立大学的内部治理主要体现为"中央集权式"的治理模式。苏联解体后，随着社会制度的改革，放权和民主成为大学治理的主流。张宝泉在《高等学校管理比较》中对苏联时期高等教育内、外部管理与权力关系进行了分析，"苏联的高等学校内部管理贯穿了国家的中央集权制的精神：管理体制上实行的是一长制，即校长负责制；管理过程强调的是计划指导"②。为此，韩骅梳理了俄国学术自治的历史，指出："俄国大学深受德国、法国大学的影响，在沙俄时期存在一定的学术自由和学术自治，到苏联时期，国家主义价值观在一定程度上束缚了大学的自治权，高度中央集权的管理体制限制了大学的自治权，苏联解体后，高等教育进行了权力下放和去中心化改革，但高等教育管理高度集中仍然是高等教育的主要特征。从历史传统的角度看，俄罗斯疆域广阔、民族众多、权力分散，为了维护相对统一的教育空间，客观上需要实行统一的管理制度。"③ 但不可否定，苏联解体后，由于社会变革及价值观念转变的影响，高度集权的管理模式不可避免地要发生改变。宋丽荣等人认为，政策引导是支撑高等教育治理的主要方式，政府通过法律确定大学自治，在大学章程中对治理的权限进行规范④。肖甦、王义高在《俄罗斯教育 10 年变迁》中指出：苏联解体后，虽然从最高管理权力机构的变更来看，俄罗斯高等教育管理体制似乎是典型的中央集权，然而实践表明，管理权限已经逐步呈现出分权化、非集中化趋势，联邦最高权力机关和教育管理机关对教育实行宏观管理，而实行国家鉴定则是中央集权对教育部门实施宏观统一管理的最好例证之一。地方自治机关权限加大，从国家预算拨款结构也可以看出分权化趋势。同时，大学内部管理的民主化和自治权同样有扩大化趋势，主要体现为：大学具有了财产权，土地、房屋、进行教育活动的相关设施为大学所有；大学有权拥有法律规定的合法收入；大学有权根据政府颁发的教育许可证的相关规定，自行进行专业设置，决定招生规模和层次；大学有权根据高

---

① Кельчевская Н Р. Организационно-правовая структура государственных высших учебных заведений [J]. университетское управление, 1999 (4)：8—11.
② 张宝泉. 美·苏·英·德·法高等学校管理比较 [M]. 长春：东北师范大学出版社, 1998：265.
③ 韩骅. 学术自治：大学之魂 [M]. 北京：中国文史出版社, 2005：66.
④ 宋丽荣, 刘颖, 王书武. 俄罗斯高等教育治理探析 [J]. 教育探索, 2016 (12)：144—146.

等教育国家标准所提出的要求，制定教学计划和大纲，选择教学方式和方法；大学有权确定学校结构、人员编制、劳动报酬等；大学有权从事国际教育合作及对外经济活动；等等①。尤其是 2001 年《俄罗斯联邦高等职业院校的标准条例》对高等学校教学方面的自主权做出了全面详尽的规定，在教学方面，高校在教学计划、教学内容、教学方法及教学评价上可自行决定②，并且在符合国家鉴定要求的条件下，高校可以自行授予学位。对此，科年杰夫把新公共管理理论引入大学治理中，指出当今大学的行政管理行为与大学治理在本质上已经是不同的概念了，大学治理由以行政命令为主转向以法律、制度为基础的公共治理形式。大学治理的原则趋向于放权和去中心化，弱化行政命令，赋予更多的学术自由③。

（三）关于国立大学内部治理权限的研究

不可否认，当前俄罗斯国立大学的自治权在逐渐扩大，大学可以自主决定行政管理机构的设置、职权的分配、人员编制的设定，以及教职工的招聘和选拔。在不超过办学许可证所规定的学生数额的前提下，大学可以自主确定招生名额；大学可以根据国家法律和学校章程的规定，自行制订培养方案、教学计划、课程大纲并对学生的学习成绩进行鉴定，可以自主制订本校教育大纲标准及人才培养规格与要求；大学可以自行决定教职工工资标准，职务工资、津贴、职务工资补贴标准及奖金发放程序。俄罗斯高等教育民主化直接促进了高等教育主体的多元化。目前，俄罗斯高等教育的参与主体一般由国家、高校及社会联合组织共同组成，高等教育管理由这几个参与主体实施，它们在各自的管辖范围内行使职权，相互独立又相互联系，彼此不冲突。对于高校自身来说，院校是核心，院校将具体的工作任务分配到各部门，各部门负责承担相应的责任并行使相应的权力，各系及各教研室协助院校进行管理④，这无疑增加了大学基层治理机构的权限。但从现实的执行情况看，仍然存在着一系列的问题。如王义高（2000）所言，俄罗斯高校管理的分级化和非集中化、民主化和自治化，只是文献中的规定或反映，实际情况则往往走了样，致使法律条规纯系"纸上谈兵"，或并无约束力而出现失控，或照旧显得集中、干预过多⑤。张男星

---

① 肖甦，王义高．俄罗斯教育 10 年变迁［M］．北京：北京师范大学出版社，2003.
② 陈汉强．俄罗斯高校内部管理体制变革述论［J］．理工高教研究，2009，28（5）：95-98.
③ Князев Е А. Об университетах и их стратегиях［J］. университетское управление，2005（4）：9-17.
④ 董红梅．俄罗斯高等教育改革措施研究［J］．黑龙江省政法管理干部学院学报，2016（2）：154-155.
⑤［俄］Yaroslav Kuzminov，Maria Yudkevich. 横向学术治理与纵向行政约束的博弈：俄罗斯大学治理模式变革案例分析［J］．韩梦洁，译．中国高教研究，2016（5）：73-76.

（2002）也认为，俄罗斯高等教育正在进行多层管理机构共同管理的改革，改革的中心是通过法律的形式明确国家和大学的权限，重心是民主化、分权化、解中心化，而由于历史、文化传统的原因，俄罗斯传统村社文化对大学体制的改革具有重要的影响。受此影响，集权制的管理方式在大学中仍然具有根深蒂固的影响①。正如俄罗斯莫斯科国立研究大学高级经济学院副校长 Maria Yudkevich（2016）所认为的，俄罗斯的高等教育系统存在较强的纵向（行政）控制和较弱的横向（学术）控制，这种权力分配在很大程度上是由国家学术市场的衰弱和机构之间的教职流动性低造成的，在过去十年里，传统以教师主导教学为核心的治理模式伴随着许多支持教职工参与研究政策的出现而悄然发生改变②。为此，吴洪伟（2005）说，俄罗斯高等教育管理在致力于实行民主化原则，将管理权或监督权交付给更多的社会主体的同时，也应该成立独立于管理机关的鉴定组织③。罗曼科娃则认为，现代俄罗斯大学内部治理的重要特点是社会团体加强了对高等教育政策的权力影响，如俄罗斯大学校长委员会④。安娜诺里耶夫娜更强调学生要参与大学的治理，她认为，大学有义务为学生参与大学治理创造合适的条件⑤。克里斯达在《大学管理系统的创新和优化》一文中谈道，相对于传统单一的管理模式，现代大学的治理需要采用新的管理方式和系统，这必须调整院校结构，提高教师的教学效率，使教师参与到学校的治理中来⑥。对此，波拉萨拉娃则系统论述了综合大学里人力资源的管理途径。她认为，在现代综合大学里，人力资源的管理途径发生了重大的改变，大学必须形成特定的人员储备、设计新的科学的管理模式对教师进行激励，对教师进行科学的绩效评价，对大学校园进行文化管理，并致力于通过共同感的建立增加教师对大学的归属感⑦。叶戈尔申把系统论的观点引入大学的内部治理，要求教育机构作为分系统相互关系的综合，这是战略管理的目标。他

① 李雅君，刘彦尊 . 连续与非连续：俄罗斯教育改革模式［J］. 教育理论与实践，2010，30（10）：26-29.

② Романкова Л И. Высшая школа：Социальные технологии деятельность［M］. M.：НИИВО，1999：65.

③ Анатольевна К Л. Модель［J］. Вестник КГУ им. Н. А. Некрасова，2011（5）：247-249.

④ Криштал М М. Генерация инноваций и оптимизациям системы управления университетом［J］. Экономика образования，2012（4）：34-39.

⑤ Ворошилова Е Н. Управление кадровыми ресурсами многопрофильного университета［J］. иновации-рацесса кадровыми ресурсами многопрофильного университетаоная наука，2015（4）：32-34.

⑥ Егоршин А П. Перспектива развитияо бразования россии в X X I в［J］. университетское управление，2000（4）：50-64.

⑦ Ворошилова Е Н. Управление кадровыми ресурсами многопрофильного университета［J］. иновации-працесса кадровыми ресурсами многопрофильного университетаоная наука，2015（4）：32-34.

认为，高等教育机构是教学、科研、经济、管理、监督和财政六个分系统功能互相作用的综合①。这些研究可以洞见俄罗斯国立大学内部治理的权限特点：管理走向法制化，大学运行的依据是联邦法律和大学章程；一长制与会议制相结合，校长直接管理学校，校全体大会和校学术委员会实施总领导；决策主体分散化，教师、学生、社会力量等主体开始参与学校管理；权力中心下移，系和教研室成为拥有一定自主权的组织②。

（四）关于国立大学治理权限划分的研究

1961 年，苏联政府颁布了《高等学校教研室条例》，1981 年又进行了修订，具体规定了教研室的性质、职能、结构、任务、成立和取消的程序及相关的工作流程等。就当前俄罗斯国立大学的机构设置来看，教研室仍然是重要的基层组织，体现为校—系—教研室三级。转型期俄罗斯国立大学改革效果的表现形式就是大学管理权限的下移。在内部直接表现为大学自主权不断下移，大学内部的系与教研室的自主权逐渐扩大，最直接的表现就是学校和学院责任划分的变化。学校的责任是制定学校发展战略、制定发展目标、评定考核、对外联络等。各系的责任是负责学科建设及教学、科研等工作，具有人事任免、调配，以及对专业进行调整和对教育资源进行配置等权力。系主任和系学术委员会共同管理系工作，系主任主持日常工作，系学术委员会对系实施总领导，系学术委员会的权责由校学术委员会确定，包括系学术委员会的建立、活动程序、人员构成等。系主任是系学术委员会主席，系学术委员会决定专业是否取消、选举系主任、设立系分支机构，以及向学校学术委员会推荐教授和教研室主任，制定专业教学计划和研究生考试大纲，等等。而权力下移是大学内部治理力量增强的主要表现，其次表现为教研室自主权的扩大，教研室在招生、教学、科研和教师管理等方面拥有了一定的自主权，包括招收计划外学生的决定权，课程设置、教材教法的自由选择权，科研合作中签订合同的自主权，引进教师、职称评聘方面的决定权。这使教研室能够积极参与到学校的治理中。在俄罗斯国立大学中，校、系和教研室都有学术委员会，各级学术委员会在校、系、教研室各个层次的教学、科研、人事、行政工作中起着重要的作用，这是为了充分保证教师在学校各项工作中的核心地位。

---

① Егоршин А П. Перспектива развитияо бразования россии в Ⅹ Ⅹ Ⅰ в［J］. университетское управление，2000（4）：50～64.

② 刘淑华. 近20年来俄罗斯的高等教育外部治理变革［J］. 高等教育研究，2016，37（7）：90～97.

从已有的研究成果可以看出，俄罗斯高等教育治理的一个重要变化是从部门管理逐步转变为地方管理。在保持联邦教育空间统一的前提下，最大限度地扩大地方教育行政的自主权，以保障教育的自由和多样化，保护民族和地区的文化传统①。大学外部治理模式经常随着社会政治、经济变革方针的转变而发生相应调整，因此大学与政府的关系表现出周期性的大学自治与政府控制的钟摆运动，而大学的内部治理模式随着民主化的发展有权力下移的倾向，系教研室的权力不断增强，教师、学生等更多主体参与到大学的治理中，又形成多元治理模式的倾向。苏联解体以后，俄罗斯改变了由政府决定高校专业和课程设置的传统做法，转而由高校决定满足业已存在的各方需求，提供更符合社会需求的教育服务和科研产品。消费者至上和用户第一成为教育政策的主流观念。从国内外学者对俄罗斯大学治理问题的研究可以发现，学者们关注的焦点仍然为宏观的大学与政府的关系问题，这方面的研究成果也比较多。至于微观的大学内部治理问题，学者们则多是从权力、人员激励、创新型大学的改革、治理人员的多元化等角度进行研究，仍然缺乏系统的研究视野及相应的研究成果，这是目前研究中的主要不足。研究不足还体现为缺少具体的院校研究和比较研究，缺少俄罗斯国立大学内部具体治理模式研究，这是现有俄罗斯教育现状研究中存在的比较明显的问题。

第四节　研究思路及研究方法

一、研究思路

本研究侧重于对 1992 年以后俄罗斯国立大学的治理变革进行研究，因为这一时期属于社会剧烈转型和变革的时期，俄罗斯国立大学受到来自社会变革的影响比较明显，在社会转型的条件下，政府不断调整与国立大学之间的关系，国立大学外部治理的方式方法不断转换。外部治理模式的改变也直接决定着国立大学内部治理体系的变革。笔者认为，这个时期俄罗斯国立大学内外部治理体系的变革是当前俄罗斯国立大学治理模式的发端。从政治、经济、文化、意识形态几个显著的社会转型领域能够分析出外部环境的变化对国立大学发展和治理体系变革的影响。本书旨在通过对俄罗

---

① 李雅君，刘彦尊. 连续与非连续：俄罗斯教育改革模式［J］. 教育理论与实践，2010，30（10）：26-29.

斯国立大学治理体系改革战略及其改革实践的研究，对国立大学内外部治理现状和影响因素有一个全景式多角度的系统认识，提出俄罗斯国立大学治理体系改革的价值取向和制度安排的应然选择，以期为我国大学内外部治理体系的改革提供参考。

首先，本研究从历史发展的视角厘清俄罗斯国立大学治理体系发展的背景和脉络。其次，审视俄罗斯国立大学治理的外部环境变化，以及在政治、经济、社会和意识形态转型情况下，政府、市场、社会和国立大学各个主体在高等教育场域中的互动对当前国立大学治理变革产生的影响。外部环境的变化促使国立大学内部治理体系发生改变。国立大学的教师、学生、企业主及其他教育利益主体共同参与国立大学的内部治理，形成多元主体参与的协同治理模式。

如图1-1所示，俄罗斯国立大学治理整体系统中包含三大子系统体系。一是环境体系，包括政治、经济、文化和意识形态四个主要的方面，这四个领域或共同或独立对国立大学产生直接影响，尤其是在这四个领域转型和变革时期，不稳定性使国立大学外部治理系统也发生振荡。二是外部治理体系，包括政府、市场、社会三个主体，其中政府起主导作用，但当前市场和社会在国立大学治理体系中的权力有增大趋势。三是国立大学内部治理体系，包括国立大学、系（院）及教研室三个主体，三个主体既具有不同职能，也有各自的领导和管理体系，教师、学生、企业等社会组织参与国立大学内部治理成为一种趋势，国立大学内部协同治理模式正在形成。

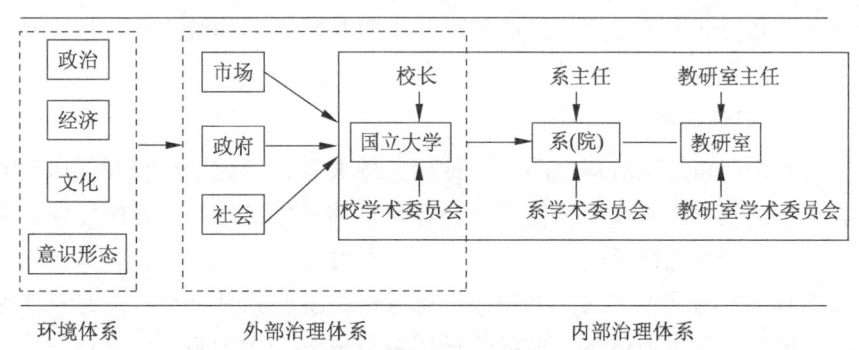

图1-1 俄罗斯国立大学治理整体系统

二、研究方法

在人文社会学科中，一项具体的研究往往是方法论和具体方法相结合的产物。在方法论层面，本书坚持马克思主义辩证唯物主义与历史唯物主义的方法论。事物都是运动和变化的，这种变化不断地向俄罗斯国立大学提出新要求，国立大学必须随着外界环境和社会需求的改变而变革；任何事物的发展都是有规律的，规律是事物的本质规定性，无论俄罗斯国立大学治理模式怎样变化，在一定程度上都要符合大学的本质规律；事物是相互联系的，俄罗斯国立大学的治理模式受当时国家政治、经济、文化、意识形态的影响，也受这些因素的制约。因此，对于国立大学治理问题的研究要从治理的历史条件出发，也就是从社会转型的角度来认识其问题。马克思主义唯物辩证法和历史唯物主义为本书的研究奠定了理论基础，提供了方法论支持。具体来说，本书的研究方法主要有以下几种。

（一）文献分析法

本书主要采取文献研究方法，资料来源包括俄罗斯教育类著作、博士论文及摘要、法律文本、俄罗斯教育学类学术期刊，以及俄罗斯网站资料（包括俄联邦政府网站、教育与科学部网站及相关国立大学学校网站）。期刊主要有 *Педагогика*（《教育学》）、*Высшее образование в России*（《俄罗斯高等教育》）等。除此之外，还包括我国关于俄罗斯高等教育、俄罗斯发展概况等的研究资料。文献分析法贯穿于研究始终，包括前期的资料搜集、撰写书稿过程中的资料再搜集。在文献分析法中，又包括以下几方面：历史文献综述法，对相关政策文件、法律条文、社会经济历史发展的现实文献进行综合整理和分析；文献的比较与研究，主要包括纵向文献比较和横向文献比较，纵向是从历史发展的角度，按照时间顺序比较不同历史阶段国家政策和国立大学治理模式的差异，横向是从不同的维度和方向审视俄罗斯国立大学自身或与外部环境的关系。

（二）系统思考法

宏观治理和微观治理之间是一脉相连的关系，单纯地从宏观或微观角度去进行论述不能全面审视俄罗斯高等教育体系中的问题，必须厘清两者的关系，按照系统思考法，从两者联系的角度进行研究。因此，系统思考法也是本研究的基本方法。采用系统思考法主要包括两部分：一是从宏观上把环境、外部治理体系、内部治理体系分成三个大的系统，看这三个系统之间的关系；二是把国立大学本身看成一个系统，分析在这个独立系统之内各种要素之间的关系及各种要素的构成特征。

（三）因素分析法

因素分析法是比较教育中的主要研究方法之一。本研究采用这种研究方法的目的在于对决定俄罗斯国立大学治理体系改革的诸多因素加以解释，探索当前治理制度形成的原因及外部环境对国立大学制度建构的影响，以便真正了解这种制度形成的本质特征。本研究从俄罗斯政治、经济、文化、意识形态、全球化、国际化、教育一体化等几个方面分析影响和制约俄罗斯国立大学与政府关系的发展趋势，分析外部治理因素对内部治理的直接影响。

笔者认为，社会学科的研究不能拘泥于某种特定的形式或孤立地把某种方法作为唯一的或主要的方法论，而应从"需要"的角度灵活地选择适当的方法。只有多元的、开放的方法论观，才能为社会科学的研究提供更加多元的视角。

第五节　理论基础

一、系统理论

（一）系统理论的内涵

系统理论来源于社会学研究，按照社会学研究视角，对系统有两种不同的认识方式，一种是将系统作为分析工具，另一种是把它当成实体性社会结构，前者的代表人物是帕森斯，后者的代表人物是卢曼。按照本研究的理解，系统既可以是一种分析工具，也可以是一种社会组织结构。当它作为分析工具时，系统理论提供的是一种分析视角，从整体和宏观的角度分析问题；当它作为实体时，系统是一种具体社会组织的代称，表明环境内外要素的身份特征。按照系统—环境术语所创造的概念，所谓社会系统，就是一方面被环境所包围，另一方面又与环境保持差异的境界维持系统[①]。系统和环境之间不断进行着物质和能量的输入和输出交换，系统和环境不断变化以达到互相适应。同时，社会系统中存在系统需要，同有机体基本需要不能得到满足会引起个体死亡类似，当社会系统需要得不到满足时，社会系统就可能出现消亡（局部）或系统秩序不完整（整体）的情况，系统秩序不完整主要表现为系统结构和功能的改变。在维持功能的基本要件缺乏时，社会系统不会消亡，而能够通过现行结构的改造来满足功能需要。

---

① ［日］富永健一. 关于功能理论、社会系统理论及社会变动问题的再思考［J］. 社会学研究, 1987（1）: 64—75.

按照富永健一的观点，"社会系统功能需要的满足，与其说是社会系统存续的条件，不如说是社会系统结果的存续条件"，"社会系统正是为了提高自己满足功能要素的能力，才具有了创造新结构、抛弃现行结构的自我组织化能力"[①]。斯宾塞从社会整体的概念出发，认为社会有机体中包含着维持系统、限制系统和分配系统三种结构体系。帕累托从实证主义的角度将社会系统分为残基、派生体、社会异质性与循环、效应四种变量，四种变量相互关联构成因果关系，任何变量所发生的变化都是其他变量变化的原因。帕森斯从结构功能的角度分析，认为在社会系统中无论群体、个人还是组织，其行为都通过一定的结构联系在一起。系统和环境之间存在着本质差异，这种差异靠境界来维持，系统为了维持境界，必须随时调整自身的内部结构来适应境界的变化和要求，这就是系统的功能。结构和功能必须是互相适应的，以达到维持境界所必需的平衡。结构变化的方向就是为了更加适应环境变化的方向，社会发展就是社会系统满足功能需要的能力不断提高的过程。同时，他还阐释了行为系统的四种功能：适应功能，系统必须适应环境的发展；目标实现功能，系统必须有自己的目标和实现目标的方法；整合功能，系统必须整合内部各部分之间的利益和关系，减少内耗，提高系统效率；维持功能，系统必须维持各单元的平衡关系[②]。卢曼从自我参照系统的角度分析，认为系统和环境的差距是通过系统本身的自省作用来认识的，自我参照系统本来是个封闭的系统，但它能够对自己进行观察，也就是说，"社会系统并不仅仅是被作为一个无生命的客体来对待，它自己能够进行观察，而社会学家的任务就是去了解'现代社会如何观察并描述它自己及它的环境'"[③]。系统和环境处于复杂的场域中，系统和环境都是要素之间关联，由于系统的关联结构很大一部分来源于环境要素，因此系统的复杂性要远远小于环境的复杂性。环境复杂性使系统存在产生生存危机的风险，系统需要通过化约的方式来简化环境的威胁。

（二）系统理论和大学治理的适切性

通过对以上社会系统理论的描述，我们可以认识到，在社会大场域中，存在着系统和环境的相互作用，系统和环境又分别存在着不同需要，系统要想获得环境资源，就需要在满足自身需要的情况下，同时满足环境的需

---

① ［日］富永健一. 关于功能理论、社会系统理论及社会变动问题的再思考 [J]. 社会学研究, 1987 (1)：64-75.

② 孙曙光. 治理理论视阈下我国公立大学内部制度研究 [D]. 长春：吉林大学, 2017：13.

③ 俞可平. 治理与善治 [M]. 北京：社会科学文献出版社, 2000：3.

要。系统本身具有自省能力，能够适时地调整自己的结构来实现和环境之间的平衡，这也是系统功能的表现。

大学是社会组织中的重要组织形式，大学的生存和发展同样要与外界环境达到一定的平衡。社会学理论中环境和系统的分析框架适用于大学的研究。

二、治理理论

（一）治理理论的概念和发展

"治理"一词最早出现于古希腊语中，表述为"Διακυβέρνηση"，具有统治和管理的意思。英语中的治理为"Government"，原是控制、操纵，统治、管理之意，主要用于政府对国家公共事务的管理活动①。俄语中治理为"управление"，主要有治理和管理的含义。从翻译的概念来看，虽然表述上略有差异，但都表明治理本身代表着一定的控制和操纵。关于"治理"的概念，其创始人詹姆斯·N.罗西瑙将"治理"定义为各种活动领域里的管理机制②。让-皮埃尔·戈丹指出，治理主要包括三种形式：政治治理、协同治理和公司治理③。从理论上讲，治理的概念并不统一，但存在着共同的分析框架。正如英国学者格里·斯托克所认为的，治理观点对理论的贡献并不在于用因果关系分析这个层次，它也不提供一种规范性的理论，其价值在于它有能力提供一种有组织的分析框架，它包括：治理是指一套出自政府但又不限于政府的社会机构和行为者；治理断定在求解经济社会问题时，各方的界限和责任是模糊的；治理断定涉及集体行动的各机构之间存在权力依赖；治理是关于自治、自主行动者网络的理论；治理认识到办事的能力不在于政府下命令的权力或者政府权威的使用，政府可以使用新工具和技术来掌航和指导，以增强自己的能力。

治理理论最主要应用于公共管理领域，指政府对公共事务的管理，它和政府的管理模式紧密相连。20世纪以来，政府和市场在经济发展和政府治理中相互博弈。20世纪30年代世界性经济危机所导致的"市场失灵"为政府力量发挥作用提供了政治经济环境。政府对自由市场进行了大量干预，

---

① ［美］詹姆斯·N.罗西瑙.没有政府的治理［M］.张胜军，刘小林，等译.南昌：江西人民出版社，2001：15.
② ［法］让-皮埃尔·戈丹.何谓治理［M］.钟震宇，译.北京：社会科学文献出版社，2010：20.
③ 王浦劬.国家治理、政府治理和社会治理的含义及其相互关系［J］.国家行政学院学报，2014（3）：11-17.

资源配置权力由市场主导向政府主导转化。到 60 年代末，由于政府对经济的积极干预刺激了经济增长速度，世界资本主义经济得到高速发展。然而，到 70 年代，政府职能的持续扩张，导致政府规模过大、服务减少、效率降低、财政危机加剧等问题，单纯依靠政府对经济的控制来提高经济增长的方式已然不奏效，"政府失灵"范围不断扩大，国家不得不抛弃凯恩斯主义，不断缩减政府的职能，开始把更多资源配置权利还给市场，新自由主义成为政府改革的主流思潮。到 90 年代，"华盛顿共识"一举奠定了新自由主义的主导地位。受此思潮影响，20 世纪末，西方学者赋予了"治理"新的含义，主张政府放权和向社会授权，实现多主体、多中心治理等政治和治理多元化，强调弱化政治权力，甚至去除政治权威，企望实现政府与社会多元共治，社会多元自我治理①。人们开始热衷于用公共治理方式来应对市场失灵和政府失灵②。社会治理和多元自治理念得到了社会各界的认可。社会治理理论主要强调政府职能转变和政府对社会公共事务的有效管理，它包括国家权力让渡和社会多元参与两个主要特征，包含着治理主体、治理方式、治理理念等方面的转型和变革。多元共治则强调，改变过去政府为主的一元主体的治理模式，主张政府、社会及公民个人都能有效地参与到治理体系中，多元主体协同配合，共同提高治理效果。

按照治理内容进行分类，治理系统可以分为治理结构、治理能力和治理工具。治理结构主要指宏观制度层面的权利分配，即国家、社会及个人等治理主体在参与治理过程中职、权、责的相互配置和它们之间的关系；治理能力体现治理主体的水平；治理工具指治理主体在治理活动中采用的技术和方法，是将观念中的内容转化为实际行动的方式和手段。就治理结构和治理能力两者之间的关系，习近平曾指出："国家治理体系和治理能力是国家制度与制度执行能力的集中体现，两者相辅相成。"③治理主体通过制度配置进行权利配置，采用适当的治理工具提高治理能力。三者相互作用，构成治理系统。

按照治理主体层次，自上而下可以分为国家治理、政府治理和社会治理三个层次。国家治理中包含着"统治"和"管理"的双重含义，包含着

---

① Копыл А Н. Проблема преемственности в русской педагогике XVIII-XIX вв. [J]. Педагогика, 2006 (7)：9-17.

② Князев Е А. Об университетах и их стратегиях [J]. Университетское управление：практика и анализ, 2005 (4)：9-17.

③ 理查德·C. 博克斯. 公民治理：引领 21 世纪的美国社区 [M]. 孙柏瑛，等译，北京：中国人民大学出版社，2013：5.

代表国家为主体的治理模式，是最宏观层面的治理体系；政府治理是指政府作为治理主体对社会公共事务进行治理，其核心是政府对自身、市场和社会关系的调整和利益的分配方式，是一种公共管理活动；社会治理是指特定主体（主要是政府）对社会实施管理，主要表现为政府为主体，吸纳更多的社会组织和成员参与公共事务治理活动，其目的是使更多主体参与进国家治理体系，增加治理体系的多元性和活力。

治理理论发展促使政府治理模式发生了深刻变革，也促使包括俄罗斯国立大学在内的各种社会组织主动地或被动地进行治理体系改革。"如果说19世纪至20世纪之交的改革家们倡导建立最大限度的中央控制和高效率的组织结构的话，那么21世纪的改革家们则将今天的创新视为一个创建以公民为中心的社会治理结构的复兴实验过程。"①

（二）大学治理的内涵和必要性

在知识社会的语境下，大学的作用是毋庸置疑的，大学自主权不断增强，传统的以"计划管理"为主的治理方式使大学逐渐失去了灵魂和活力，这必然需要重构一种切合大学组织特性和发展规律的管理方式。治理理论的发展为大学提供了新的管理框架，"更少的统治，更多的治理"已经成为世界教育管理体制改革的一大趋势②。大学是典型的非营利性机构，其主要职能是为社会进行人才培养、科学研究并提供相应的社会服务，因此，大学具有显著的公共性，大学的公共性为运用公共治理理论对大学进行研究提供了依据。"大学治理，治，要有法规，要有手段；理，要有制度，要有方法"③，张维迎最先提出了大学治理的概念，他认为，大学治理的基本问题是用什么样的制度才能保证大学目标和理念的实现，理想的治理模式应该是校长治校、教授治学④。孙天华从"委托—代理"视角分析，提出大学治理就是通过制度激励的方式使得代理人勤勉工作，从而最大限度地保护委托人利益，并较好解决大学内部管理的绩效问题⑤。因此，通过制度安排与设计对大学进行有效的管理就是大学治理，从治理角度研究大学管理问题，在当前大学研究中占有较高比例，也说明治理理论对大学研究的适

① 胡伶．公共治理范式下的地方教育行政职能转变研究［D］．上海：华东师范大学，2010：12.
② 吴明华．现代大学的治理逻辑及其在中国大学实现路径研究［D］．上海：上海交通大学，2013.
③ ［美］阿道夫·A．伯利，加德纳·C．米恩斯．现代公司与私有财产［M］．甘华鸣，罗锐韧，蔡如海，译．北京：商务印书馆，2005：198.
④ Cochran P L, Wartick S L. Corporate Governance: A Review of the Literature［M］. Financial Executives Research Foundation, 1988.
⑤ 费方域．什么是公司治理？［J］．上海经济研究，1996（5）：36-39.

切性。

三、社会转型理论

（一）社会转型理论的内涵

"社会转型"一词来源于西方发展社会学理论和现代化理论，用来描述社会结构在发展中遇到的整体性、系统性转变。从一定意义上说，社会转型和社会现代化具有相同的意义，"社会从传统型向现代型转变，或者是从传统社会向现代社会转型过程"①，具体表现为社会中各要素的关系发生改变，导致社会结构随之发生变革，这是"一种特殊的结构性变动，它既意味着包括经济结构转换在内的其他社会结构层次的转换，是一种全面的结构性过渡，也指持续发展中的一种阶段性特征，是在持续的结构性变动中从一种状态过渡到另一种状态"②。我国社会学学者从三个方面对社会转型进行了解释。一是指体制转型，即从计划经济体制向市场经济体制转变。二是指社会结构变动，是一种整体的和全面的结构状态过渡，而不仅仅是某些单项发展指标的实现。在社会转型时期，人们的行为方式、生活方式、价值观念都会发生明显变化。三是指社会形态变迁，即"从传统社会向现代社会、从农业社会向工业社会、从封闭性社会向开放性社会的变动和发展"③。因此，社会转型一般包括社会结构转型、社会体制转型、社会观念转型三种形式，在转型过程中伴随着利益的调整和重新分配。在调整过程中，有政府的主导作用，也有各种利益体的共同参与。"任何一种类型的社会都有自己独特的发展模式和一定的历史变迁轨迹。社会转型作为社会发展模式的重要形成和突变形式，既是一个社会历史变迁的重要阶段，又是解释一个社会现状与未来的重要分析路径。"④

从系统和整体理论的视角看，社会的政治转型、经济转型和文化转型是相继进行、相互影响的，整个社会呈现出的是一种总体转型的态势⑤。在这个过程中，转型的速度、强度、深度、向度、广度都会根据国家社会的历史发展特点而有所不同，每个国家在社会转型过程中都深受其历史、文

---

① 吴明华. 现代大学的治理逻辑及其在中国大学实现路径研究 [D]. 上海：上海交通大学，2013.

② Копыл А Н. Проблема преемственности в русской педагогике XVIII-XIX вв. [J]. Педагогика，2006 (7)：9-17.

③ ［俄］符拉基米尔·科隆泰. 俄罗斯的社会转型 [J]. 陈思，译. 国际社会科学杂志（中文版），2000 (1)：105-123.

④ 李培林. 社会结构转型理论研究 [J]. 哲学动态，1995 (2)：41-45.

⑤ 费方域. 什么是公司治理？[J]. 上海经济研究，1996 (5)：36-39.

化、社会发展阶段、教育水平、精英思想等诸多因素的影响，这也形成了不同国家社会转型过程中的鲜明特色。社会转型会使人们的生活和生存方式发生改变，同时也会促使国家治理方式发生转变。

从社会变迁的角度分析，俄罗斯历史上发生过三次比较显著的社会转型：19世纪亚历山大二世推行废除农奴制改革，社会开始从奴隶社会向资本主义社会转型；1917年革命，通过一系列激烈的变革措施推翻了俄罗斯帝国，并建立了社会主义苏维埃共和国，社会从封建专制和资本主义的社会体制向社会主义社会转型；20世纪末期的社会转型，社会形态从社会主义社会向资本主义社会转变，"转型的初衷在于克服社会经济的落后状态而建立一个先进的社会，而且事先预定有某些特色"①。从俄罗斯社会转型的特点看，制度变迁是核心；从俄罗斯社会转型的结果看，人们对社会转型的态度从最初的充满幻想逐渐转变为面对现实。苏联解体后的前十年俄罗斯社会转型导致的种种问题，使俄罗斯人民放弃了社会改革初期那种浪漫和极端的观点，开始结合本国的实际客观地分析社会的发展和变革。

（二）社会转型理论和大学治理的适切性

按照系统论的观点，社会是一个大的系统，当大的系统发生变革的时候必然也会带动子系统的变革。俄罗斯几次社会转型都伴随着社会制度的根本性变革，作为子系统的高等教育必然要受到宏观社会变革的影响。社会转型为俄罗斯国立大学的转型和改革提供了深刻的社会背景。在社会转型时期，国立大学总是高等教育系统里变化最明显的领域之一，不同时期社会转型和同一时期社会转型的不同阶段都影响着国立大学的发展与变革。如19世纪废除农奴制改革后，追求自由成为社会主导思想，受此影响，在教育领域中，亚历山大二世批准了《大学章程》，明确规定给予大学更多自主权，规定校长和系主任都可以通过选举产生，教授委员会有独立的人员聘任权，国立大学因此拥有了更多的自治权。在20世纪后期的社会转型中，可以分为两个比较明显的阶段：一是90年代初叶利钦政府实施的从社会主义国家政治体制向西方资本主义民主体制转型；二是普京政府实施的从新自由主义导向简单搬用西方市场经济模式向根据国家发展阶段寻求俄罗斯特色发展模式过渡。在不同的社会背景下，俄罗斯国立大学改革的主导思想是不同的，相应的治理体制的建立和改革也深深印有社会转型的烙印。

社会转型既是俄罗斯国立大学变革的背景，又为变革提供了内在推动

---

① 吴明华. 现代大学的治理逻辑及其在中国大学实现路径研究［D］. 上海：上海交通大学，2013.

力。用社会转型理论作为研究的理论基础,在广度和深度上对不同社会转型时期俄罗斯国立大学的发展情况进行审视,对各个转型时期国立大学外部治理和内部治理的机制、体制、机构和结构进行详尽的阐释和分析,考察它们在不同社会转型期所发生的变化并分析其原因,是本研究的基本设想。

转型期俄罗斯国立大学
治理变革的背景

潘懋元先生曾言，社会是一个大系统，教育作为其中的一个子系统，与社会的政治、经济、文化等各种社会因素之间存在着不可分割的必然联系，同时也对社会的发展起着至关重要的作用①。列宁说过，研究社会科学，"不要忘记基本的历史联系，考察每个问题都要看某种现象在历史上怎样产生，在发展中经过了哪些主要阶段，并根据它的这种发展去考察这一事物现在是怎样的"②。从历史的角度审视事物发展规律是社会科学研究的重要视角。社会是一个大系统，这个系统内部各子系统的发展都是在一定的历史情境中进行的。对于任何社会组织的研究，都要结合历史的发展规律，这样才能清晰透彻地理解事物的本质。

按照历史主义的观点，通过对发展轨迹进行溯源，才能发现事件发展的独特属性。纵观俄罗斯国立大学的发展历史，重大的社会变革、领导人治国思想的转变、文化环境的变化、社会结构的变迁、经济发展水平和层次的变化等都会对国立大学的治理模式产生不同的影响。要全面了解国立大学治理变革的因素，必须透过历史的视角，通过多种因素的全面分析，才能发现其运行规律。

第一节　社会政治、经济、文化、意识形态转型的特点

一、俄罗斯政治体制转型的特点

纵观俄罗斯历史发展进程，俄罗斯政治体制转型的成果和特点主要表现为以下几个方面。

1. 转型目标上

通过系列改革，建立起一套俄罗斯特色的政治体制模式。改革过程中涉及政治体制和结构的重构，更能凸显国家治理体制的优越性。

2. 转型结构上

改革的方向向宪政联邦制转型。通过改革，以宪法为基础的联邦模式已经初步形成，形成了联邦—地方的两级行政体制。但由于改革的滞后性、彻底性等问题，存在着明显的联邦—地方权限划分不清晰的情况。

3. 政党结构设置上

形成了多党制格局。相继出台了《俄罗斯联邦政党法》《选举法》等法

---

① 潘懋元. 新编高等教育学［M］. 北京：北京师范大学出版社，1996：12-15.
② 中共中央马克思恩格斯列宁斯大林著作编译局. 列宁选集：第四卷［M］. 北京：人民出版社，1972：43.

律法规，通过法律的形式规范政党制度。最终促使俄罗斯形成了相对稳定的多党制格局。

4. 在权力配置上

重新设置了权力配置方式。俄罗斯独立后，将联邦权力体系分为三级，即联邦中央权力、联邦中央与联邦主体共同权力及联邦主体独自权力。三级权力体系的配置打破了苏联时期中央集权式权力配给方式，导致分权化成为主流趋势。俄政府实行的三权分立的联邦制为政府分级管理和权力下放制造了声势。相应地，原本高度集中的教育治理模式也出现了分权现象。其中，大学的自治和自由是中心议题。

二、俄罗斯经济体制转型的特点

1. 在体制上

从计划经济体制向市场经济体制转型。俄罗斯经济体制转型的方向是从计划经济体制向自由市场经济体制转变。尤其是在经济改革的后期，俄罗斯政府更倾向于由自由市场经济模式转型为国家指导下的市场经济模式，强调国家对市场的控制，市场经济模式变成了一种具有混合性质的市场经济模式。

2. 在主体上

国家领导人的意识影响转型的进程。俄罗斯历史上的经济形态转变基本都是在国家领导人的积极主导下进行的。经过领导人倡导的一系列经济改革，俄罗斯经济发展水平取得了显著的提升。据美国高盛银行预测，2017年，俄罗斯国内生产总值超过了意大利。到2050年，俄罗斯的国内生产总值总量将跃居欧洲第一，人均国内生产总值将超过欧洲平均水平①。

3. 在目标上

建立民生为主的国家市场经济体制。改革后国家的经济政策更强调以国家利益为核心，强调人民利益的中心地位，倾向于关注民生。在强化国家强制控制的理念下，政府加强国家对经济的治理，实行了"以国家为主导"的市场经济道路。在这种体制下，市场仍然是资源配置的主体，国家主要采用统筹和协调的手段间接调控经济的发展。

4. 在结果上

确立市场体制的基本框架。俄罗斯市场经济体制改革的成果包括：第

---

① Князев Е А. Об университетах и их стратегиях [J]. Университетское управление: практика и анализ, 2005 (4): 368.

一，经济的全面国家化已基本消除；第二，私有制占优势的多种所有制经济结构已经形成；第三，新预算体制和税收制度已经建立；第四，货币金融体制基本完善；第五，收入分配制度发生了重大变化；第六，社会保障体制改革取得进展；第七，对外贸易基本实现自由化①。

俄罗斯市场经济体制为大学治理变革铺平了道路，国家垄断高等教育的局面被打破。市场中的各种主体，如企业、团体、个人都有资格创办大学和参与大学治理。企事业单位在为大学投入资源的情况下，拥有了更多的话语权。社会团体和个人的力量渗入大学中，协同治理、共同参与成为一种大学治理的新理念。市场经济体制变革还将竞争机制引入大学，促进了大学独立法人意识的觉醒，并开始积极运用市场的逻辑分析大学所处的环境，增强了大学自我责任感和自我管理的主动性。当然，经济体制改革主要是为了缓解政府财政困难。为了减轻政府负担和大学对政府的依赖，不得不给予大学更多的自主权，以促使大学寻找其他途径的资金和资源支持，实现更好的发展。

三、俄罗斯社会文化转型的特点

现代科学技术迅猛发展，全球化进程加快，促进了俄罗斯传统文化与世界文化的交汇和融合。世界上尤其是发达国家的先进科学技术进入俄罗斯，促使俄罗斯科学技术得到飞速提升，这个过程中也促使俄罗斯传统文化对世界其他文化类型的接受和认可。

文化自觉、文化自信影响俄罗斯新一代年轻人。在国家经济、社会地位逐步提升的基础上，青年人的国家意识更强，对俄罗斯历史文化有了更清晰的认同。虽然文化认同的过程比较曲折，但在今天，年轻一代的文化自觉和文化自信明显增强。

独具俄罗斯特色的文化体系正被重新塑造。俄罗斯新的文化体系不仅受到传统文化的影响，而且更具有世界互融共通的文化特征。这种新的文化体系逐渐改变着人们的价值观念、行为方式和价值选择，并形成了独具俄罗斯风格的新的文化特征。

四、意识形态转型的特点

从依附到独立的意识形态观。这种意识形态体系既符合俄罗斯的现实，

---

① 冯绍雷. 俄罗斯体制转型的发生、路径及其走向 [J]. 俄罗斯研究，2001 (2)：2-7.

又满足了人民对独立自主国家意识形态的需求，因而获得越来越多人的赞成和拥护。

从盲目否定到批判肯定的自我认同观。受国家体制结构震动影响的自我贬低、批判和否定的意识体系被自我认同、自我肯定的意识体系所代替。俄罗斯更加客观、健康和全面的意识形态体系基本形成。

复兴大国、强国的国家观。大国意识根植于俄罗斯文化内核中。纵观俄罗斯的历史发展进程，"大国意识"始终是决定着俄罗斯民族的社会思潮和国家政策的核心要素。它引领着俄罗斯政治、经济、社会文化领域中的一切变革。教育在国家中处于特殊的地位，是俄罗斯实现强国梦的主要手段，也因此，当具有强国思想的普京作为领导人登上俄罗斯历史舞台后，他极其重视教育尤其是高等教育的作用。一方面，他要把能够实现国家强盛的因素牢牢地控制在手中，因此加强国家对大学的控制力和影响力；另一方面，他也为大学的发展提供了更多的资源和条件，促进了俄罗斯大学实力的提高，增强了俄罗斯大学在世界上的影响力，遏制了俄罗斯大学在世界范围内声誉持续下滑的情况。

五、政治、经济、文化、意识形态转型对高等教育的影响

总体来说，俄罗斯经过近 30 年变革，初步完成了社会结构的变革和转型，社会日趋稳定发展。主要表现为：在政治上，逐渐趋于稳定，重新树立了强国、大国观念，国家实力普遍增长，国际地位增强，重新进入世界大国行列；在经济发展上，进行了一系列的改革，拉动经济快速发展，重新有了崛起的势头；在意识形态上，强调发展俄罗斯传统精神，树立具有自主性的俄罗斯主权思想观念，发扬俄罗斯强国理念。美国前总统尼克松曾说过，"如果经济和政治改革成功，俄罗斯有可能在一代人的时间里再次崛起为一个世界性的大国，因为俄罗斯拥有再次成为大国的潜力，它有丰富的文化、骄傲的历史、深厚的学术传统、丰富的自然资源以及能够忍受艰难困苦和做出巨大牺牲的坚强的人民"[①]。在经历了前十年曲折的转型后，俄罗斯发起了新的改革和转型，经济、政治、思想领域和外部环境逐渐好转，并谋求大国的复兴和发展。普京时期俄罗斯的一系列改革，使俄罗斯发生了巨大的转变。"无论从共时还是历时的视角看，俄罗斯目前的相对实

---

① ［美］理查德·M.尼克松.超越和平［M］.范建民，等译.北京：世界知识出版社，1995：30.

力和绝对实力与苏联解体之初相比都有了长足的进步"①。基本从危机中解脱出来，并重新站上世界强国的舞台。近年来，俄罗斯的国际地位持续上升，大国地位逐渐恢复，在国际舞台上的话语权逐渐增大。

俄罗斯社会转型过程中，无论是经济发展模式、政治体制（国家体制）、社会文化还是意识形态体系都发生着前所未有的根本性的变革。社会是一个结构复杂的动态系统，社会各子系统之间相互作用、相互制约。教育是社会大系统中一个重要的子系统。随着俄罗斯社会的全面转型，受政治、经济和意识形态领域影响深远的高等教育领域，必然也发生了根本性制度变革。叶利钦政府时期，着力于打破苏联时期的旧教育制度，从而建立一种全新的教育体制，从教育目标、教育结构、教育内容、教育体制等方面进行全面的教育改革。然而，由于外部政治、经济、文化环境的跌宕起伏、危机不断，这场力图以西方为模板的教育改革注定充满了矛盾和冲突。改革之初，人们为大学获得自主权、转向市场而欢欣鼓舞，反对计划，反对国家对大学的管理。然而现实情况让人们又很快意识到，在高等教育领域中很多重大问题只能在国家主导的框架下才能解决。轰轰烈烈的大学自治没有改善大学与政府之间的关系，反而使国立大学失去了政府的庇护。而国立大学为了生存和发展不得不求助于市场，这又陷入了新的不自由。在这种情况下，政府回归对国立大学治理的主导权是必然的，国家对国立大学的资源支持也是必需的。

长期以来，俄罗斯国立大学的主要优势在于能够依靠国家保障自己在世界上的优势地位，它也表明了国立大学存在的很多问题都来源于最高的国家政治层面。也应该看到，在相对闭合的外部环境下，俄罗斯国立大学没有按照德国或美国大学的模式进行同质化，它是在学习西方大学优秀经验基础上，按照自己的条件和俄罗斯国家的民族文化性质进行的变革。它变革的取向为既要符合俄罗斯传统文化和民族精神，也要符合时代发展和国家的需要。俄罗斯国立大学的发展历史证明，国家的庇护恰恰是过去时代大学成功的一个主要因素。普京就曾经概括说，俄罗斯教育理念的基础就是国家理念。它包含着国家对国立大学的领导和管理，国家不仅要提供财政资金的支持，而且要对它的教育质量负责。社会文化、意识形态与大学具有天然的亲缘性，文化的变革、创造和革新总能体现在大学传统和变革的进程中。

---

① 杨威.“第二次转型”与俄罗斯的重新崛起 [D]. 上海：华东师范大学，2008.

普京时期不同于叶利钦激进式的变革，而是采取矫正式的教育改革策略，在相对平稳安定的政治、经济、文化环境下，教育的地位得到了大幅度的提升。教育既成为稳定国家政治、经济、文化发展的工具，又为国家各个领域的发展提供了人力资源的充分保障，成为国家发展的重要战略。在 2000 年俄罗斯联邦政府颁布的《俄罗斯联邦国民教育要义》中，教育被确定为国家及其体制的义务和利益，高等教育被提升到保障民族安全、维护社会稳定的高度。"民族主义""国家主义"重新被强化，政府对大学的控制力加强，俄罗斯国家强国战略和教育的现代化发展紧密结合起来。

教育的变革必然受到社会系统变革的影响，国立大学是俄罗斯高等教育的主体，社会变革既为国立大学改革提供背景，又是它改革的方法。俄罗斯高等教育与俄罗斯的强国精神密不可分，俄罗斯现代大学制度建立伊始即与国家富强紧密联系在一起，国立大学变革的目的之一就是辅助国家摆脱落后局面，具有明确的国家性，其教育目标和宗旨都指向为国家服务。虽然外界的政治、经济环境几经变化，但国家主义深深扎根于国立大学文化的土壤中，并表现出旺盛的生命力。普京执政后，国家成为教育改革的重要主体，在为教育系统提供大量经济支持的同时，促使其走上可持续发展的道路。正是国家倡导并全力推进教育领域内市场关系的发展，使得国立大学增强了自身抵抗风险、独立自主的能力。国立大学的国家性，是国立大学使命的体现。因此，21 世纪初，俄罗斯政府的角色不仅仅是颁布和确立教育方针，也不仅仅是提供物质资源支持，而是通过各项措施主导国立大学的变革。

第二节　全球化与世界教育服务市场

一、全球化的特征

随着新科技革命的迅猛发展，全球化成为当今世界发展的大趋势，它从经济领域开始，又向社会、政治、文化、教育、科学等多个领域渗透。全球化强调全球各个部分、各个领域的相互联系和相互依赖，强调国家之间的交流合作。按照英国杜伦大学教授戴维·赫尔德（David Held）的观点，一般可以从几个方面对全球化进行理解：全球化是指社会、政治及经济活动延伸并超越了界限，一个地区发生的某一事件、决策或活动影响着另一些国家和地区；越界的联系并不是偶发的、随意的，而是持续且有规则可循的，同时可以看到联系的扩大和增强；由于通讯和运输系统的发展，思想、符号、资本、人的快速和大规模流动成为常态；由于全球化的广度、深度和速度的不断增加，本地与外地、国内与国外、地区与全球的界限日益模糊。全球化对俄罗斯国立大学的影响主要表现为，国立大学本身就是全球贸易中的重要产业，教育产品的出口可以带来巨大的经济收益、不断提高的国际知名度及不断增强的国际影响力。

二、世界教育服务市场

在全球经济体系中，国立大学可以通过科技成果转化，为产业发展提供助力。早在 2011 年，全球教育市场的总值就达到 400 亿~500 亿美元，美国居首位，其中 45% 以上的份额来自教育出口①。在全球化发展过程中，越来越多的国家意识到，大学的科研能力和水平的提高是提升国家国际竞争力的必要条件，卓越的大学是国家实力的重要体现。

全球化是一个不可逆的过程。在全球化浪潮中，不但国家与国家之间的界限越来越模糊，国家与市场之间的角色区别也越来越不明朗，以往被认为应该由国家来守护的理念（例如公平与正义）和由国家来提供的服务（例如卫生保健与教育），似乎都可以交由市场来守护和提供，而且可以更加有效率地生产与分配②。20 世纪 80 年代以来的全球化和世界教育市场的迅猛发展为世界高等教育系统带来了巨大的震动，直接促使市场化因素的作用在高等教育系统中不断增大、增强。在全球化的冲击下，全球的和普世的、民族的和本土的价值冲突日益凸显，在呼吁建立全球共同价值观的同时，民族的独立性和自主性被日益强调。国家性和民族性成为施政者和学者重点强调的问题。

20 世纪 90 年代初正是俄罗斯努力学习西方治理理念和治理方法的时期，西方高等教育系统中的市场理念和模式自然会对俄罗斯高等教育系统产生较大的影响。但同时也可以看到，在教育全球化和国际化的浪潮中，俄罗斯高等教育国际交流、合作的效果与欧美发达国家相比差距明显。到 2003 年，俄罗斯外国留学生大约有 9 万人，其中 53% 是俄罗斯国家财政资助的，按照每人每年 3000 美元计算，总收入是美国的 1/36③。这也意味着

① 徐明. 俄罗斯高等教育服务市场发展状况分析 [J]. 俄罗斯学刊, 2011 (4): 83-88.
② 戴晓霞, 莫家豪, 谢安邦. 高等教育市场化 [M]. 北京: 北京大学出版社, 2004: 19.
③ 西米罗夫 С. 博洛尼斯基 процесс: преспективы развития в России. Высшие образование в России [J]. 2004 (1): 45.

俄罗斯教育服务市场在国际竞争中处于劣势地位。因此，俄罗斯政府和绝大多数大学校长都认为加入"博洛尼亚进程"是一个新的机遇。只有先与欧洲各国加强合作，才会在国际教育服务市场的竞争中实现与欧洲的共赢，也才能促进俄罗斯高等教育的发展，提高俄罗斯高等教育的国际声誉和吸引力。

第三节　国际化与教育一体化

一、支持国立大学国际化发展的相关法规

全球化和国际化相辅相成，国际化和教育一体化又存在着必然的联系。在经济全球化的影响下，国际交流和合作更加频繁。苏联时期，由于冷战思维和西方封锁，苏联国立大学在国际交流和合作方面处于落后状态。这使得苏联国立大学虽然取得了很高的成就，但不能很好地与国际接轨，失去了很多发展的机会和平台。苏联解体后，俄罗斯联邦政府采取了多种措施来加速国立大学的国际化进程。1995 年，俄罗斯联邦教育部前部长就指出，国际化是 21 世纪俄罗斯高等教育面临的三大任务之一。同年，俄罗斯联邦政府颁布法令，对俄罗斯大学与国外大学间的合作伙伴关系给予政策上的支持。1996 年《俄罗斯联邦高等和大学后职业教育法总则》中强调："俄罗斯联邦高等和大学后专业教育系统在保存与发展俄罗斯教育机构的成就与传统中，贯彻与世界高等教育体系一体化的原则"，"如果俄罗斯联邦的国际条约采用与本法不同的规则，则以国际条约为准"，"外国大学和大学后专业教育学历证书和学位证书在俄罗斯联邦具有法律效力，并且国家有关机构给予这些证书和学位持有者与俄罗斯本土同一级别证书持有者同样的学习和就业权利"[1]。第 33 条规定，"俄罗斯联邦在高等和大学后专业教育方面实行国际协作"，"高等学校根据俄罗斯联邦法律有权从事高等学校成长中允许的对外经济活动及促使完成本法规定的任务以及发展国际关系"，"高等学校有参加非政府的国际组织的权利，有和国外合作者签订共同活动协议的权利，有在外国合作者参加下成立组织上的分支机构的权利"[2]。

---

[1] Министерство образования и науки РФ. федеральный Закон "О высшем и послевузовском профессиональном образовании" [Z]. 1996.

[2] Министерство образования и науки РФ. федеральный Закон "О высшем и послевузовском профессиональном образовании" [Z]. 1996.

二、国立大学国际化的具体措施

(一)"博洛尼亚进程"的主要内容

2003 年 9 月，俄罗斯签署了《博洛尼亚宣言》（以下简称《宣言》），正式加入创建欧洲高等教育一体化进程（"博洛尼亚进程"）。根据《宣言》的规定，欧洲各国教育体制统一进行改革，在 21 世纪的第一个十年，欧洲将创建一个统一的教育空间。《宣言》提出：要更加关注教育，增加财政支持；提高欧洲公民的高等教育普及率；研究欧洲统一的高水平的教育标准；鼓励教师、学生和管理人员的流动；进行统一学制改革。"博洛尼亚进程"包括三方面的内容：于 2010 年以前在欧洲范围内获得统一的、趋同的教育空间；促进欧洲成为社会政策富有活力的、人力资源增长的强势地区；使欧洲的高等教育在智力、资金和声誉上更具竞争力①。具体方法是：到 2010 年创建欧洲统一的教育认证制度，在加入"博洛尼亚进程"的国家中实施互相承认的大学文凭和教育标准。根据《柏林宣言》和《卑尔根公告》中的准则，俄罗斯在国家认证方面引入了新的指标。2005 年 9 月，俄罗斯开始实施新的认证指标体系。2010 年，俄罗斯国内大学的毕业证书将会得到博洛尼亚成员国的承认，教育质量也会在成员国范围内得以评估。《宣言》建议加强欧洲教育质量保障领域的国家合作，以制定具有可比性的质量控制标准和措施。对此，俄罗斯一方面在国家层面上完善与欧洲具有可比性的教育质量监控体系，另一方面建立与欧洲接轨的独立于教育管理机构之外的教育质量鉴定和监督系统。联邦教育与科学部参照欧洲标准制定了第三代国家教育标准，并拟定了职业大纲。按照"博洛尼亚进程"的原则，大学具有自治的权利，这样才能保证教育质量，大学承担教育质量责任，是建立国家有效保障高等教育质量制度的最重要条件。2004 年 5 月，俄罗斯教育与科学部认证中心递交了加入欧洲教育质量保障委员会的申请。该组织在实施欧洲教育质量标准方面做了大量工作：在俄罗斯建立与欧洲具有可比性的教育质量评价方法和标准；制定国家对高等教育职业教育大纲认证技术；建立其他"博洛尼亚进程"成员国对俄罗斯教育质量评价数据库；吸引外国鉴定专家参与俄罗斯教育质量评价鉴定委员会工作；建立教育质量评价机构欧亚（独联体国家和波罗的海国家）网络；等等。

---

① 杜岩岩. 欧洲教育一体化进程中的俄罗斯高等教育改革 [J]. 教育理论与实践，2007（2）：6-8.

（二）俄罗斯加入"博洛尼亚进程"的原因和目的

从动机上看，一方面，俄罗斯积极加入"博洛尼亚进程"是为了加快高等教育国际化进程，建立一个更大的平台和欧盟对话，扩展各个领域的交流与合作。另一方面，知识经济方兴未艾，之前的国际竞争更多地体现为疆域、自然资源、军事力量等硬实力的竞争，而现今国家经济实力、高效管理措施、积极外交政策、人道主义、国际形象和人力资源水平等软实力更被人们看重。从当前公众期望来看，过多地强调硬实力会让人和战争、霸权等联系在一起，而一个软实力占优势的国家则代表了和平、友好，更加符合世界价值体系的期望。"博洛尼亚进程"一方面对提升俄罗斯本国的人力资源质量具有重要作用，另外一方面则有利于俄罗斯重新树立国际形象。比起火箭、领土和石油来说，大学有可能成为俄罗斯在国际舞台上树立美好国家形象的更有前景、更可靠的基础①。随着全球教育服务市场的形成，高等教育的国际竞争不断扩大。从现状上看，美国大学的实力在国际竞争中占有绝对的优势，欧美国家基本成为世界教育中心，吸引留学生的数量占有很大比重。从在俄罗斯接受教育的外国学生人数来看，与苏联时期相比，在世界教育服务市场中，俄罗斯与欧美等发达国家相比明显处于劣势。据俄罗斯教育与科学部评估，留学生在俄学习与生活的支出总额约为 1 亿美元，只占世界教育出口总额的 0.5%。2006 年，俄罗斯接收的外国留学生约 52300 人，英国约 275000 人，法国约 265000 人，德国约 255000 人。2006 年俄罗斯外国留学生数量只占本国学生总数的 1%，2007 年也仅占 2%，远落后于美国（22%）、英国（12%）、德国（10%）、法国（9%）、澳大利亚（6%）②，没有办法和苏联时期（10%）相比。外国留学生数量不足，削减了俄罗斯教育经济收益，也减弱了俄罗斯在世界上的影响力。俄罗斯教育学家别列亚耶夫曾言："欧洲教育一体化最主要的原因是欧盟主导国的高等教育领导层希望建立一个旨在吸引国外留学生自费留学方面能与美国高等教育竞争的体制。"③ 因此，俄罗斯融入"博洛尼亚进程"的根本目的是增强俄罗斯大学在国外的吸引力，提高俄罗斯在世界教育服务市场

---

① Медведев С. Болонский процесс, Россия и глобализация［J］. Высшее образование в России, 2006（3）: 34.

② OECD. Tertiary Education for the Knowledge Society［EB/OL］.（2008-11-07）［2017-04-08］. http：// www.oecd.org/edu/tertiary/review.

③ Беряев В. Болонский процесс-попытка конкуренции［J］. Высшее образование в России, 2006（4）: 33-41.

的地位，扩展俄罗斯地缘政治影响空间，强化俄罗斯的国家安全①。除了融入欧洲文化圈、重树国家形象、提升国家竞争力等因素外，改革高等教育系统、提高高等教育效益是俄罗斯加入"博洛尼亚进程"的内驱力。

2001年，俄罗斯联邦政府颁布了高等教育领域中的纲领性文件《2010年前俄罗斯教育现代化构想》，确定了2010年前教育现代化的宏伟目标和具体措施，包括：大幅度提高教育预算拨款；在法律法规方面保障教育系统的发展；形成不同机制保障高等教育的入学机会；进行大规模的教育内容和教育结构的更新；引入教育发展的新的组织——经济组织；等等②。这些目标、措施与"博洛尼亚进程"的目标在很多地方不谋而合。融入"博洛尼亚进程"也为俄罗斯高等教育现代化改革提供了契机。正如学者卡米萨罗夫所讲的，"俄罗斯融入欧洲教育空间具有明显的益处，新的制度将给予大学生很大的自由选择自己的学习内容，欧洲国家对俄罗斯学位的认可将极大地促进俄罗斯毕业生在国外就业，提高他们在国家劳动市场上的竞争力"③。还有的俄罗斯学者说，阻抗"博洛尼亚进程"只会使俄罗斯教育系统陷入停顿和隔绝，而融入则会促使俄罗斯教育现代化的早日实现。2008年，俄罗斯联邦政府颁布了《"教育与创新经济的发展：2009—2012推进现代教育模式"国家纲要》，其中规定，俄罗斯教育服务体系要积极参加国内和国际同类研究，扩大教育服务的出口与进口规模④。2009年，俄罗斯联邦政府在联邦教育发展专项项目框架内制定了《俄罗斯联邦教育服务出口构想》，其中提出，俄罗斯等教育国际化发展的主要目标是"提升俄罗斯教育在世界服务市场的地位，将俄罗斯留学生数量占世界留学生总数的比例到2020年前提高到7%"⑤，具体内容包括：在现有大学基础上形成世界级的科教中心，将俄罗斯和国外大学最优秀的科学研究和教学大纲结合起来；每年评选出50所为外国公民实施创新继续教育大纲的大学；保障不少于俄罗斯重点大学总数10%的国立大学创建与引入创新教育产品，跟国外重点大学实施合作项目，或者实施获得国外重点大学验证和其他形式国际认可的

---

① Гретченко А И, Гресченко А А. Болонский процесс: интеграция России в европейское и мировое образовательное пространство [M]. M.: КНОРУС, 2009: 114.

② Министерство науки и образования РФ. Концепция Экспорта Образовательных Услуг Российской Федерации [R]. Москва: Министерство науки и образования РФ, 2009: 5.

③ Хорин И С, Шматова Н И. Высшее образование в России（политико-правовой, исторический и философский аспекты: монография）[M]. M.: Изд-во Нац. ин-та бизнеса, 2009: 150.

④ 肖甦，王义高. 俄罗斯转型时期重要教育法规文献汇编 [M]. 北京：人民教育出版社，2009：649-700.

⑤ Министерство науки и образования РФ. Концепция Экспорта Образовательных Услуг Российской Федерации [R]. Москва: Министерство науки и образования РФ, 2009: 5.

教育项目①。在国家政策的持续推行下，俄罗斯教育进出口收入持续增加。2013—2014 年，俄收取外国留学生学费 3.364 亿美元，加上生活费等其他费用，俄在留学生项目上的总收入达到 12.34 亿美元；2014—2015 年，教育服务总收入达到 14.6 亿美元。受到较高经济回报率的影响，2017 年 5 月俄罗斯开始实施《发展俄罗斯教育系统出口潜力优先计划》，其中提出全日制留学生人数从 22 万提高到 2025 年的 71 万、教育出口增加到 51 亿美元的目标②。2017—2018 年，在俄留学生突破 24 万人。2018 年，普京总统又签署了《关于修改〈俄罗斯联邦外国公民法律地位法〉第 5 条第 17 款的联邦法律》，继续简化赴俄留学手续，旨在持续提高赴俄留学生人数。2019 年 8 月，俄罗斯总理梅德韦杰夫批准了《2025 年前服务出口发展战略》，提出力争到 2025 年服务市场达到 1000 亿美元，其中教育服务市场是主要领域之一。

　　虽然在国家政策积极推动下，俄罗斯教育出口持续增长，但和西方发达国家相比，俄罗斯在教育出口市场上所占比例仍然不高。在持续性国家财政收紧的情况下，大学经费短缺的情况影响到了大学教学科研实力的提升，其结果是俄罗斯大学在国际大学排名中处于持续下滑状态，国际教育影响力下降。因此，重振俄罗斯大学的国际地位，提高俄罗斯大学在国际教育市场上的占有率，进而提高经济收益，还需要继续推行有力的措施。2014—2016 年美国、俄罗斯等国教育出口市场占有率见表 2-1。

表 2-1　美国、俄罗斯等国教育出口市场占有率

年份	国别			
	美国	英国	澳大利亚	俄罗斯
2014	0.4116	0.1154	0.2146	0.0070
2015	0.4325	0.1325	0.2105	0.0073
2016	0.4584	0.1579	0.2096	0.0071

　　资料来源：根据 WTO 教育服务贸易额统计数据、OECD 统计数据、国际收支平衡表、IMF 汇率统计数据中有关数据整理（www.gks.ru）.

（三）俄罗斯加入“博洛尼亚进程”后的教育改革措施

1. 学位制改革

从措施上看，为了更好地融入欧洲教育一体化，俄罗斯对整个高等教

---

① Министерство науки и образования РФ. Концепция Экспорта Образовательных Услуг Российской Федврации [R]. Москва: Министерство науки и образования РФ, 2009: 5.

② 王莉，张晋敏. 俄罗斯教育出口的发展、动力及其策略分析 [J]. 西伯利亚研究，2019, 46 (5): 26-33.

育系统进行了一系列改革，包括建立两级学位体系、引入学分制、加强与欧盟各国之间的交流与合作、完善教育质量的监督和控制体制、建立互通的学位互认体系等。

俄罗斯传统学位制度只培养持有技能证书的"专家"，学制是 5 年。研究生以上属于大学后教育层次，不属于高等教育范畴，研究生学制是 3 年。俄罗斯联邦政府签署《博洛尼亚宣言》后，开始在鲍曼技术大学、托姆斯克国立大学等几所重点大学的一些试点学科中试行与欧洲一致的多层次高等教育模式。2005 年，俄罗斯联邦政府通过了《关于对〈俄罗斯联邦教育法〉和〈俄罗斯联邦高等和大学后职业教育法〉的修改（在确定高等职业教育层次方面）》，该法在保留传统俄罗斯"专家"培养 5 年的基础上，确定了学士培养 4 年、硕士培养 6 年的新教育层次。在法律草案中，学士、硕士和"专家"技能培养各对应不同的教育标准，每种培养标准单独进行总结性鉴定，并根据鉴定结果授予相应的资格证书。2007 年 10 月，俄罗斯联邦政府批准了《关于对俄罗斯联邦个别法律条文的修改（包括确定高等职业教育层次）》，督促高等教育领域的立法与"博洛尼亚进程"的要求保持一致。在国家法律的促动下，一半以上的俄罗斯国立大学获得了学士培养许可证，学士培养数量逐年升高。但由于俄罗斯社会传统中对"专家"的认可度很高，拿到学士程度的文凭在劳动力市场中很难找到好的工作岗位，85%—88%获得学士学位的学生还要到"专家"班学习一年，以获得"专家"技能证。2007 年，国立大学中约有 29 万名大学生，其中获"专家"文凭的占 92.4%，学士占 7%，硕士占 0.6%[①]，并且先获得学位证再获得技能证的方式有向研究生层次蔓延的倾向。据统计，2010—2016 年，仅有 20%的毕业生在毕业当年获得副博士学位，另外 80%的毕业生是以获得职业能力证书的方式毕业的，具体情况见表 2-2。

表 2-2 2000—2016 年俄罗斯研究生毕业生人数、获得副博士学位人数、专家技术人数所占比例

类别	年份								
	2000	2005	2010	2011	2012	2013	2014	2015	2016
总数/人	74828	33561	33763	33082	35162	34733	28273	25826	25992

---

① Болонский процесс: Национальный доклад 2005–2007гг.

续表

类别	年份								
	2000	2005	2010	2011	2012	2013	2014	2015	2016
副博士比例/%	10	32	28	29	25	26	15	18	14
专家比例/%	90	68	72	71	75	74	85	82	86

资料来源：Бахтурин Г И，Березина Е В，Быстров И Е，и т. д. Подготовка научных кадров высшей квалификации в России［J］. Инф. -стат. мат. – М.：ФГБНУ НИИ РИНКЦЭ，2016 и 2017. 本表格根据对数据的整理得来.

目前比较矛盾的是，俄罗斯国内对学士和硕士并不认可，而欧洲很多大学和企业也很难判断俄罗斯"专家"属于什么等级的教育层次。俄罗斯传统教育中的专家体制不符合博洛尼亚逻辑，却深深根植于俄罗斯民族意识之中，包括企业雇主在内。有调查表明：大多数企业雇主认为，学士还不是真正的专家①。但从与国际教育接轨的要求出发，俄罗斯专家教育体制属于独立于世界教育体制之外的教育模式，无法在其他国家找到对应的教育等级。因此，为了满足同国际接轨的需要，近年来俄罗斯不断缩小专家教育体制规模，2018 年技能专家毕业生仅为 10.18 万人，占毕业生总数的 10.9%②。

2. 学分制改革

长期以来，俄罗斯教育大纲是按照学生的学习时数来编制的，一般一周定为 54 学时，课堂教学 27 学时，其他按照实践等方法分配学时。根据《博洛尼亚宣言》的要求，各成员国之间要实行"欧洲学分转换制度"，这种制度和俄罗斯传统的学时制存在着矛盾。为了解决这些问题，2002 年 7 月，俄罗斯教育部颁布了《关于制定高校大学生对高等职业教育国家教育标准内容掌握情况考查程序的组织工作》的法令，制定了学分与学时互换的办法，为大学转换学分制提供了便利。法令规定：1 学分等于 36 个 45 分钟的学时（27 小时）；学生 1 周学习 54 学时，约合 1.5 学分，相应地，一周的实践也为 1.5 学分③。2002 年，俄罗斯在一些大学的特定专业中开始推行学分制。2004 年 3 月，俄罗斯教育部推出了《高校使用学分制组织教学

---

① Reitor. ru/ru/news/job/index/php? id19＝138.

② 刘淑华，朱思晓. 苏联解体后俄罗斯高等教育结构体系变革［J］. 外国教育研究，2021（3）：87-103.

③ Министерство образования и науки РФ. Экспорт Российских образовательных Услуг：Статистический сборник（Выпуск 5）［R］. Москва：Социоцентр，2015：23.

过程的示范章程》，将每个专业的教学计划分为三类：学校工作教学计划、受教育者个体教学计划和教学组织学年内教学过程的教学计划，每一种教学计划中都用学分来表示。随后，俄罗斯联邦教育与科学部制定了一系列法令促使学分制在俄罗斯国立大学中推行。2008 年，16% 的国立大学引入学分制。2010 年，有约 30 所国立大学部分或全部采用了学分制。在接受学分制这一事件上，很多国立大学采取比较谨慎的态度。因为教育界的一种观点认为，简单粗暴地将学分和学时进行互换，会忽略学生的学习质量，也不能对学生的学习效果进行有效的评价，还容易引发学分的膨胀。

3. 人员流动政策的改革

在加入"博洛尼亚进程"之前，俄罗斯与欧洲各国的各种交流的机会很少。据统计，俄罗斯 8.1% 的留学生来自欧洲，俄罗斯大学生仅占欧洲外国留学生的 1%[①]。俄罗斯加入"博洛尼亚进程"的主要目的就是打破俄罗斯与欧洲其他国家的壁垒，促进欧洲市场的形成，吸引欧洲乃至世界的留学生。《俄罗斯 2020 前社会与经济长期发展纲要》中提到，"要创造条件吸引留学生到俄罗斯来。2020 年前，使得外国留学生占高校学生总数的 5%，使得来自留学生的收入占到教育系统经费总额的 10% 以上"[②]。为此，俄罗斯积极融入欧洲统一高等教育空间，与欧洲各国开展广泛的教育合作，如：积极参与伊拉斯谟国际交换生计划，设立联合培养教育计划，扩大各层次大学生在欧洲范围内学习和实践的机会，设立教育专项基金项目并利用国际基金促进大学生和教师的国际交流与合作，为青年教师赴欧洲高水平大学进修和学习提供条件，建立欧洲认证制度，等等。《博洛尼亚宣言》中确定了教师、科研人员和学校其他管理人员在欧洲国家从事教育研究的工作经历可以获得成员国之间的认证。

参照《博洛尼亚宣言》，俄罗斯规定：大学生可以按照流动性方案在博洛尼亚成员国大学中学习一学期或一学年，在教育层次衔接中，可以根据累积的学分调整自己的专业或学校的选择；对正在实施交流与合作的大学生、教师、研究人员和管理人员实行国家资助制度，并把此项内容作为大学排名的一个指标。号召各个领域的企业和人员参与到资助项目中。同时，加强教育基础设施建设，为来俄留学生提供更好的医疗、社会保障和文化服务。

---

① 杜岩岩，张男星．博洛尼亚进程与中俄教育交流合作的空间［J］．俄罗斯研究，2009（1）：117-134.

② Министерство образования и науки РФ. Экспорт Российских образовательных Услуг：Статистический сборник（Выпуск 5）［R］．Москва：Социоцентр，2015：23.

在 21 世纪初俄罗斯政府就规定，每年资助 1 万名优秀国际留学生赴俄学习①，这些学生由俄罗斯教育部直接录取，按名额分配到相关国立大学，以减免学费的方式奖励优秀留学生，并且每个月为其发放 1450 卢布的生活补贴②。留学生就读的学校都是经俄罗斯教育部考评后确定的师资力量强、教育质量高的国立大学③。除了加大力度吸引留学生外，俄联邦教育主管部门还将欧洲国家的教育教学大纲作为俄罗斯教育教学大纲的部分参照标准。同时，以欧洲国家大学教师待遇为参照标准，提高俄罗斯大学教师的劳动报酬和相应的福利待遇，提高大学教师和科研工作者的社会地位。

4. 学位证书及留学生政策的改革

俄罗斯加入欧洲高等教育一体化的重要目的，在于促进欧洲各成员国对俄罗斯大学的认可，提高俄罗斯大学毕业生学位在欧洲劳动力市场上的流动性④。但受限于俄罗斯传统单层次的学位制度，俄罗斯不得不通过补充考试的方法使本国的毕业证在欧洲各国获得合法地位。1997 年，欧洲高等教育委员会就开始设计统一毕业证的工作，并起草了文件草案，包括大学在内的 60 多个欧洲机构参与了草案的修订工作，俄罗斯车里雅宾斯克国立大学和国立秋明大学参加了该项工作。1999 年 4 月，俄罗斯加入《里斯本公约》；2001 年 9 月，车里雅宾斯克国立大学把第一批欧洲大学毕业证书发给毕业生。2005 年开始，一些俄罗斯国立大学开始使用两种学位证书。同年，俄罗斯联邦政府颁布了《关于成员国学术专业的统一证书与科学教育工作者的培养和鉴定程序细则示范法令草案》，对使用欧洲认可的学位证书制度做了更加细致的规定。

由于联邦政府持续性的政策支持，"博洛尼亚进程"的积极推进，以及国际化活动能为大学带来的可观经济收入，很多大学热衷招收留学生，在海外建立分校，积极派出学生和教师，与国外大学签署合作协议，开展合作研究。国际化由此成为很多国立大学提高办学质量和研究水平，以及提升大学排名位置的重要手段。根据俄罗斯官方统计，目前高等教育国际化

① Pismennaia E E. The Migration of Foreign Students to Russia [J]. Russian Education & Society, 2010 (1): 69-80.

② Ministry of Education and Science of the Russian Federation. University Students in Vladivostok, National Economy and the Service with the Russian Government Scholarship [EB/OL]. Ministry of Education and Science of the Russian Federation Web Site. News. (s. d.) [2017-03-16]. http: //cn.russia.edu.ru/news/3312/.

③ 杨洲，刘志民. 世界七大留学目的国留学生招收策略对比及启示 [J]. 现代大学教育，2017 (6): 60-69.

④ Хорин И С, Шматова Н И. Высшее образование в России (политическо правовой исторический и философский аспекты) [M]. Москва: Национальный институт бизнеса, 2009: 140.

战略实施成绩优异的大学有俄罗斯人民友谊大学、圣彼得堡大学、圣彼得堡工业大学、莫斯科大学、托姆斯克理工大学、库尔斯克医科大学、普希金俄语学院、新西伯利亚国立技术大学等①。大学的积极响应，也促使俄罗斯留学生数量稳步提升。2001年，俄罗斯国立大学的留学生数量为7.24万人，占俄罗斯在校大学生总数的1.53%。2003年，俄罗斯加入"博洛尼亚进程"后在学制等方面做出了很多改革，这一举动使其进一步与国际高等教育接轨，留学生数量不断增长。2010年，俄罗斯国立大学留学生数量为17.56万人，占俄罗斯国立大学在校学生总数的2.36%。到2015年，俄罗斯国立大学留学生数量达到28.29万人，占俄罗斯国立大学在校学生总数的5.4%②，俄罗斯已成为全球第六大留学目的国③。2016年，俄罗斯联邦政府将留学生比例扩大到在校学生总数的33%④。2017年5月，俄罗斯联邦总统战略发展及优先规划委员会主席团会议批准了《俄罗斯教育出口潜力开发专项计划》。按照该计划，从2017年5月到2025年11月，俄罗斯大学的留学生招生数量将提高2倍；到2019年，在俄罗斯境内大学就读的全日制留学生数量由2017年的20万增至30万，到2025年增至71万；俄罗斯大学在线课程听众从2017年的110万增加到350万；到2025年，俄罗斯教育出口获利3730亿卢布，比2017年增加4倍⑤。

"博洛尼亚进程"对于俄罗斯国立大学国际化发展起到了积极推动作用。除了加入"博洛尼亚进程"以外，俄罗斯联邦政府在很久之前就意识到了大学国际合作的重要性。俄罗斯联邦《教育法》第57条明确指出："各级教育管理职能部门应努力寻求与外国企业、公司以及组织机构建立直接联系。"俄罗斯联邦教育与科学部社会学研究中心2017年的数据显示：2014至2015学年，在境外提供教育服务的俄罗斯大学为54所，其中34所为俄罗斯联邦教育与科学部部属大学，7所为其他部属大学，41所为国立大学；俄罗斯大学在25个国家设有44所分校，72所大学有境外下设机构或者合作设立机构⑥。如俄罗斯布拉戈维申斯克国立师范大学先后与境外5所

① 刘淑华. 俄罗斯教育战略研究 [M]. 杭州：浙江教育出版社，2014：136.

② Министерство образования и наукиРФ. Экспорт Российских образовательных Услуг：Статистический сборник（Выпуск 5）[R]. Москва：Социоцентр，2015：23.

③ ПЕ. Russia [EB/OL]. (2016-03-05) [2017-07-21]. http：// www. iie. org/en/R. esearch-and-Insights/Projece-Atbas/Explore-Dada/Russia.

④ 姜晓燕. 俄罗斯高等教育正在崛起 [N]. 中国教育报，2018-01-12 (5).

⑤ 姜晓燕. 俄罗斯高等教育正在崛起 [N]. 中国教育报，2018-01-12 (5).

⑥ 郭强，赵风波. "一带一路"战略下的中俄跨境高等教育 [J]. 中国高教研究，2017 (7)：56-61.

大学开办了 9 个合作办学项目，俄罗斯太平洋国立大学与 2 所中方大学开设 6 个合作办学项目①。为了实现 2025 年招收 71 万全日制留学生的目标，2018 年俄罗斯 39 所大学被列入教育出口项目高校，包括莫斯科国立大学、莫斯科国立国际关系学院、俄罗斯人民友谊大学、莫斯科航空学院等，全部为教育质量优良的国立大学②。这些组织的设置无疑为俄罗斯国立大学开展国际合作和交流提供了广阔的平台。

三、国立大学国际化发展中存在的问题

（一）留学生来源还比较单一

以 2011—2012 学年为例，来俄罗斯留学的学生有 126319 名，但 "超过 75% 的外国学生来自苏联国家，20% 来自白俄罗斯，18% 来自哈萨克斯坦，除此之外是来自中国的学生有 10000 名"③。2015 年，俄罗斯留学生生源国中，苏联加盟国国家留学生数量超过俄罗斯全日制留学生总数的 50%，占非全日制留学生总数的 98%④。2016 年，外国留学生共计 25 万人，其中 80% 来自独联体国家和波罗的海国家⑤。2018 年，外国留学生共计 21 万人，其中全日制留学生中 53%、非全日制留学生中 96.3% 来自独联体国家⑥。

（二）国立大学封闭的传统仍在

虽然国家出台了更多的措施来鼓励人员流动，但现实情况是，在俄罗斯特别是国立大学内部，教师、学生包括学校的管理者都不愿意流动，俄罗斯国立大学也没有接受外来学术人员的传统。在调查的 24 位俄罗斯重点国立大学校长中，只有一位校长有过在国外大学留学或工作的经历，有 22 位校长毕业于他们正领导的大学，只有 10 位校长有过在其母校之外学习或

---

① 郭强，赵风波."一带一路"战略下的中俄跨境高等教育［J］.中国高教研究，2017（7）：56-61.

② 赵宏媚，严丹.俄罗斯"教育出口项目（2017—2025 年）"解读及启示［J］.世界教育信息，2019（10）：21-25.

③ Anon. Higher Education in Russia：The International Agenda Takes Central Stage［EB/OL］. Regions ICEF Monitor.（2013-07-04）［2014-03-05］. http：// monitor. icef. com/2013/07/higher-de-in-russin-the-international-agen-da-takes-centre-stage/.

④ Арефьев А Л. Тенденцин Экспорта Российского образования в 2005-2015［J］. Вессник российской Академии Наук，2016（3）.

⑤ 赵宏媚，严丹.俄罗斯"教育出口项目（2017—2025 年）"解读及启示［J］.世界教育信息，2019（10）：21-25.

⑥ 牛继平，李妍.俄罗斯教育服务出口发展研究［J］.欧亚博览，2020（1）：111-128.

工作的经历，其余的校长从母校毕业后就再也没有离开过①。国立大学的封闭还表现为俄罗斯大学生不愿意出国学习。2015 年到国外留学的俄罗斯大学生数量达 7.98 万人，仅占俄罗斯大学生总数的 1.5%；2019 年俄罗斯赴海外留学的学生不到 8%。封闭化使俄罗斯国立大学发展缺乏应有的活力，大学缺乏一种世界视野，容易造成故步自封的情况。

为了缓解人员流动缓慢的情况，俄罗斯联邦政府积极鼓励俄罗斯学者和学生到国外大学从事合作研究，其中，俄罗斯教师到国外大学工作被列为教育服务出口的第四种形式。2014 年 2 月 5 日俄罗斯联邦政府通过了《俄罗斯联邦政府同欧盟延长双方 2000 年 11 月 16 日科技领域合作协议》，该协议明确提出为俄罗斯大学教师、科研人员参加欧洲科学技术项目合作提供各种保障。从 2014 年起，俄罗斯联邦教育与科学部开始实施"全球教育"项目，该项目为在国外重点大学攻读硕士和博士学位的学生提供全额资助和社会支持，同时创造条件吸引他们学成后回国，到俄罗斯大学、科学组织、医学组织、社会组织和高新技术企业工作，获得这一资助的条件是学成后回国至少工作三年。这一项目将延续到 2025 年②。这一政策无疑有利于鼓励大学师生进行国际交流与合作。但从实际效果上看，远远没有达到政策期望的效果。

第四节　俄罗斯国立大学发展与变革中面临的挑战

一、俄罗斯国立大学的发展

（一）国立大学发展的基本情况

苏联解体后，俄罗斯大学的数量稳步增长。1990 年，全苏有大学 514 所，受当时社会制度的影响，所有大学均为国立大学。造成当时大学数量不高的原因是在苏联教育体系中除了高等职业教育还有初等职业教育，当时很大一部分学生分流到了初等职业教育体系中，进入高等职业教育的人数较少。但苏联大学的水平非常高，在世界上享有很高的声誉。俄罗斯独

---

① Fedyukin I. Russia Needs a New Concept for its Universities [EB/OL]. Opinion. Russia Beyond the Headlines. (2013-09-03) [2014-03-20]. http://www.telegraph.co.uk/sponsored/rbth/opinion/7980176/Russianeeds-a-new-concept-for-its-universities-and-higher-education.html.

② 刘淑华. 21 世纪以来俄罗斯高等教育国际化战略：动因、举措和特征 [J]. 中国高教研究，2018（3）：80-87.

立后前十年，高等教育迅速发展，尤其是在普京执政以后，国家加大对大学的投入，出台若干政策鼓励大学向高水平迈进，再加上中等职业教育式微等因素，使俄罗斯高等教育数量和在校生人数普遍增长。根据2002年俄罗斯人口普查得出的统计数据，全俄共有1940万人接受过高等专业教育（其中40万人接受过大学后教育——研究生教育），占总人口的34.57%，在年满15岁以上的人口中每1000人当中就有160人受过高等专业教育，比例高达16%。当前俄罗斯高等教育普及率已达到大众化标准。

2000—2008年俄罗斯高等教育发展情况见表2-3。

表2-3 2000—2008年俄罗斯高等教育发展情况

指标	年份							
	2000	2002	2003	2004	2005	2006	2007	2008
大学数量/所	965	1039	1044	1071	1068	1090	1108	1134
学生数量/千人	4742	5948	6465	6884	7064	7310	7461	7513
每万人大学生人数/人	324	410	448	480	495	514	525	529

资料来源：Акулинин Ф В，Пономарев М А. Высшее образование как инструмент иннзвационного развития Экономики России [J]. Экономика образования，2010（6）：16-18.

截至2018年，俄罗斯高等教育系统中共有741所大学，其中国立大学496所，占66.9%，私立大学245所，占33.1%。此外，还有1300所分校，其中2/3是国立大学创办的，大约有30万教师任教于国立大学。在校生人数从1990年的282.45万人，增长到2015年的706.46万人，增长了1.5倍[①]。

从表2-4可以看出，俄罗斯私立大学从1993—1994学年的78所上升到2000—2001学年的358所，此后一直以比较高的速度在增长，与此相比，国立大学增长速度比较平稳。2010年以后，联邦政府加大了对大学的质量监控，对于一些质量不合格的大学予以关停，因此，无论国立大学还是私立大学，总数上呈现出下降的趋势。

---

① 董舒文，于翔. 博洛尼亚进程推动下的俄罗斯高等教育国际化 [J]. 中国电力教育，2012（14）：17-18.

表 2-4 1993—2018 各学年俄罗斯大学数量变化情况

学年	1993—1994	2000—2001	2005—2006	2010—2011	2012—2013	2013—2014	2014—2015	2016—2017	2018—2019
总数/所	626	965	1068	1115	1046	969	950	814	741
国立大学/所	548	607	655	653	609	578	548	502	496
私立大学/所	78	358	413	462	437	391	402	312	245

资料来源：Russian Federation Federal State Statistics service. Russia in figures 2018 [EB/OL]. http：// www. gks. ru/wps/wcm/connect/rosstat_ main/rosstat/ru/statiseics/publications/catalog/dos_ 1135075100641.

（二）国立大学的分布

2014 年克里米亚入俄后，俄罗斯有 85 个联邦主体，包括 22 个民主共和国、9 个边疆区、46 个州、1 个民族自治州、4 个民族自治区和 3 个直辖市①。俄罗斯各地区在社会经济发展水平上存在着很大的差异，有着明显的分化和分层的情况。受区域发展不均衡的影响，俄罗斯国立大学分布也出现明显的不均衡现象。俄罗斯大多数国立大学集中于中央联邦区（30%）和伏尔加河沿岸联邦区（18%），仅莫斯科和圣彼得堡两市就集中了俄罗斯联邦 22.5%的国立大学，而在这两市的国立大学学习的大学生占俄罗斯国立大学学生总数的 19.4%②。俄罗斯著名大学俄罗斯高等经济学院针对大学分布情况进行调查后，认为俄联邦某些地区大学就学水平不高而且存在严重地域差异。库尔斯克州、莫斯科市、莫斯科近郊（行政区划名）和托姆斯克州的大学普及率最高，阿尔泰、达吉斯坦、车臣、印古什、图瓦、雅玛拉涅涅茨克等地是联邦内高等教育的"洼地"。大学招生规模前三名依次是库尔斯克州（49.6%）、莫斯科市和莫斯科州（49.2%）、托姆斯克州（46.4%）；联邦内有一半地区的这项指标值低于 28%，涅涅茨克自治区因为没有一所大学而排到了队尾③。地区间社会经济发展的分化决定着地区大学发展的分化，这首先是指大学的物质、教学、科研基础及人力资源潜力等方面的差距。优质的国立大学和教育资源集中在社会经济发展状况良好的地区，事实上也造成了教育不公平的情况。

---

① 俄罗斯高等教育水平存在严重地区差异 [J]. 世界教育信息，2017（9）：73-74.

② Российское и обрашевропейское образовательное пространство：организационно-экономическое образовательное проблемы интеграции университетское управление [N]. 2004-05-06（38）.

③ 俄罗斯高等教育水平存在严重地区差异 [J]. 世界教育信息，2017（9）：73-74.

（三）国立大学的归属和类别

当前俄罗斯国立大学在财政上和组织上对联邦政府极度依赖，国家在高等教育领域的任何改革措施都会对国立大学产生直接的影响。国家政策导向直接决定着国立大学的类别和数量。2015 年俄罗斯国立大学类别和数量统计如表 2-5 所示。

表 2-5　2015 年俄罗斯国立大学类别和数量

类别	综合	理工	师范和语言	经济	法律	国家行政	医学	体育	农业	建筑与艺术	服务
数量/所	86	175	78	39	11	16	48	12	59	11	8

资料来源：根据俄罗斯国立大学类型统计得来。

从国立大学的类别分布上看，数量最多的是理工类院校，高达 175 所，占国立大学总数的 32%。这是由于苏联时期大力发展理工科院校，一方面多次将其他类型的学校改为理工类院校，另一方面新建了若干所理工类院校。俄罗斯独立后，这些工科院校继续发展，仍然保留着较高的数量。其次是综合类院校，特别是在国家提倡创新发展、发展高水平大学的情况下，综合类院校中包括如莫斯科国立大学、圣彼得堡大学等俄罗斯最高水平大学。医学、农业、师范和语言类院校在国立大学体系中也占有较高的比重，此类大学往往和国计民生密切相关，因此也得到了国家的重点支持。

（四）国立大学的人才培养层次

俄罗斯国立大学传统的人次培养以持有技能证的"专家"为主，学制一般是 5 年。研究生教育主要是副博士和博士的培养，属于大学后教育，不属于大学学历教育范畴，学制一般是 3 年。加入"博洛尼亚进程"后，为了更好地融入世界和欧洲教育体系，俄罗斯需要对单层次的人才培养结构进行改革，建立与欧洲学士和硕士为基础的高等教育体系相兼容的结构[①]。培养结构改革试验开始于 20 世纪 90 年代初，早在苏联刚刚解体的时候，莫斯科国立大学和俄罗斯普列汉诺夫经济大学都试行了培养学士和硕士。加入"博洛尼亚进程"后，鲍曼技术大学、托姆斯克国立大学等几所重点大学也开始试行与欧洲一致的人才培养模式。2005 年，俄罗斯政府通过了《关于对〈俄罗斯联邦教育法〉和〈俄罗斯联邦高等和大学后职业教育法〉的修改（在确定高等职业教育层次方面）》。该法规定，要在俄罗斯实行双

---

① 杜岩岩. 欧洲教育一体化进程中俄罗斯高等教育改革［J］. 教育理论与实践, 2007（2）: 6-8.

层次的培养体系：第一层次是和欧洲一致的学士的培养体制，学制为 4 年，引入硕士的培养模式，学制为 2 年；第二层次是俄罗斯传统的"专家"培养体制，学制一般不少于 5 年。法律规定，在顺利完成学士阶段至少 3 年学业的基础上才能进入硕士阶段培养。学士阶段的培养主要定位于应用性专长的培养，要符合劳动力市场的需求。而第二阶段的培养定位于创新能力的培养，要培养具备创新能力的高层次人才。学士、硕士和专家培养被看成高等教育的不同层次，对应不同的国家教育标准。学生完成相应学分要求，取得毕业资格后，会获得相应的学士学位、硕士学位和专家技能证书。

现在俄罗斯多数国立大学获得了学士培养许可证，进行学士培养。硕士学位教育是在学士学位教育的基础上再接受两年专业培养（包括科研或教学实习），学校向经考核合格的学生颁发高等教育毕业证，同时授予相应专业的"硕士学位"；"专家"资格教育保留原来 5 年的学制，获"硕士学位"或"专家资格"的毕业生可报考研究生，进入大学后高等专业教育阶段，即研究生教育。研究生分为两个层次：副博士生，学制 3 年，毕业后发副博士学位证书；博士生，学制 3 年，毕业后颁发博士学位证书。俄罗斯国内有些观点认为，他们的副博士等同于西方国家的博士[1]。

俄罗斯不同阶段毕业生分层比例见表 2-6。

表 2-6 不同阶段毕业生分层比例

阶段	年份									
	1991		2000		2010		2015		2018	
	数量/万人	占比/%	数量/万人	占比/%	数量/万人	占比/%	数量/万人	占比/%	数量/万人	占比/%
学士	0	0	7.1	11	12.66	9	58.97	49	66.09	71
硕士	0	0	0.84	1	2.63	2	7.34	6	17.04	18
专家	40.68	100	55.34	87	130.69	89	53.33	45	10.18	11

数据来源：转引自刘淑华，朱思晓. 苏联解体后俄罗斯高等教育结构体系改革 [J]. 外国教育研究，2021，48（3）：87-103.

注：2000 年比例由于小数点只保留两位，总数为 99%.

（五）国立大学的人才培养模式

传统的俄罗斯国立大学一般实行知识本位的人才培养模式，大学主要

---

① OECD. Redefining Tertiary Education. Paris：Organization for Economic Cooperation and Development，1998.

提供理论知识教育，应用技能和实践技能等的培训非常少，学生很难一毕业就进入企业工作。然而，随着社会经济的发展，企业所要求的毕业生应该具备的综合实践技能在理论教学和科研过程中是学不到的。随着市场经济的转型和国际化趋势的发展，传统的国立大学的人才培养模式已经不能适应新形势下经济发展和人才市场的需求。2013 年，新《俄罗斯联邦教育法》生效，确定把"实现俄罗斯教育体制现代化，提高教育质量和在世界舞台上的教育竞争力作为俄罗斯教育事业发展的核心目标"[1]。根据市场需求转变人才培养模式，成为当下俄罗斯国立大学努力探索的方向。但由于教育经费不足和市场经济因素的导向，俄罗斯国立大学市场化趋向明显。

二、俄罗斯国立大学发展的困境与多元经费体制的建立

（一）国立大学发展的困境

苏联时期的大学一直实行单一的国家办学模式，国家是办学主体，大学所需要的各种资源由国家包揽，国家统一招生、统一分配。这种办学体制在改善国立大学办学条件、促进教育公平等方面具有积极的作用。但是，其缺陷与不足也是显而易见的，一方面造成了国家财政负担过重、政府机构臃肿，另一方面极大地制约了其他社会组织参与大学办学的积极性。单一的办学模式助长了大学对政府的依赖性，大学之间难以形成有效的竞争机制。在 20 世纪八九十年代社会、经济状况恶化的情况下，国家无力负担全部教育经费的供给，改变国家办学模式成为大势所趋，市场化和多元化成为俄罗斯国立大学变革的重要影响因素。

高度集权是苏联时期教育管理体制的主要特点。按照伯顿·克拉克的观点，苏联高等教育权力模式表现为国家权力笼罩一切，市场、社会和学术权威力量近乎虚无[2]。而从 20 世纪 90 年代开始，由于财政危机和社会政治经济改革趋势导致国家权力在高等教育谱系中逐渐降低，国家无力向国立大学提供能够满足其需求的资源，因此俄罗斯联邦政府不得不赋予大学一定的财政自主权，甚至于鼓励大学开展相应的企业活动，以此希望大学能够通过自己的努力筹集所需的资源，"自筹资金"成为俄罗斯国立大学集群中的流行概念，企业性经营活动和市场化趋势成为国立大学改革的主导趋势。从 20 世纪 90 年代开始，保障教育领域生产者和消费者之间经济利益

---

① 刘淑华. 俄罗斯教育战略研究［M］. 杭州：浙江教育出版社，2013：230-231.
② 刘淑华. 俄罗斯教育战略研究［M］. 杭州：浙江教育出版社，2013：29.

关系的教育服务市场，开始在俄罗斯悄然形成①。

从世界高等教育市场化发展的背景上看，国家财政无力为国立大学提供经费保障是国立大学市场化政策实施的主要原因，直接表现为政府支付的经费在大学经费中所占比例的下降和大学自筹经费所占比例的上升，其本质是中央和地方政府无力为国立大学提供必需的资源，允许国立大学开发其他经费来源渠道。因此，国立大学市场化形成的重要原因是政府财政预算的严重短缺，这使得"国立大学必须通过提供有偿性教育服务来保障预算外资金收入来源"②。

苏联解体以后，特别在 20 世纪末的最后 10 年中，俄罗斯国家经济陷入十分困难的境地，教育总供给极为不足。尽管 1992 年《俄罗斯联邦教育法》中规定，国家优先发展教育并保证教育拨款，教育经费不少于国民生产总值的 10%③，然而由于政府财政的严重紧缺，教育经费占国民生产总值10%的承诺一直没有兑现。1992—1999 年，除了 1992 年达到 5.86% 以外，其余年份始终没有超过 4%，直到普京时期这种状况才有所改变，但就算最高的 2003 年也才达到 4.16%。

教育经费不足的结果是国立大学发展迟缓，与世界其他国家相比，俄罗斯大学的实力排名逐年下滑，和苏联时期大学的高声誉相比，俄罗斯大学的水平下降明显。事实上，近些年来俄罗斯顶尖大学在各种国际排名中表现确实不尽如人意，2006—2015 年的 QS 世界大学排名榜中，莫斯科大学排名最高，排在全球第 93 位。在泰晤士高等教育世界大学排名发布的2013—2014 年世界大学排行榜中，莫斯科大学的排名甚至处于"第 226—250 位"组内④。俄罗斯国立大学教育质量下降、人才流失等问题频出，其中人才外流的主要原因是教师工资过低。据统计，2010 年，国立大学教师平均月工资为 2 万卢布（约 4000 元人民币），2/3 以上的教师必须通过兼职来增加收入⑤。福利待遇过低、社会地位不高等因素，造成了研究生毕业后不愿意到大学任教、原来的大学教师流失到国外或是其他领域，国立大学

① Акулини Ф В，Пономарев М А. Высшее образование как инструмет инновационного развития Экономики Росии [J]. Экономика образования，2010（6）：5-21.

② Лукашенко М А. Рынок Образовательных Услуг：Десять Лет Спустя [J]. Высшее образованзие в России，2003（1）：40.

③ Министерство образование РФ. Концепция модернизация российского образования на период до 2010 года [EB/OL]．（2002-01-02）[2006-09-16]. http：//www. edu. ru/db/mo/Data/d-02/393. htm.

④ 王莉. 当代俄罗斯学位授予制度改革及启示 [J]. 学位与研究生教育，2018（3）：72-77.

⑤ 姚漫漫. 俄罗斯教师培养模式转型的路径及保障机制研究 [D]. 大连：辽宁师范大学，2017.

人才缺乏。俄罗斯校长联合会主席、莫斯科大学校长、政策咨询委员会成员佛·阿·萨多夫尼齐认为，近十年里俄罗斯教育和科学体制的基础本身发生了巨大的变化，现在世界已经进入了后工业化时代，对每一个具体国家来说，实现这种转变的基础（就算不是唯一的也是主要的）就是人民的受教育水平，除此以外没有其他选择，现在俄罗斯不仅放走了具有良好智力的人才，而且连一般的专家也因给他们的报酬太低而离开了祖国，这个问题应当引起人们的深思①。

普京执政后，大力开展教育体制改革，重点强调增加教育领域的投入。2001 年 9 月，普京视察莫斯科国立大学时明确提出，国家会彻底改革教育体制，大幅度提高教育工作者收入，重塑俄罗斯教育强国的地位。他下令，从 2001 年 12 月份开始，教育工作者的工资和退休金在原有基础上增加一倍。至此，俄罗斯国家教育经费投入开始步入持续增长时期。虽然国家教育经费投入的绝对数额在增长，但这一时期教育经费需求也处于持续增长状态。2000 年，教育实际经费投入占教育需求的 66%，2002 年占 51.2%，2003 年占 50%②。经费短缺，严重影响了国立大学各项功能的正常发挥，出现了人才培养质量下降、优秀人才流失严重、教学设备和教学器材等教学资源供给严重不足等情况，有些国立大学甚至出现了开课不足的问题。为了解决大学经费不足的问题，联邦政府不得不出台相关政策，允许国立大学多渠道吸引资金来补足教育经费缺失的差额。《2006—2010 年联邦教育发展目标大纲》提出，在原有基础上加大各教育机构对资金使用的自主权，授予它们更多的资金管理自主权，以充分调动它们的积极性，争取多渠道（社会团体、国际组织等）、多数额的资金引入，吸引各种渠道（社会团体、国际组织等）的大额投资，提高非国家来源资金拨款的比例，计划 5 年后大额投资要高于非国家来源资金比重的 10%；提倡并促进各教育机构内经济自主性发展的机制，在提高投资吸引力原则的指导下，逐步发展成为一个实施措施的体系，这一体系不仅要吸引货币，还要吸引物质的、智力的及其他方面资源的投资。国家从政策上鼓励国立大学通过多种渠道获得发展所需的经费和资源。

（二）国立大学的多元化经费来源渠道

1996 年,《俄罗斯联邦高等和大学后高等职业教育法》明确提出，把单

---

① 刘杉杉. 俄罗斯政府近期发布的宏观教育改革方案 [J]. 世界教育信息，2008（10）：21-22.

② Роденкова Т Н. Актуальные проблемы упрвления финаасовыми потоками в Российском образовании [J]. Экономика образования，2003（3）：34.

一的高等教育国家财政拨款体制改变为经费多元投入体制[1]，并提出允许和鼓励国立大学用其他方法吸引社会对大学的经费投入，获取预算外资金以维持自身的生存和发展。这在法律上给予了国立大学很大的经济自主权，并为大学创造了进行经济活动的条件。2001年，《俄罗斯联邦高等职业院校的标准条例》第92条规定，高等学校的经费来源可以包括以下多种形式：不同层次政府的预算拨款；不同创办者的物质和资金资助；高等学校根据联邦法律实施的各种收费教育、企业型活动或其他活动获得的资金；自然人或法人资源捐赠和专项资助；符合俄罗斯联邦法律的其他渠道的资金。根据法律规定，俄罗斯国立大学的经费来源主要包括以下几种形式。

1. 财政拨款

国家财政拨款是国立大学经费的最主要来源。当前，国立大学的国家财政拨款主要有两种形式，一是按照学生的数量直接拨款，二是通过项目、规划等形式提供的竞争性拨款。从国家财政拨款的趋势上看，政府在保证基本的教育投入外，逐渐增加竞争性拨款的比例。其目的一方面是促使国立大学的行为符合国家发展战略；另一方面是集中优势资源促进具有优势的国立大学实现跨越式发展。但俄罗斯联邦政府在实施竞争性拨款政策时，为了避免极端竞争对国立大学公共性的消解作用，也在小心翼翼地维持一定比例的人头拨款。

联邦中央按照大学生数量来计算的拨款方式，通常采用以下形式：

$$B = (V/N) \times N_i$$

其中，B 为中央向联邦主体拨付的高等教育预算经费，V 是指中央高等教育预算资金总量，N 是指俄罗斯在国立大学就读的学生数量，N_i 是指在某一联邦主体内国立大学就读的学生数量[2]。

各类大学获得联邦预算拨款比例变化见表2-7。

表2-7　各类大学获得联邦预算拨款比例变化

大学类别	年份	
	1995—1996	2004—2005
依靠国家财政的国立大学占比/%	86.9	43.6

---

[1] федеральный Закон "О высшем и послевузовском профессиональномобразовании" ［EB/OL］. （1996-07-23）［2016-07-20］. http：//www.edu.ru/index.php？page-id＝122.

[2] 刘淑华. 俄罗斯教育战略研究［M］. 杭州：浙江教育出版社，2013：106.

续表

大学类别	年份	
	1995—1996	2004—2005
收费的国立大学占比/%	8.2	41.5
非国立大学占比/%	4.9	14.9

资料来源：Мониторинг экономики образования. экономика образования в зеркале статистики：новые данные［M］. M.：ГУ- ВШЭ，2005. 转引自刘淑华. 俄罗斯教育战略研究［M］. 杭州：浙江教育出版社，2013：114，有改动.

近些年，俄罗斯联邦政府逐渐改变了拨款方式，间接性的竞争性经费所占比例逐渐增多，按照人头投入的固定经费比例相对减少。国立大学要想获得所需要的国家经费拨款，只能按照国家相关要求，在与同行大学竞争并获胜后才能获得。如 2005 年联邦政府实施了《国家教育优先发展规划》，旨在加快实现俄罗斯教育现代化，使之适应俄罗斯的社会需求和社会经济条件。该规划主要包括五个方面的内容："支持和发展国内最好的教育""采用现代教育技术""创建国家大学和世界水平的商业学校""提高学校的德育工作水平""发展军队职业培养体系"。其中大学的创新计划、教育网络化等取得了显著的效果。在"大学创新计划"方案实施中，那些在竞争中获胜的国立大学将从联邦预算中获得数额为 2 亿至 10 亿卢布不等的经费支持[①]。根据俄罗斯联邦教育与科学部的数据，2006 年，联邦政府向 17 所大学提供了总计 100 亿卢布的拨款；2007 年向在竞争中胜出的 40 所大学提供了总计 200 亿卢布的拨款。俄罗斯教育与科学部制定的《2006—2010 年教育发展纲要》中指出，要把物质技术和财政资源集中用于俄罗斯教育的关键领域，以提高大学利用智力潜力发展的效率。俄罗斯联邦教育部门根据纲要的标准和要求，结合国家和国际的排行标准，以决议的形式把高等学校划入相应的类别中。这样，大学通过竞争获得国家任务，国家预算向质量更好的大学倾斜。"现在更多的资金是在竞争基础上划拨的，必须保证资金与责任的对等。"[②] 俄联邦政府采用统一招标的方式，通过一系列评价，为竞争胜出学校提供教育经费。截至 2010 年年底，俄罗斯联邦向包括莫斯科国立大学、国立圣彼得堡大学在内的 29 所研究型大学和 8 所联邦大

---

① 中国驻俄罗斯大使馆教育处. 俄罗斯教育科学部颁布创新型大学评选标准［J］. 世界教育信息，2006（8）：63.

② Фурсенко A. Отчётный доклад на 2019 год［EB/OL］. (2009-12-10)［2011-07-16］. http：//mon. gov. ru/ruk/ministr/int/6461.

学提供了发展计划。2011 年，俄罗斯第一次公布国家任务的数量、学校的教育质量和教学条件，各类型大学可以在客观评价自身实力的基础上竞争获得。2011—2012 年，俄罗斯联邦拨款 690 亿卢布用于保障大学发展计划的实施。其中，由于莫斯科国立大学和国立圣彼得堡大学在俄罗斯大学体系中的重要位置，2010—2012 年两所大学获得了 100 亿卢布①。2013 年 7 月，俄罗斯颁布了一项"打造高水平一流大学"的决议，给予通过竞争性选拔的 15 所大学每年 90 亿卢布的资金支持，力争在 2020 年使这 15 所大学进入全球大学排名前 200 名，并且至少要有 5 所大学进入前 100 名②。通过竞争，国家资金流向教学质量好、潜力大、效率高、对经济和社会贡献大的大学。

2. 学费

俄罗斯联邦宪法中赋予了收费教育神圣不可侵犯的法律地位，承认并保障各种教育所有制形式存在的合法性，并允许国立大学在地方开办收费性质的分校，使得一部分学生可以免于参加计划内的竞争考试，就可以进入国立大学学习。《俄罗斯高等与职业教育法》第 97 条规定，大学有权根据俄罗斯联邦法律对限额以外的学生和相应层次专家的培养实施收费教育，通过跟自然人和法人签订协议的方式提供与相应教学大纲和国家标准不相冲突的有偿教育服务。学费和有偿教育服务的收费标准由高等学校校长根据已经确定的支出预算来制定。收费教育和有偿教育服务不应取代相应预算资金资助的教育活动③。法律的明确规定为国立大学收取学费、招收自费生提供了法律依据。俄罗斯国立大学各个系开始开设收费专业，招收自费生。国立大学和这部分收费学生是提供教育服务者和购买教育服务者的关系，形成了具有商业化特点的俄罗斯教育市场。而且由于教育需求增大和政府经费持续减少的矛盾激化，大部分国立大学财政紧张，招收自费生和提高学费标准成为国立大学缓解资金紧张状态的手段。根据 2015—2016 学年初的收费情况，全国收费较高的大学的全年学费平均为 2500~3000 美元。莫斯科大学全年学费为 4000 美元，莫斯科管理学院的学费将近 4500 美元，B. 普列汉诺夫经济学院的学费达到了 5000 美元，而莫斯科国际学院的学费

---

① 杜岩岩. 俄罗斯新型大学实施战略及其保障机制 [J]. 教育科学, 2011 (5)：93-96.

② Лазарев Г И, Крюков В В, Карпова В О. Социально-экономическое развитие стран икачество высшего образования [J]. Вестник высшей школы, 2013 (11)：6-12.

③ Министерство образования и науки РФ. федеральный Закон "О высшем и послевузовском профессиональном образовании" [Z]. 1996.

更加惊人，甚至达到了 7000 美元①。2018 年，莫斯科大学等国立大学全年学费已经达到 5000 美元。1998 年后，国立大学经费结构中高于 20% 的经费收入来自学费。学费已经成为大学财政收入的第二大来源。1998—2003 年俄罗斯国立与非国立大学学费变化见表 2-8。

表 2-8　1998—2003 年俄罗斯国立与非国立大学学费变化

大学类型	年份					
	1998	1999	2000	2001	2002	2003
国立大学/卢布	11859.4	15345.2	16621.3	19061.4	22663.4	26000.0
非国立大学/卢布	9495.6	12344.6	14067.4	17070.3	21241.3	25000.0

资料来源：Заборовская А.С.，Клячко Т.Л. Высшее образование в России：правила и реальность［M］. Москва：Независимый институт снциальной социальной политики：2004：23.

同时应该看到，克里米亚问题导致的国际制裁对俄罗斯经济还是造成了严峻的影响。据经济合作与发展组织（OECD）研究报告指出，2017 年经济复苏在一定程度上是暂时性因素驱动的，俄罗斯的经济发展前景仍然是不确定的②。据俄罗斯联邦财政部统计，2017 年 1—10 月，俄罗斯居民实际可支配收入下降 1.3%③。这和国立大学不断提高的学费标准构成了矛盾，直接的结果是更多的贫困家庭的孩子不得不放弃进入大学的机会。

3. 财产出租的收入

1996 年《俄罗斯联邦高等教育法》第 27 条规定，高等学校有权充当财产承租者和出租者的身份。当国立大学将属于本校的财产及地产出租时，本校学术委员会可以以本地区的最低价格办理业务，并且具有赎回权。《俄罗斯联邦高等教育法》还规定，高校有权出售和出租其固定资产和财物，经销购进的商品和设备，提供中介服务，入股参与其他机构和团体的活动，购买股票、债券及其他有价证券，并借以获取收入，从事与章程规定的自产产品、工程、劳务及销售无直接联系的其他有益的非销售性业务等方面

---

① Реальные доходы россиян ускорили［EB/OL］. http://pro-per-sonl.ru/news/1085124-17-m11-realnye-dohody-rossiyan-uskorili-snijnie.

② 安兆祯. 2018 年俄罗斯经济社会发展展望［J］. 商业经济，2018（4）：1-3.

③ Реальные доходы россиян ускорили［EB/OL］. http://pro-per-sonl.ru/news/1085124-17-m11-realnye-dohody-rossiyan-uskorili-snijnie.

的权利①。大学具有了出售教学服务、财产，开办商店和印刷厂，提供各种基础设置和医疗、居住、图书馆、交通和计算机服务，开设中介，建立日用品维修和消耗中心，举办各种展览，出租学校资源和获取证券等相关的权利，并以此来增加大学的收入。

4. 有偿服务教育费

1996 年《俄罗斯联邦高等教育法》第 45 条规定，国立教育机构有偿为居民、企业、机构和团体提供相关教育大学和国家教育标准之外的补充教育服务，如按补充教育大纲进行教育、专门课程和系列科目的讲授、家庭补习、某科目强化性学习等②。国立大学开展有偿教育服务主要包括：为俄罗斯大学生和外国学生提供的教学活动；培养博士和硕士；第二专业和第三专业的教学活动；预备班的教学；对中学生和中学毕业生的评价活动；教学课程的答疑；辅导补习；再培训和提高技能活动；在教学大纲之外深化某些课程的研究；小组、俱乐部、集体授课等形式的补充性教育活动；个性化教学方案③。有偿教育服务成为俄罗斯大学摆脱经费紧张的重要手段之一。2002 年俄罗斯高等教育有偿服务的收入为 364.5 亿卢布，2003 年为477 亿卢布，2004 年为 593.5 亿卢布，2005 年为 1479.3 亿卢布④。俄罗斯国立大学提供有偿教育服务的一种常用方法是提高自费生的比例，相应地减少公费生的比例，这造成了公费生的竞争异常激烈，尤其是免费名额有限，"在 220 万希望接受高等教育的中学生中，只有不超过 25% 的人被国立大学全日制录取"⑤。这显然不利于教育公平。

5. 企业性活动

大学通过与企业合作来获得企业投资是改善大学自身经费紧张状况的有效措施，一般是企业通过与大学签订合同的方式购买大学的科研成果，向大学提供科研经费。这种合作既可以在一定程度上缓解大学科研紧张的情况，发挥大学科研潜力，激发大学的科研热情，又可以提升企业的科技水平，增加企业的市场竞争力。1998 年，在国家预算拨款严重不足的情况

---

① 俄罗斯 РФ "Об образовании" [EB/OL]. (2007-01-09) [2017-03-12]. http：//www. edu. ru/index. php? page-id=122.

② федеральный Закон "О высшем и послевузовском профессиональном образовании" [Z]. 1996.

③ Васильев Ю С, Глухов В В, Федоров М П. Экономика и Организация Управления Вузом [М]. СПб：Издательство "Лань", 2004：384-386.

④ Глухов В В, Карахотин С Н. Многоканальная система финансирования учреждений высшего образования [М]. СПБ：Издательство Политехнического университета, 2007：264.

⑤ Иваненко К Б. Негосударственное высшее образование России：тенденции и особенносия развития социологический аспект [D]. Екатеринбург, 2005.

下，俄罗斯国立大学来自企业科研合作收入的比重已经超过了大学科研工作的联邦财政拨款①，例如，俄罗斯最大的尤科斯石油股份有限公司每年向俄罗斯国立人文大学提供的赞助就达到 1.5 亿卢布②。

俄罗斯教育与科学部要求，大学作为创新链条的中心环节，能够而且也应该根据企业的需求研制创新产品，在促进创新工业部门形成过程中，大学要变成发展的火车头。为了引导和支持大学成为俄罗斯创新经济的积极主体，俄罗斯教育与科学部积极支持大学与企业合作，引导大学积极开展面向经济的科学研究和科技成果转化。2004 年 6 月俄罗斯教育与科学部制定的《2015 年前俄罗斯联邦科学与创新发展战略》提出了科学发展的两项重要指标：其一是提高大学申请专利的积极性，提高科研成果资本化水平，包括提高发明活跃度系数，2011 年此系数提高到 4%，2016 年提高到 5.5%；其二是使创新产品在工业产品总销售额中的份额 2011 年提高到 15%，2016 年提高到 18%，在工业产品出口总额中的份额 2011 年提高到 12%，2016 年提高到 15%③。根据 2005 年俄罗斯联邦政府颁布的《创新型大学评选标准》，"学校自筹计划外经费占学校总经费的 50% 以上"是参评的附加条件，并且参评学校为实施本校发展规划要制订符合选拔委员会要求的经营计划。创新大学评选的目的，就是通过政策引导使大学积极主动地参与到企业合作中来。俄罗斯教育与科学部前副部长波诺马廖夫说，检验一所大学的质量如何，在很大程度上要看其在与企业合作中的作用发挥得如何。在企业与大学就产学研一体化的合作中，也对大学的治理产生影响，《俄罗斯联邦教育法》要求，大学必须成立由企业主参与的督察委员会和监管委员会，要求企业参与大学的治理。

俄罗斯国立大学与企业合作的重要途径是产学研合作。通过建立大学与企业的联合体——生产经营共同体，大学可以发挥专业和知识优势，结合市场需求，与企业签署经济合同，获得相应的提成和收入。《俄罗斯联邦高等和大学后职业教育法》第 27 条第 8 款规定，政府支持大学建立经营共同体，国家支持创新基础设施的发展，包括支持在俄罗斯高等职业教育机构建立小型创新企业等活动④。国家政策的支持，使得众多拥有较强研究实

---

① 王义高. 从《联邦教育发展纲要》看俄罗斯教育发展新态势 [J]. 外国教育研究，2002（3）：5-8.

② Ромаков Л И. Проблема теории экономики высшей школа [J]. Экономика образования，2005（10）.

③ Министе рство образования и науки российской федерации. Стратегия развития наука и инноваций в Российской Федерации на период до 2015 год [R]. 2004-06-02.

④ РФ. федеральный Закон "О высшем и послевузовском профессиональном образовании" [Z]. 1996.

力的国立大学通过各种形式加入或创建生产联合体，通过开办工厂、转让科研成果等利用大学的专业优势独立或合作地从事商业性活动，形成了各种类型的产学研联合体。也有的大学以产品销售中心、生产部门、人才培养公司、科技园区或者创造高科技商贸公司等形式参与商业性活动。从2004 年开始，俄罗斯积极推动大学建立相应的附属科技园区，到 2006 年，俄罗斯的大学已经创建了 92 个科技园和 133 个实验工厂、技术和信息中心，还创办了 2200 个小型的创新型企业①。通过企业性活动，大学的收入明显增加，奥莱尔国立技术大学通过生产联合体，在 7 年的时间里固定资产增加了 170 倍。图们国立石油天然气大学通过与企业合作，非预算经费在总经费中的份额从 1998 年的 75%上升到 2002 年的 85%②。俄罗斯政府还鼓励大学创建自己的小型创新企业。2009 年 8 月，俄罗斯通过《对俄罗斯联邦关于预算性学术结构和教育性机构为使用智力活动成果而创建公司的个别法律条文的修改》，文件规定，允许接受预算的大学和研究所可以不经资产所有者同意，独立创建小型创新型企业。大学创建自己的小型创新型企业，激励大学尽快把自己的科研成果应用到实践领域中，面向市场需求开展科研，跨越大学与市场的鸿沟。根据政府的相关规定，经济领域的企业公司可以成为小型创新型企业的股东。2010 年，时任俄罗斯总统梅德韦杰夫指出，挖掘大学企业的潜力，不仅仅是阐释已出现的思想，而且要提出新的思想，这就是创新经济。2010 年 4 月，俄罗斯联邦政府批准了第 N218 号决议——《关于国家支持俄罗斯高等学校和实施高技术生产综合项目组织之间合作的举措》，每年为大学和生产企业联合完成的高技术综合项目提供最高 1 亿卢布的经费。在此政策的推动下，仅 2010 年一年俄罗斯就建立了 700 多个生产经营共同体。俄罗斯联邦政府在 2010 还通过了《关于国家支持在联邦高等职业教育机构发展创新型设施的决议》，其中规定在 2010—2012 年三年间联邦政府拨款 80 亿卢布用于支持高等职业教育机构发展创新的基础设施。这些举措极大地鼓励了大学和企业沟通合作，2011 年已经有 100 多所高校和世界 47 个国家的企业制订了创新发展计划③。

　　进入 21 世纪后，俄罗斯政府坚持走创新发展之路，特别强调教育系统

① 朱小蔓. 20-21 世纪之交中俄教育改革比较 ［M］. 北京：教育科学出版社，2006：113.

② Васильев Ю С，Глухов В В，Федоров М П. Экономика и Организация Управления Вузом ［M］. СПб：Издательство "Лань"，2004：384-386.

③ Министерство образования и наукиРФ. Государственная поддержка ведущих российских вузов ［EB/OL］. (2011-01-21) ［2017-04-02］. http：//www. mon. gov. ru.

中的大学是国家创新体系的中心和枢纽，国家在科学方面的成就是衡量一个国家教育质量的一个非常重要的指标，它不仅反映了这个国家的社会发展水平，而且在很大程度上反映了国家的经济竞争力①。为此，在 21 世纪前 10 年，俄罗斯重点支持两类大学的发展：一类是学生数量为 3 万~5 万人的多学科联邦大学，具有产学研一体化功能，是区域技术创新的领军者；另一类为中等规模但有重点学科的研究型大学。根据规划，到 2020 年前，俄罗斯将建立 10 所联邦大学和 30 所研究型大学，力争打造几所进入世界 500 强的具有国际竞争力的大学②。2010 年 4 月俄罗斯联邦政府批准了第 219 号决议《国家支持在联邦高校发展创新性基础设施》，决定对创新性基础设施的发展给予国家支持，2010 年拨款 30 亿卢布，2011 年拨款 20 亿卢布，2012 年拨款 30 亿卢布。大学可以通过竞争获得资助，每年拨款不多于 5000 万卢布。但实际上的数字远远不止这些，2010 年达到 131 亿卢布，2011 年达到 156 亿卢布③。2010 年，在俄罗斯与美国两国的努力下，大学科研与企业化能力促进项目启动，该项目时间为 2010 年到 2016 年，目的是促进美俄两国科研合作，提升俄罗斯大学的科研能力与科研成果转化能力④。2010 年 4 月，俄罗斯政府颁发第 218 号令《高等教育与高技术产业合作发展的联邦支持》规定，对于与企业合作的大学，联邦政府将资助其一半的科研经费，但大学必须先获得企业等量资金的注入，这是俄罗斯历史上国家对大学与企业合作的支持力度最大的一次。通过政府推动科研端和需求端的合作，以激发科研创新和转化的动力，同时政府要承担部分的风险。在这一年里约有 700 所大学申请了该类资金，其中约有 100 所大学获得了资金支持。政府不仅增加对大学和企业合作的政策支持，还从宏观上指引校企合作的方向和领域，特别是对于一些经济效益显现不明显的基础学科，政府明确表示了支持的态度。2013 年，俄罗斯总理梅德韦杰夫进一步指出："将俄罗斯基础学科和应用学科提升到一个更高的水平，并跟上西方国家的当前进度尤其重要——这必须在最短的时间内进行，并通过私人投

① Фурсенко А А. Итоговая коллегия Мимистерства образования и наука Российской федерации 18 февраля 2020 года ［EB/OL］. (2012-02-19)［2012-04-06］. http：//www. deu. ru/db/mo.

② 姜晓燕. 俄罗斯教育 20 年：变革与得失［J］. 比较教育研究，2010（10）：16-21.

③ Министерство образования и наука РФ. Подержка ведущих Российских вузов［EB/OL］. (2010-06-09)［2016-06-08］. http：//old. mon. gov. ru/pro/ved/.

④ 何雪莲. 创新的义务：俄罗斯企业型大学政策研究［J］. 现代大学教育，2014（3）：23-29.

资的方式进行。"① 这从政策上鼓励了大学和企业在基础和应用学科领域的合作。

7. 国际合作

根据俄罗斯联邦教育法的规定，国立大学有权根据俄罗斯联邦法律从事对外经营活动②。国立大学享有对所有收入的支配权，但是必须用这笔钱来解决教职工的困难，改善教师待遇，支付学生的奖学金，发展学校的基础设施，扩大科研项目，建立社会保障基金，等等。2006 年，俄罗斯跨境高等教育机构的拓展达到苏联解体以来的鼎盛时期，96 所俄罗斯大学在 35 个国家建立了 10 所合作大学和学院、80 所境外分校和 160 多所境外分支机构。而到 2015 年，只有 54 所俄罗斯大学设置了跨境高等教育机构，这些大学共在国外设立了 44 所分校，72 个伙伴性机构和联营性机构③。跨境高等教育大幅下降的原因是在 2005—2015 年，为了提高教育质量和符合国家标准，关闭了一批质量不达标的跨境高等教育机构。创设跨境高等教育机构的俄罗斯大学中表现比较突出的有俄罗斯普列汉诺夫经济大学、车里雅宾斯克国立大学、莫斯科创业和法律学院、俄罗斯国立社会大学、莫斯科国立大学等④。经过 20 多年的磨炼，俄罗斯国立大学已经形成了主动接触社会，并通过自身多方面筹措资金的习惯，企业性活动收入在国立大学收入构成中所占比例逐年上升，1992 年企业收入只占国立大学总收入的 7%，到 1995 年时已经达到了 25%⑤。到 2007 年有些大学甚至有一半的收入来源于企业性活动。

办学主体多元化和经费来源多样化等市场化改革是国立大学解决发展困境的主要方法。市场化富有成效地解决了国立大学财政方面的困境，增加了大学的财政收入，提高了大学教师的福利待遇，降低了学生的求学成本，缓解了专业设置与社会需求脱节的矛盾，使国立大学专业设置和人才培养模式更加适合社会和市场需求，有利于国立大学教学模式的改革。但应该看到，市场化使国立大学从国家机关变成了市场的主体，从无竞争压

① Vorotnikov E. Industrial Giants to Invest Funds in Higher Education ［EB/OL］. Global Edition University World News. (2013-10-11) ［2013-12-23］. http：//www. universiytyworldnews. com/article. php？story＝20131009165253633.

② федеральный Закон "О высшем и послевузовском профессиональном образовании" ［Z］. 1996.

③ Министерство образования и науки РФ. Экспорт Российских образовательных Услуг：Статистический сборник（Выпуск 5）［R］. Москва：Социоцентр, 2015：410.

④ 刘淑华 . 21 世纪以来俄罗斯高等教育国际化战略：动因、举措和特征 ［J］. 中国高教研究, 2018（3）：80-87.

⑤ Olga B. Bain. University Autonomy in the Russian Federation Since Perestroika ［M］. New York & London：Routledge Falmer, 2003：90.

力状态转变为需要努力适应竞争压力的状态，这使许多国立大学出现了不适应状况，如国立大学的功利性行为增加，严重影响了大学的公共性和公益性，甚至出现了国立大学部分资产被非法侵占的情况。为此，2000 年 4 月，俄联邦政府又颁布了《俄罗斯联邦教育发展纲要》，文件指出，必须禁止国立机构及其设施的非国家化、私有化，同时责令凡是非法私有化的教育机构及其设施，必须返还给国立教育系统①。

三、国立大学治理变革中的挑战

（一）人口和生源不足的挑战

俄罗斯社会面临的一个比较突出的问题是人口危机，1990 年人口总数为 1.470 亿，而到 1997 年，已经减少到了 1.458 亿，6 年减少了 120 万，是世界上人口数量降幅最大的国家②。苏联时期女性平均生育子女为 2.2 个，到俄罗斯时期已经下降到 1.3 个以下③。与此同时，随着老龄化程度加重，人口死亡率不降反升，1994—1996 年俄罗斯死亡人数与出生人数比为 1.63∶1④。2006 年俄罗斯人口同比下降了 0.48%，人口绝对数量持续降低，一年就减少了 74 万，等同于每天减少近 2000 人。总人口减少也表示劳动力人口减少，据官方数据显示，劳动力人口 2008 年至 2012 年四年间减少了 270 万，而 17—19 岁的年轻人口从 1050 万减少到 760 万。2018 年，俄罗斯人口为 1.43 亿，人口增长率为 -0.02%。俄罗斯国家统计局预测，到 2050 年俄罗斯人口数量将减少三分之一，减少到大约 1 亿⑤。虽然近些年来俄罗斯人口减少的趋势渐缓，但无论城市还是农村人口仍然呈负增长。数据显示，在最近 10 年，北极地区人口下降 40%，西伯利亚地区有 290 个城市、1.1 万个村庄消失。未来 10 年，还会有数千个居住点遇到这样的问题。

除了人口的绝对数量减少外，俄罗斯人口还呈现出空间集散和聚合的特征，表现为区域经济发展不平衡，人口主要集中在俄罗斯中西部地区，远东地区和西伯利亚地区的人口非常稀少，并呈现明显的外流倾向⑥。年龄结构分布不合理也是俄罗斯人口发展中的一个问题。2005 年，俄罗斯 60 岁

---

① 吕济锋，夏人青. 俄罗斯高等教育政策评述 [J]. 上海师范大学学报，2006（5）：109-112.
② 雷丽平. 令人堪忧的俄罗斯人口问题 [J]. 俄罗斯研究，2001（3）：62-67.
③ 雷丽平. 令人堪忧的俄罗斯人口问题 [J]. 俄罗斯研究，2001（3）：62-67.
④ 孟伟，等. 演变后的俄罗斯 [M]. 深圳：海天出版社，2010：125.
⑤ [美] 安德鲁·C. 库钦斯. 俄罗斯在崛起吗？[M]. 沈建，译. 北京：新华出版社，2004：182.
⑥ 李莎，刘卫东. 俄罗斯人口分布及其空间格局演化 [J]. 经济地理，2014（2）：42-49.

以上人口占总人口的 17.33%，65 岁以上人口占总人口的 13.72%①。2014年，60 岁以上人口占 19.4%，24 岁以下的青少年和儿童占 28%②。2006 年，俄罗斯中学毕业生数量还有 130 万，可到了 2015 年，中学毕业生数量降到了 71.5 万。2019 年，俄罗斯生育率降到 10 年来最低水平，俄罗斯联邦社会院人口状况委员会主席雷巴利琴科指出，国家的人口状况正在急剧恶化，"自 2019 年年初以来，全国总人口已减少了 27.7 万，预计到 12 月底，这一数字将达 41.5 万"。根据不断下降的人口趋势，有专家预测，未来还将有 2/3 的大学濒临倒闭③。2006—2016 年，俄罗斯大学适龄学生人数减少了一半，在这种情况下，政府仍提出国立大学要提高学生招生人数、保证每年学生数量的持续增长的要求。和适龄人口减少相对应的是大学数量增长迅速，大学数量从 1993—1994 学年的 626 所增加到 2010—2016 学年的 1046 所④。一方面是俄罗斯严重的人口危机、生源不足，另一方面是大学数量的持续增长，两者之间的不均衡情况使许多国立大学面临招生困难。为了应对生源危机，俄罗斯联邦政府不得不面对现实，从 2016 年开始逐渐淘汰大学，尤其是水平不高的大学。

俄罗斯教育法规定，俄罗斯所有大学必须参加教育与科学部每年组织的高校效益监控活动，对大学的基础设施建设、师资队伍、教育教学质量、就业情况等进行监控，不达标的大学需要根据教育与科学部的要求进行整改、合并或者裁撤。这也是俄罗斯联邦政府应对大学生源不足和提高大学质量不得不采取的举措。也因此，通过大学的合并和撤销，集中优质教育资源支持有世界竞争力的大学是俄罗斯高等教育体制改革的重要举措。合并原则有三种：一是区域合并，根据国家优先发展计划，在七个大联邦区各建一所"联邦大学"；二是将中等职业教育技术学校并入技术大学，实行纵向一体化；三是大学与科学研究院合并，使科学院成为实力雄厚、具有世界认可度的大学的研究所，进行横向一体化合并。合并的目的是增强现有大学的综合实力，提高大学在世界上的竞争力。

据俄联邦统计局数据，2017 年 1—10 月，俄罗斯人口增加 6.35 万，达

---

① 贾长平. 困扰俄罗斯的人口危机 [J]. 世界知识，2011（11）：56-57.

② 刘志民，胡顺顺. "一带一路"沿线 5 国高等教育持续增长的成因分析 [J]. 重庆高教研究，2016，4（6）：15-22.

③ Каллиома Л. Вузы выбывают из игры-Негосударственые образователье учреждения оказались на грани банкротства [N]. Роосийская Бизнес-газета，2009-05-19.

④ 安德烈·多布罗沃利斯基，郭明磊. 俄罗斯高等教育的发展现状和改革方向 [J]. 重庆高教研究，2015，3（2）：3-5.

到 1.469 亿人，其中出生人口 141.81 万（2016 年同期 158.81 万），自然死亡人口 153.3 万（2016 年同期 156.78 万）[①]，2017 年前三季度，俄罗斯人口出生率下降 11.5%。就是说，2016 年平均每一千个俄罗斯女性生育 13 个孩子，那么 2017 年每一千个俄罗斯女性仅生育 12 个孩子[②]。2019 年，俄罗斯适龄妇女生育率降到历史最低水平，这一年人口就减少了 41.5 万人。这表明，俄罗斯人口危机还将持续一段时间，困扰俄罗斯国立大学的生源危机在未来 10 年内缓解的可能性不大。

（二）资源与经费不足的挑战

国立大学的经费来源一般可以分为两大类，一类是以国家财政预算拨款为主的预算内经费，另一类是以国立大学自筹为主的预算外经费。虽然 1992 年《俄罗斯联邦教育法》规定，每年教育经费投入不得少于国民收入的 10%，其中高等教育的拨款不得少于联邦预算支出的 3%，但和日益庞大的教育需求相比，政府的财政拨款显得严重不足。据统计，用于高等教育的联邦预算支出，仅仅达到国立大学所需资金的 25%~50%[③]，而且在俄罗斯独立最初的十年间政府一直没有兑现高等教育拨款不少于 3% 的决定。1993—2002 年十年间政府拨款始终没有达到联邦预算的 3%，见表 2-9。

表 2-9　1993—2002 年俄罗斯国立大学财政预算拨款情况

年份	1993	1994	1995	1996	1997	1998	1999	2000	2001	2002
拨款占比/%	2	2	2.11	2	1.99	2	2.26	1.5	1.53	2.34

从联邦政府预算拨款和国立大学教育需求上看，俄罗斯国立大学仅仅依靠国家预算拨款是很难生存的。大学必须走出去寻找其他资金来源以维持自身的生存和发展。有学者对此评论说，"教育系统需要进行市场化的改革"[④]。1994 年 2 月俄罗斯大学校长委员会向总统、俄罗斯联邦政府和联邦大会代表提交了关于"大学危机在增加"的申请信，指出由于国家财政拨款份额的减少，国立大学正在面临前所未有的危机，如大量有才青年流向国外、大学生培养质量降低、学者移民、科学研究停滞、科学文献出版中

---

① Росстат численность населенияРФ В2017 году выросла за счет миграции. ［EB/OL］. http：//rg.ru/2017/12/19/rosstat-chislennost-naseleniia-rf-v-2017-godu-vyrosla-za-schet-mi-gracii.html.

② Москва ждет，Чечня рожает. http：//www.gazeta.ru/business/2017/11/03/10969256.shtml.

③ Valentina A. Markusova. Research in non-metrpolitan universities as a new stage of science development in Russia ［J］. Scientometrics. 2003（3）：365-383.

④ Лукашевнко М А. Образование в услувиях Рынка：Концепция учебного заведения ［M］. Мсква：Высшая школа，2002：106.

断等。要求国家加大对大学的支持力度，相应地也回归管理大学的职责。面对社会的指责，联邦政府增加了对国立大学的投入，1996 年修订的《俄罗斯联邦教育法》第 41 条第 8 款规定："教育机构，无论其组织法律形式如何，均有权吸收俄罗斯联邦法令规定的补充资金。其中包括以提供有偿的补充教育服务和教育机构章程规定的其他服务项目所获资金，以及自然人、法人包括外国公民和外国法人的资源捐赠和专项资金。"① 事实上，从政策上放开了国立大学多方面筹集资金的渠道。除此以外，针对国立大学经费困难的问题，政府一方面出台相应法律，另一方面增加了对国立大学的投入。高等教育经费占联邦教育预算的比例连年提高，2005 年占到 70%，2009 年占到 77.6%，2011 年超过 85%，2011 年俄罗斯联邦高等教育预算总额达到 3900 亿卢布，是 2005 年（1150 亿卢布）的 3 倍多② 。1997—2001 年俄罗斯国立大学财政结构见表 2-10。

表 2-10　1997—2001 年俄罗斯国立大学财政结构

年份	预算内		预算外		占国内生产总值的比例/%
	金额/亿卢布	占比/%	金额/亿卢布	占比/%	
1997	10.6	67.5	5.1	32.5	0.67
1998	10.0	64.5	5.5	35.5	0.59
1999	13.0	53.1	11.5	46.9	0.51
2000	22.5	60.0	15.0	40.0	0.51
2001	31.3	49.7	31.7	50.3	0.70

资料来源：Майбуров И. Финансирование высшего образования：национальные особенности［J］. Высшее образование в России，2004（10）. 转引自李莉. 大学与政府：俄罗斯高等教育与国家崛起［M］. 北京：社会科学文献出版社，2012：121.

国家财政投入的增加无疑缓解了国立大学资金和资源不足，但和国立大学持续增长的需求相比，国家财政投入的增加显得杯水车薪。资源和经费不足的问题仍然是俄罗斯国立大学治理变革的主要原因，因此国立大学校长的主要职责之一就是寻求学校发展所需要的资源和资金。

---

① федеральный Закон "О высшем и послевузовском профессиональном образовании"［EB/OL］.（1996-07-23）［2016-07-23］. http：//www. edu. ru/index. php？page-id=122.

② Министерство образования и науки российской федерации，федеральская служба государственной статистики，Государсвеннный университит－Высшая школа экономики. Образование в Российской Федерации：2010：стасистический сборник［R］. Москва：государственный университет－Высшая щкола экономики，2010：102.

（三）市场化与传统公共服务理念的冲突

1918 年，列宁提出废除大学的学费制度，首创了"免费加助学金"的大学生资助政策。这一政策使更多的贫困学生能够进入大学接受高等教育，满足了苏联的人才需求，也促使苏联由贫穷、落后的国家一跃成为教育大国和世界强国，同时也影响了世界其他国家的教育模式。国立大学的公共性和免费性是苏联高等教育的鲜明特色。

20 世纪 70 年代，石油危机导致的世界性的财政紧张，直接影响了高等教育的发展。"免费加助学金"政策受到了经费不足的威胁。这时美国学者约翰斯通提出的高等教育成本分担理论为高等教育财政体制改革提供了理论依据。高等教育成本分担理论认为，教育投资可以获得预期经济和非经济的、社会的和个人的效益，按照"利益获得、受益负担和能力支付"的原则由各受益方相应分担和补偿，按照"谁受益谁负担"的原则，高等教育成本可以由四个方面分担：政府或纳税人、家长、学生和捐赠个人或团体①。在成本分担理念的指导下，由于受国家财政危机的影响，以及为了提高国立大学资源利用效率和竞争力，俄罗斯政府先后通过《俄罗斯联邦教育法》《俄罗斯高等职业教育国立教育机构招生规定》和《俄罗斯联邦高等和大学后职业教育法》，允许国立大学在不影响正常教学活动的前提下，在国家高等教育委员会批准的名额限度内，招生一定数量的自费生。大学在每年完成国家下达的免费招生指标外，可以通过提高录取分数线和减少计划招生名额的途径将部分学生划为自费生。考生如果高考分数达不到报考学校的最低录取分数线，可以自费读书。由于政策的规定，1995—2005 年，收费生所占比例由 34.4%增加到 47.1%。

关于国立大学收费问题在俄罗斯引起了激烈的争论。《俄罗斯联邦教育法》和《俄罗斯联邦高等和大学后职业教育法》规定，凡通过考试被录入国立大学的学生，均可以享受免费高等教育②。但在实际操作中，在联邦经费紧张的情况下，当国立大学的生存和发展受到了威胁的时候，完全免费的教育形式是不现实的。国立大学收费和市场化行为与传统的国立大学的公共性和公益性产生了矛盾和冲突，也引起了众多学者的激烈讨论。俄联邦国家杜马教育科技委员会副主席奥列格·尼古拉耶维奇认为，教育不应

---

① D. B. 约翰斯通. 高等教育财政：问题与出路 [M]. 沈红，李红桃，译. 北京：人民教育出版社，2004：172.

② федеральный Закон "О высшем и послевузовском профессиональном образовании" [Z]. 1996.

被看成服务领域的一部分。教师如果因学生付费而去传授知识，那么教师与学生的关系岂不就与售货员和消费者之间的关系是等同的？实际上，教学中教师与学生是在共同分享知识，教育就其本质而言，也不应该是收费性的服务。"服务"在立法中是指额外服务，而教育法规定，教育是为个人、社会和国家利益进行教学教养的过程，个性发展是教育的主要目的，所以教育不应是商品①。莫斯科国立大学国际关系学院前社会关系教研室主任叶琳娜·斯莫尔斯卡娅博士也呼吁，俄罗斯教育商业化的趋势正在摧毁人类教育意义的本性，俄罗斯不能失去全面、深刻、范围广的传统教育特色，俄罗斯不能放弃自己的文化，人文主义不能被金钱收买，政府不能把教育定位为商品②。美国经济学家理查德·A. 马斯格雷夫（R. A. Musgrava）认为，教育支出既有利于学生又有利于社会。乔·B. 史蒂文斯（J. B. Stevens）认为，几乎没有人否认教育会产生确定的外部性，不仅接受高等教育的人可以从中得到很大的收益，而且会使整个社会因受教育者的文化程度的提高而受益。高等教育的准公共物品的属性还表现为，对高等教育的消费不能独占，一个人对高等教育的消费并不影响其他人的消费；高等教育资源具有短缺性、竞争性。高等教育资源的数量是有限的，一些人获得的多，意味着另外一些人获得的少。当更多的人加入高等教育体系的时候，由于规模经济的效应，边际服务的成本会逐步下降。当人数增加到一定程度的时候，边际成本会上升。在系统达到拥挤的程度时，边际成本无限上升。高等教育本身是稀缺资源，具有竞争性，但价格不能完全由市场决定，因为高等教育价格对市场需求的影响很小。因此，应该由政府按照高等教育成本的一定比例来确定个人接受高等教育的价格③。虽然和西方学者相比，俄罗斯学者更加倾向于国立大学的公益性，提倡免费的教育供给，但现实的国立大学发展中的资源危机导致国立大学的市场化行为是不可避免的。因此，作为国立大学宏观管理者的联邦政府最先推崇国立大学面向市场化的转型。如在《俄罗斯联邦教育发展纲要》中就指出："由于缺少必要的经济保障，因此教育系统的优先地位只具有宣言性质，不能保证免费的人人可享受的教育。"

---

① Адиля Манюрова. Продаётся социально-ответственная услута［J］. Платное образованзие, 2003（4）.

② Юрий Акимов. По зоконам цивилизованново рынка［J］. Платное образованзие, 2003（6）.

③ 吕炜. 高等教育财政：国际经验与中国道路选择［M］. 大连：东北财经大学出版社，2004：2-4.

（四）非国立大学高速发展对国立大学产生的竞争

1. 非国立大学的发展

1992 年《俄罗斯联邦教育法》规定，社会、个人在办学中具有主体地位。除了国家、地方政府以外，俄罗斯的任何社会组织与个人只要按照《俄罗斯联邦教育法》的规定程序呈送报批手续并通过鉴定，获得办学许可证后都可以成为实际的大学举办者。1992 年教育法改变了苏联时期俄罗斯国家为唯一主体的治理模式，在相当程度上调动了社会办学的积极性。在国家政策引导的形式下，非国立大学的数量呈现出飞跃的递增态势，1993—1994 学年俄罗斯非国立大学为 78 所，而到了 1995—1996 学年，仅一年时间，非国立大学的数量就增加了一倍半，而国立大学仅增加了 21 所[1]。到了 2002 年，俄罗斯境内非国立大学已经占到大学总数的 37%[2]。1995 年国立大学与非国立大学的数量之比是 7∶3，而到了 2009 年，国立大学与非国立大学的数量比变成了 6∶4，1991—2007 年非国立大学增加了 4.8 倍。俄联邦大学生的数量从 1993—1994 学年的 2612800 人增加到 2000—2001 学年的 4741400 人，后者是前者的 1.81 倍。其中，国立大学的学生数量增加了 1.68 倍，而非国立大学的学生数量增加了 6.73 倍[3]。2010 年俄罗斯大学总计（包括分校）3500 所，其中非国立大学（包括分校）1400 所。2011—2012 年持有办学许可证的私立大学增长到 650 多所，其在校生人数占到高等教育在校生人数的 17%[4]。随着非国立大学的迅速发展，俄罗斯国立大学和非国立大学的界限正在不断淡化，国立大学的传统优势受到了冲击。在 2004 年 3 月 18 日召开的俄罗斯非国立大学联合会代表大会上，俄罗斯教育部前任部长弗拉基米尔·费利波夫就国家对俄罗斯大学的政策问题有了新的说法，即俄罗斯非国立大学和国立大学将享有同等的权利。他说，所有大学将具有同样的资格参与国家校舍分配的竞争，同样可以获得国家的预算拨款。毫无疑义，国家预算拨款将拨给那些能够培养最优秀人才的大学。取消国家在"国立"与"非国立"大学之间所划的界限，国家授权给能够提供优质教育服务的大学，而不只是以经费划分的标准为依据。俄罗斯联

---

① Образование в Российской Федерации：2007Статистический ежегодиик［Z］. М.：ГУ-ВШЭ，2007：363.

② 参见《俄罗斯高等教育年度报告》。

③ Романкова Л И，Травктория модернизационных процессов в российской системе высшего образования（конец ⅩⅩ-ⅩⅪ начало в. ）［J］. экономика образования，2003（1）：48-51.

④ Martin Carnoy，Isak Froumin，Prashant k. Loyalka，Jandhyala B. G. Tilak. The concept of public goods，the state：and highereducation finance：a view from the BRICs［J］. Higher Education，2014（68）：365.

邦预算法做出相应修改后，非国立大学就可以获得国家预算拨款①。2010年，莫斯科对非国立大学的财政拨款增加了 8.6 亿卢布，2011 年财政拨款达到 11.6 亿卢布②。

2. 国立派与非国立派之争

非国立大学的崛起让一直占优势的国立大学产生了强烈的危机感，并对非国立大学发起了强烈的攻击。当时以莫斯科国立大学校长萨多夫尼奇为代表的"国立派"和以莫斯科人文大学校长伊力英斯基、俄罗斯新大学校长捷尔诺夫③为代表的"非国立派"之间展开了激烈的交锋。"国立派"认为，非国立大学抢占了自己的教育资源，"我们（国立大学）为了给学校增加点收入想在某些专业实行有偿教育，但钱却被你们（非国立大学）给截流了，这毫无道理可言"④。他们指责非国立大学教育质量低，缺乏对消费者的社会保障，抨击非国立大学不设入学门槛，以低廉的学费吸引消费者的行为亵渎、扭曲了大学的形象，降低了大学的国际地位。俄罗斯著名经济学家达尼洛夫 В.И. 指出，"国家关键的错误是允许了非国立大学颁发国家统一样式的毕业证书，给予它们这种权利没有丝毫的根据，尽管这些学校通过了国家鉴定，但国家鉴定证书是它们买来的，非国立大学怎样都不应该颁发国家统一样式的证书，而应该颁发本校的毕业证明"⑤。莫斯科国立大学校长萨多夫尼奇认为，"数量庞大的非国立大学正在使高等教育、学历教育和学术称号贬值，给我国（俄罗斯）的教育和科学系统造成了重大的损失，它们的活动导致了人们不再重视教育质量，对科学成就的客观评价在逐渐消失"⑥。莫斯科国立社会大学校长茹科夫甚至把非国立大学视为让年轻人不去扩充失业队伍、不进入犯罪机构的就业安置处。

针对"国立派"的指责和贬低，"非国立派"则通过出版专著、发表论

---

① 李芳. 俄罗斯的国立大学、企业与国家新三位一体的矛盾分析 [J]. 比较教育研究, 2004 (11)：22-26.

② Фурсенко А. Отчётный доклад на 2010 год [EB/OL]. (2011-03-10) [2012-02-16]. http：//mon.gov.ru/ruk/ministr.

③ 萨多夫尼奇是俄罗斯教育界的灵魂人物，俄罗斯大学校长协会主席；伊力英斯基是俄罗斯非国立大学民族同盟会主席、莫斯科和莫斯科州非国立大学同盟会主席，是非国立高等教育系统很有话语权的代表人物；俄罗斯新大学校长捷尔诺夫是俄罗斯非国立大学联合会主席，是非国立高等教育系统另一位很有影响力的人物。转引自顾鸿飞. 俄罗斯非国立高等教育发展研究 [M]. 厦门：厦门大学出版社, 2012：81-82.

④ Алферов Ф И, Садовничий В А. Образование, котование мы можем потерять [С]. Образование для России XII века. 2002. http：//www.mccme.ru/edu/index.php? ikey=msu-book.

⑤ Савицкая Н. Негосударственные вузы：родны дитя или приемное? -Эксперты предлагают лишить негосударственные вузы права выдавать госдипломы [N]. Независимая газета, 2005-02-08.

⑥ Алферов Ф И, Садовничий В А. Образование, котование мы можем потерять [С]. Образование для России XII века. 2002. http：//www.mccme.ru/edu/index.php? ikey=msu-book.

文、接受媒体访问、向政府表达意愿等方式维护自己的利益。如他们向政府陈述办学过程中遇到的苦难，希望更多地获得政府的财政支持，向公众公布自己的办学措施和办学经验，探讨遇到的问题和解决对策，进而争取公众的支持。捷尔诺夫 B. A. 在接受《商人报》采访时就指出，"非国立大学不仅培养年轻的法律、经济人才，还将培养医学、技术和自然科学人才"，"它授课形式灵活，教育质量不仅符合国家教育标准，甚至比很多国立大学还要好很多"①。

总之，"国立派"认为国家对非国立大学的支持多，给予的条件太优惠，给予的保护措施过于强，他们认为这样会使非国立大学办学质量达不到要求。这其实表明非国立大学给传统国立大学造成了不安和担忧。国立大学在俄罗斯高等教育体系中的地位高，对国家政策决策层的影响力更大，在感到地位受到威胁的情况下，通过多方面渠道向决策层施压，以便促使政府减少对非国立大学的投入。在这种情况下，俄罗斯总统普京在参加以国立大学为主的俄罗斯大学校长论坛的时候表示，俄罗斯的收费教育是好的，私立大学的水平不高，还对国立大学构成竞争，低质量的教育是对人民和国家的欺骗。对此，俄罗斯联邦 2000 年重新修订《俄罗斯联邦教育法》，其中完全取消了国家对非国立大学的政策支持和保障措施，取消了关于按照国家标准向在经过认证的非国立大学学习的个人补偿部分学费的条款。随后颁布的《税收法》又取消了对非国立大学所有的税收优惠，非国立大学必须承担财产税、土地税、广告税等一系列税收责任。国立大学和非国立大学获得国家支持的情况对比如表 2-11 所示。

表 2-11　国立大学和非国立大学获得国家支持的情况对比

国立大学	非国立大学
国家为学校各项活动提供物质基础（校舍、设备）	自筹资金用于建设校舍、购买设备
国家负责毕业生分配，学生获得国家资助	国家不负责毕业生分配，学生不能获得国家经费支持
联邦教育各项计划重点支持	基本上没有获得各项计划支持的途径
可以得到财产税补偿	支付全部财产税

---

① Зернов В А. Негосударственное профессиональное образование: современное состяние и перспективы развития [J]. Платное образования, 2003 (11): 27-31.

续表

国立大学	非国立大学
可以获得国家主导的科研订单	没有途径获得国家科研订单
国家提供各种信息资源	没有获得国家各项信息资源的途径

资料来源：Модернизация российского образования：взгляд с муниципального уровня. РАО，Институт управления образованием［M］. Москва，2003.

对此，捷尔诺夫 B. A. 批评说，"很多学校（非国立大学）可以颁发国际统一样式的毕业证书，学生需要通过参加国家统一考试、经过选拔入学"，"莫斯科政府将非国立大学视为街头售货亭，向我们收取营业税，还取消了非国立大学生优惠乘坐地铁的待遇。国家允许国立大学在银行贷款，而我们却被拒之门外，我们只能依靠学生缴纳的学费求生存、谋发展。俄罗斯未来的大学不应该按照所有制形式划分，而应按照教育质量"①。这一定程度上显示出俄罗斯非国立大学对联邦政府拨款制度改革的愤慨和面对现实的无助。

和非国立大学相比，国立大学在俄罗斯社会中的认可度更高，国际关系大学对 4 所国立大学和 3 所非国立大学 770 位高年级大学生开展的调查数据显示，66.6% 的被调查对象首选国立大学，而 13.5% 的选择非国立大学，76.8% 的国立大学学生都认可自己的学校，而只有 52.4% 的非国立大学学生认可自己的学校②。但就如俄罗斯普通和职业教育部前任部长基涅列夫所说的，"俄罗斯非国立大学是时代的客观现实产物，国立大学和非国立大学总是相得益彰——尽管目前非国立教育已经形成了一定规模，学校数量与国立大学不相上下，但是就整体实力和所发挥的功能而言，国立大学是整个高等教育系统最强大、坚实的核心，非国立大学则是包裹它的那层薄薄的且逐渐变厚的表层"③。

---

① Зернов В А. Негосударственное профессиональное образование：современное состяние и перспективы развития［J］. Платное образования，2003（11）：27-31.

② Становление общества знаний-цель реформирования образования и науки［J］. Высшее образование сегодня，2004（4）：68-78.

③ Ильинский И М. Негосударственные вузы России：опыт самоидентификации［M］. М.：Издательство Московсково гуманитарного университета，2004：104.

（五）国立大学自身的问题

1. 世界声誉下降

在 2013 年的世界大学排名中，前 200 名没有俄罗斯大学的身影，唯一跻身于前 300 名的俄罗斯大学是罗莫拿索夫莫斯科国立大学，位于前 200 名到前 225 名之间。俄罗斯大学的声誉似乎在持续下降。《纽约时报》对此评论道："每一次新的国际排名都引发俄罗斯的绝望，无论是美国大学的领先地位还是中国的崛起，对俄罗斯来说都是痛处以及榜样"①。

2. 历史遗留的弊端

俄罗斯国立大学在社会主义制度下经历了 70 多年的发展过程。虽然取得了许多成就，但计划经济体制的弊端在国立大学中也被深深地暴露出来：官僚僵化的管理体制、完全的行政命令、保守的文化传统和顽固的旧秩序，让俄罗斯国立大学的办学目标、管理模式、管理手段、课程设置、办学权限、教师流动、学生就业等诸多方面严重缺乏自主性。"工程师"办学理念中衍生出极端的"技术化"倾向，过于强调大学对经济发展的功能，对文化、道德等重视程度不够的"功利化"倾向明显，严格强调标准化而抹杀个性的"平庸化"倾向明显。这些都一定程度上阻碍了国立大学的发展。有统计数据表明，整个苏联时期国立大学选修课的数量不超过 13%②。除此之外，国立大学还存在着学校经费不足、物质技术设备老化、教学设施陈旧、信息流动不畅、学校办学缺少活力等问题。"千校一面"，没有特色，教师培养学生的积极性较差，学生学习的功利性明显，没有未来发展的希望和目标，学校管理方式落后。

3. 人才培养落后于市场需求

苏联时期，国立大学与企业的联系密切得多，当时国立大学直属于不同的经济产业部门，人才培养的规格和数量直接由产业部门的需求量决定，学生直接到部门所属产业实习，企业直接到大学要人。在从计划经济到市场经济转型的过程中，国立大学和产业部门之间的所属关系被切断，各自成为独立的社会组织，企业对大学失去了兴趣。传统的国立大学没有科研的职能，导致培养的毕业生缺乏创新的意识，应用性技能又没适应时代的

---

① Lane J, Kinser K. The Bear Begins to Wake: Russia In-Ternationalizes [EB/OL]. Blogs. The Chronicle of Higher Education. (2012-06-11) [2014-03-20]. http: // chronicle. com/blogs/worldwise/the-bear-begina-to-wake-russia-internationalizes/29809.

② Прозументова Г Н. Образование в иннвационной саморазвивающейся система школ [С]. Образование и наука: современные стратегии развития. Межвузо вский тематический сборник статей и материалы к международному конгрессу 《Образование и наука на пороге 3-ГО тысячелетия》 Томск, 1996: 165.

要求，年轻人难以在大学中获得在劳动力市场上的竞争优势。虽然俄罗斯高等教育毛入学率已经达到80%，但企业、社会普遍反映大学的教学质量整体不高。民意调查显示，企业认为国立大学脱离经济实际，教学内容落后，教学方法陈旧，毕业生能力不足。

4. 科研人员外流和老化现象严重

科研人员数量呈下降趋势，人才外流和人才老化的现象严重，人口减少，均是影响俄罗斯国立大学发展的主要因素。2000年俄罗斯科研人员数量为88.77万人，2015年减少至73.89万人。高素质人才外流，在人力资本流失的同时还带走了俄罗斯稀缺的资金，这对俄罗斯的技术进步与创新都产生了负面影响[①]。2014年，一项研究调查了莫斯科大学的教授和研究人员离开俄罗斯的影响因素，低工资是人才出走的因素之一，促使研究人员和教授到待遇比较好的国外去寻找工作机会。除此之外，一半的被调查者强调在俄罗斯智力工作者的声望不断下降，并且稀缺的机会使他们难以实现自己的科学潜力。此外，国内的经济和社会因素也是一个推动因素，每三位受访者中就有一位表示担心可能发生的社会冲突或经济危机，高学历父母普遍担心自己孩子的未来。当前国立大学中一个重要的问题还在于大学教师科研意识和实力的下降，有调查显示，在具有一定历史的俄罗斯国立大学中只有不到15%的教师有科研意识，并能够在日常的活动中进行科研活动。创新意识、科研动力和实力不足是俄罗斯国立大学发展中的主要问题，尽管俄罗斯政府着力推进创新型制度的改革，但国立大学创新积极性并未有太大改观。

2012年，普京在《关于我们的经济任务》一文中重点强调了创新的重要性，强调"大学、科学院、国家科研中心对创新发展需要发挥重要的作用，提高科学研发工作的商业化是实现创新发展的关键，在制造业领域应引进并快速掌握国外先进技术，逐步提高本地化率"。科研成果市场化一直是俄罗斯的短板，针对这一问题，俄政府启动了"国家技术倡议计划"，以需求为导向，加快推动科研成果市场化[②]。俄罗斯政府出台的《2017—2025年俄罗斯联邦政府社会经济发展行动计划》，强调要增加科研投入，促进技术进步。

与发达国家相比，俄罗斯对科学、研发及技术的投入仍存在巨大差距，

① 郭晓琼. 危机与应对：普京第三任期俄罗斯经济发展 [J]. 东北亚论坛, 2017 (6)：110-126.
② 郭晓琼. 危机与应对：普京第三任期俄罗斯经济发展 [J]. 东北亚论坛, 2017 (6)：110-126.

要促进科学技术的发展，提高产品的知识及技术含量，就应增加科研投入，并提高科研成果的市场化程度。在俄罗斯国立大学和科学院中建立竞争机制，对成果突出的科研人员给予更多资助，为有成果的研究项目提供长期拨款，支持年轻科学家建立实验室开展科研项目。这些政策的推行有助于提升俄罗斯国立大学的科研意识和科研水平。

Three

转型期俄罗斯国立大学
外部治理的变革

大学外部治理主要关注大学和外部环境的关系，包括与政府、社会和教育市场的关系，与社会政治制度、经济制度密切相关。大学内部治理体现大学内部具体的管理制度、方法等。大学内部治理和外部治理不是截然不同的两个体系，而是互相联系、互相制约的系统。大学内部治理在外部治理的背景下发挥作用，在通常的情况下，内部治理受到外部治理体系的制约。大学内部治理通过内部制度建构、机制设置与运行发挥作用，内部制度和机制的设计和配置模式对外部治理的影响具有放大和消减的作用。

1992 年以来，俄罗斯的社会、经济、文化和意识形态出现了整体转型，相应地，俄罗斯大学外部治理的环境也发生了变化。从总体上说，可以分为两个主要的时期：第一阶段是在 1991—1999 年，国立大学的自主化和自由化时期，主要特点是对苏联时期外部治理模式的摧毁，以及自由主义思潮影响下，国家对国立大学的放权。第二个阶段是 2000 年至今，国家对国立大学重新进行掌控，形成国家主义下的相对的自由治理模式。

第一节　国立大学治理中政府体系的变革

一、机构和管理权限划分的轨迹

俄罗斯主要通过联邦和联邦主体两级政府对国立大学实行行政管理。国立大学的联邦行政主管主要是俄罗斯联邦教育与科学部。在联邦主体层面是联邦主体教育厅。1993 年通过的俄罗斯联邦宪法从政治法律的角度将俄罗斯分为 89 个地区（联邦主体），包括 21 个共和国、6 个边疆区域、49 个州、1 个自治州、10 个自治区和 2 个联邦意义上的直辖市（莫斯科和圣彼得堡），每个地区都有各自的教育管理机构①。

国立大学的联邦行政管理是联邦政府代表国家通过各级教育行政部门，以及其他职能部门对国立大学所实施的管理行为，体现了中央政府和大学的行政关系。

（一）联邦教育管理机关的变革

1. 管理机构设立的轨迹

俄罗斯教育管理机构之前在联邦级层次上设立的职能部门，一个是俄

---

① ［俄］别勒古洛夫. 俄罗斯民族地区教育体系的形成和发展 ［M］. 阿依提拉·阿布都热依木，等译. 北京：社会科学文献出版社，2014：14.

罗斯联邦教育部，另一个是俄罗斯联邦科学、高等学校和技术政策部。联邦政府成立俄罗斯联邦科学、高等学校和技术政策部的初衷是想把国家科学发展、国家技术政策与高等教育统一起来进行领导和管理，从而克服苏联时期长期存在的教育与科技相脱节的弊端。该部管理高等教育的具体机构是其所辖的高等学校委员会（1993 年亦称俄罗斯联邦国家高等教育委员会）。1996 年 8 月，俄罗斯政府进行了改组，将教育部和俄罗斯联邦科学、高等学校和技术政策部合并成俄罗斯联邦普通教育和职业教育部。2004 年 3 月，俄罗斯总统普京对联邦政府机构再次进行改组，取消了俄罗斯联邦普通教育和职业教育部，并为促进教育与科学的结合，将原教育部与科学部合并成立俄罗斯联邦教育与科学部。

教育与科学部是俄罗斯联邦主管国立大学的行政机关，负责确定相关领域的国家政策方向和制定法律法规。在教育与科学部，教育署是主要的教育决策机构，是国立教学机构的创办人，负责拨款和分配联邦补贴；教育监察署负责为大学颁布办学许可证，监督各层次大学的教育质量及大学守法情况。2010 年，俄罗斯将教育署和教育督察署的职能权限转移到教育与科学部，教育行政管理和决策权力又重新集中到教育与科学部。

2. 管理机构职能设置

就中央一级而言，联邦最高权力机关和教育管理机关对国立大学实行宏观管理，其职能包括：制定统一的联邦教育政策；制定国家教育标准；编制教育财政预算；负责统一的干部培训和再培训计划等。俄罗斯联邦政府和高等教育管理机关确定和批准高等教育国家教育标准保证教育的质量和教育空间的统一，但具体实施由各个国立大学的教学机构自主安排。

从管理机构上说，国立大学主要归教育与科学部所属的联邦教育科学监察署（Федеральная служба по надзору в сфере образования и наука）和联邦教育办事司（Федеральное агентство по образованию）直接管理。

联邦教育监察署是教育与科学部具体的权力机构之一，对国立大学来说，它具体的职责主要包括：监督和检查联邦教育系统立法的执行情况；国立大学的教育质量、学校的学位委员会、学术委员会的运行情况；组织国立大学的评审和国家鉴定，颁发办学许可证；给国立大学评定委员会提供资源保障；批准国立大学设立学位论文答辩委员会，编写学术专业清单，授权学位论文答辩委员会按照清单组织论文答辩；审核、认证在国外获得的职称和学位与本国的等值，颁发相关文件；负责教育系统的外事工作，开展国际合作和协作等。

联邦教育办事司也是联邦教育与科学部的权力机关，对国立大学来说，它的主要职责包括：管理国家财产，检查和监督国立大学的日常财政状况；为国立大学提供国家服务；组织学术会议、研讨会、展览等活动；向国立大学分配俄罗斯联邦总统奖学金、政府奖学金及其他名义的奖学金并分配定额；组织国立大学教师职业技能再培训和管理人员培训；批准国立大学校长的任职期限；组织和审批国立大学研究院的设置；为国立大学颁发证明其教育层次的国家统一样式的证明文件；等等。

联邦教育科学监察署和联邦教育办事司是国立大学主要的权力管理和领导机构，主要通过组织、调控、分析和检查发挥功能，通过信息分析和相关的标准为不同层次的国立大学审核和批准财政拨款数额。

在联邦政府的批准下，俄罗斯教育与科学部主持实施了大学创新计划、重点大学发展计划等。教育与科学部的主要职责是贯彻落实联邦政府的教育政策、指令和方针，并把这些政策、指令和方针具体化为可以实施的指标贯彻执行。

根据法律规定，俄罗斯联邦各主体在高等和大学后职业教育一般问题上拥有充分的国家权力。联邦主体的管理权限主要包括：制定并实施与联邦政策不相抵触的共和国政策；制定各联邦主体教育法令及相应的民族、区域高等教育标准；编制各联邦主体高等教育经费预算，规定地方教育税和教育附加费；确定教育机构创建、改组、撤销及拨款方式的特殊内容等。由于联邦主体所辖国立大学数量极少，联邦主体一级对国立大学的管理权限非常有限。事实上，俄罗斯大学外部管理权限主要集中在联邦会议、联邦政府、联邦中央高等职业管理机关等联邦管理机构中，大学内部学术组织和内部管理权限主要是大学的校务委员会及大学校长委员会。

教育厅（也有的称为教育部、教育委员会、人民教育管理局等）是联邦主体教育管理的权力机关。联邦主体教育管理权力机关对国立大学的行政管理更多的是落实教育法规。

俄罗斯联邦高等教育管理体系如图 3-1 所示。

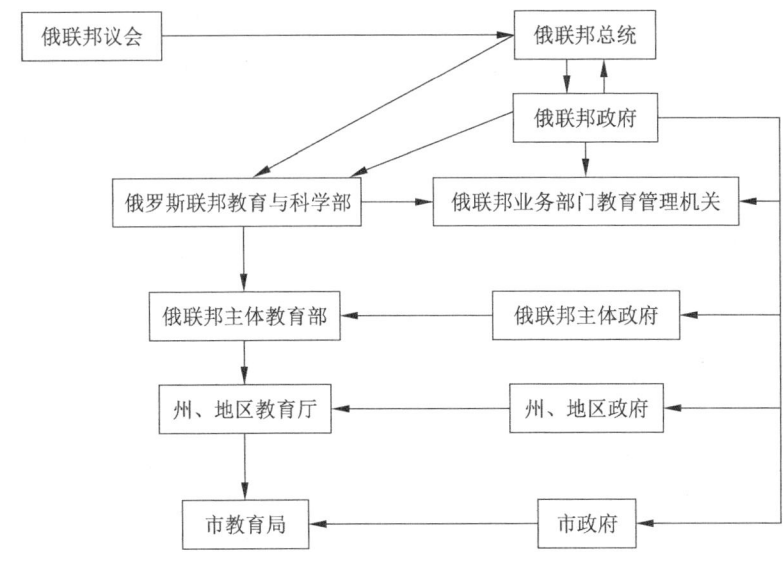

图 3-1　俄罗斯联邦高等教育管理体系

（二）管理权限的内容

联邦教育管理机构和联邦主体教育管理机构主要通过办学许可、学校评审和国家鉴定三种行政手段来实现对国立大学的管理职能。

1. **办学许可**

在苏联时期，国家是国立大学唯一的投资人和举办者，因此一开始就赋予了国立大学相应的法律地位，如大多数老牌国立大学一开始就享有办学和颁发国家毕业证书的资格，所以办学许可对老牌国立大学来说制约并不大。但对于一些新成立的国立大学而言，则必须要通过上面三种程序才能获得相应的办学资格。

办学许可证是国家授予所有层次的大学从事教育活动的证明文件。1992年《俄罗斯联邦教育法》第33条规定："从事教育活动的办学许可证在专家委员会鉴定结果的基础上由联邦教育管理机关或者联邦主体教育管理机关颁发。"《高等和大学后职业教育法》规定："实施高等和大学后职业教育教学大纲活动的许可证，由联邦（中央）高等教育管理机关根据专家委员会的结论颁发"；"申请学校职能在用以保障办学活动的基本条件，通过专家委员会的鉴定、且被告知符合国家办学的最低标准之后才能拿到办学许可证，自获得办学许可证之日起学校有权从事教育活动"[1]。根据《俄罗斯

---

① федеральный Закон "Овысшем и послевузовском профессиональном образовании" [Z]. 1996.

联邦教育法》，学校办学许可实行教育市场准入制度，主要从大学实施教育过程所必须具备的条件的角度，对学校的建筑环境、卫生防疫情况、教学设施设备、学校师资配备等方面进行评审，审核合格后，发给学校许可证，并确定学校的等级。办学许可证会注明能够体现出学校法律地位和组织形式（国立大学、市立大学、非国立大学）的校名。办学许可证中会有附录内容，包括培养方向（专业）目录、教学形式、教育层次、最大招生额度、许可证有效期（一般不少于 3 年）、各种职称、学历教师的比例、藏书量等。如果没有附录内容，则许可证无效。许可证还必须有联邦教育与科学部的签章并加盖带有国徽的印章后方能有效。2011 年 3 月，俄罗斯联邦教育与科学部出台了新的高等学校实施教育活动办学学科条例。条例规定，新申请的国立大学要按照国家统一的价格支付一定的手续费，同时增加教育与科学部组织专家进行监督和检查的次数，并严格按照相关办学条件的要求，制定严格的检查方法来提高教育质量。

2. 学校评审

《高等和大学后职业教育法》规定："对高等学校的评审由隶属于教育与科学部的联邦教育科学监察署在高等学校递交申请之后，或者根据联邦高等教育管理机关、由行政权力的联邦机关或者高等学校所在地的地方自治机关的提议下进行。"[①] 评审的目的是检查学校培养方向（专业）的设置、教学内容、教育质量、毕业生质量是否符合国家教育标准。评审的标准和流程由俄罗斯联邦政府决定。按照教育法的规定，申请院校必须连续三年毕业生优良人数不少于毕业生总数的一半，且在专业评审之前须按照评审标准、内容进行专家评审。专家评审通过之后，学校可以申请国家鉴定。新国立大学的首次评审应该在应届毕业生毕业后进行申请，但不得早于该新大学获得办学许可证之后的三年期内，且半数以上毕业生的毕业成绩要达到优良。老牌国立大学每五年接受一次评审。根据教育法，对于鉴定评审不合格的学校，国家有权中止其教学活动并提出赔偿要求。国家教育标准是进行学校评审的唯一标准。俄罗斯教育与科学部前副部长米科鲁舍夫斯基说，"如果某所学校不再按照确定的国家标准实施教育服务，那么对它的许可也将立刻中止"[②]。通过评审的国立大学，可以按照自愿的原则申请国家鉴定。

---

① федеральный Закон "Овысшем и послевузовском профессиональном образовании" [Z]. 1996.

② Закон о бюджениях учереждениях сохранит бесплатное образование и приведёт к повышению качества образовательных услуг [EB/OL]. (2011-01-21) [2016-04-02]. http：//www. mon. gov. ru.

3. 国家鉴定

国家鉴定是对大学办学水平的评价，鉴定的目的在于评估国立大学是否可以从事学历教育并提高办学层次。根据《俄罗斯联邦教育法》和《高等和大学后职业教育法》的规定，国立大学通过国家鉴定，才可以获得证明其办学水平、教育质量的认证证书。只有获取国家认证证书，国立大学才有权向本校毕业生发放代表其教育水平的国家样式的、印有俄罗斯联邦国徽的毕业证书。此种毕业证书的样式由联邦（中央）高等教育管理机关规定。通过鉴定的国立大学（专业）及学生受国家法律的保护。教育主管部门有随时检查通过鉴定的国立大学教育质量的责任。通过国家鉴定的国立大学同时也有资格按照被确定的学校种类、类型和等级享受中央和地方相应的财政拨款。没有通过国家鉴定的国立大学只能给毕业生颁发本学校的毕业证明，教育主管部门也不会对其办学质量进行监控。

国家鉴定的标准由联邦政府教育部门统一制定。鉴定的内容是保障国立大学完成教育活动的必要条件，包括办学用地面积、物资设备、教育大纲、教学法、教师的科研工作量等。例如，对于综合性大学来说，在人才培养的基本大纲上要求最低不少于 7 个；科研人员（研究生）的专业数量不少于 5 个，每 100 名大学生中全日制研究生的数量不少于 4 人；科学研究领域不少于 5 个，最近 5 年内科研年平均财政投入不少于 1000 万卢布；最近 5 年内教学科研人均年平均财政投入不少于 1.8 万卢布，近 5 年内每 100人编制内有职称和有学历教学人员年均出版学术专著不少于 2 部；在教学中应该使用创新法，并百分百采用得到教学法中心指导的教育大纲；有职称或者有学历的教师不低于 60%，有博士学位的教授比不低于 10%，以及在编教师必须根据校龄达到相关比例的要求等。

国家鉴定由联邦教育与科学监察署负责。按照俄罗斯联邦政府的规定，每五年进行一次，申请学校自己负责全部鉴定的费用，鉴定期限从联邦教育科学监察署收到申请学校的正式申请书之日起 105 日内完成。

国家鉴定是证明国立大学在高等教育系统中的组织层次（综合大学、学术学院、专门学院）和学校培养不同层次人才结构（博士研究生、硕士研究生、本科）的文件。有效期为 5 年。国家鉴定证书上会注明学校的国立性质、学校所在地、学校层次和形式、证书批准号和签发日期。国家鉴定证书的附录中还会标注出所有可以颁发国家统一式样毕业证书的专业名称，如果某个专业没有在附录中，则表明该专业是无学历教育，无权颁发国家统一样式的毕业证书。

国家鉴定由联邦教育与科学部直接组织，它不具有强迫性。但是因为国家鉴定证书是学校身份的象征，通过了国家鉴定就标志着该大学可以从事学历教育，办学质量和办学条件得到了国家的认可，这些有助于新的国立大学赢得社会声望，提高可信度，并获得稳定的生源和国家拨款。同时，通过国家鉴定也代表着老牌国立大学的实力和在大学谱系中的地位。因此，无论老牌国立大学还是新国立大学都极其重视国家鉴定，鲜有不参加鉴定的国立大学。

2000 年以前，办学许可、学校评审和国家鉴定是分开进行的，这不仅浪费了申请学校的时间和精力，而且随着时间的推移，行政审批手续越来越烦琐、官僚做派激增，助长了腐败问题。因此，1999 年 11 月，俄罗斯联邦教育与科学部颁布了《综合评价高等学校办学活动》的命令，规定从2000 年 1 月 1 日起，高等学校的办学许可、学校评审、国家鉴定三者合一，这大大地简化了行政审批的程序，缩短了审批的流程，提高了办事效率。

为了明确各自的职责，俄罗斯详细划分了联邦中央和地方间的教育权力分配。联邦中央政府主要对全国各级各类学校教育情况进行宏观管理，制定全国性的教育标准和教育法律法规，对直属的国立大学进行直接管理，并实施全国性的教育质量监控。联邦主体和地方自治机构的职能包括：贯彻联邦中央教育法律和相关政策，辅助中央的教育管理工作，制定地区教育政策和法规，制定地区教育质量标准与发展纲要，决定所在区域内归地区管辖的国立大学的学校领导的任免，决定所在区域内国立大学的设置与撤销，拉动所在地区国立大学的发展等。

二、政府治理变革的历程和模式

（一）政府治理变革的历程

1. 叶利钦时期的放任式治理

叶利钦时期，教育领域改革的主旨是改革旧制度，建立新体制。叶利钦试图建立一种完全不同的新的教育体制，这时候的社会主导价值观念是新自由主义。西方所谓的民主、自由、市场等理念是主导俄罗斯治理变革的主流价值观念。在高等教育外部治理的方式上，苏联时期的管理制度饱受争议，当时教育改革的核心就是打破国家对大学的垄断局面，发扬所谓的教育民主化、人道主义，去意识形态化，以突出地方化和分权化。在这种价值观导向下，俄中央政府急于从高等教育领域退出，把国立大学的管理职能还给地方和大学自身。为此,俄罗斯联邦中央政府重新划分了联邦中央、联邦主体和市级地方自治机构的权力边界,重新确定了中央和地方的管理权限,把以往归中央管理的国立大学划给了各个地方,建立了分级化的治理结构模式,即联邦中央、联邦主体和地方三级彼此独立、各负其责的新模式,确定了国立大学地方化、部门化管理模式。这样的结果是联邦中央退出国立大学的管理,而地方对国立大学的控制权力增强。这种体制虽然在一定程度上减轻了联邦政府的负担,但也一度造成了地方权力过大、中央权威降低,地方利益过分凸显甚至呈现出分裂趋势。政府力量的突变式退出,导致高等教育体制中国家权力式微,各种机会主义行为泛滥,国立大学失序现象严重。该时期国立大学外部治理的特点呈现出"弱政府"的放任态势。

2. 普京时期的调控式治理

与叶利钦政府不同,普京高度重视教育对国家的作用,强调国家对教育尤其是高等教育的控制力。普京重申,"教育的本质是国家事务",教育权是一种国家权力,是国家行政权的组成部分①。2000 年,普京刚执政就颁布了《联邦国民教育要义》,其中第三部分用了近一半的篇幅强调了"国家对教育的责任和义务",指出"教育是国家的责任,也是其利益所在",国家在教育规模、结构、公平、质量、效益等多个宏观领域负有 43 条不可推脱的责任②。普京在政治改革中的一大举措是加强联邦中央对地方的控制力,在教育领域则将原来分给地方的教育权重新收归中央所有,重振中央政府在教育领域的权威,重新定位国家在国立大学中的地位,政府重新变成管理者、裁判员、规则制定者,强调政府对国立大学的影响力和控制力。这个时期国立大学外部治理的特征呈现出"强政府"的状态。宏观调控和协调成为中央政府管理国立大学的主要方法。

当然,普京时期的治理模式和苏联时期的政府全方位的治理模式还是有一定区别的。政府从事无巨细的微观管理转变为宏观的引导和调控,由对大学直接行政管理转变为运用立法、拨款、规划、信息服务和政策指导等间接形式的宏观管理③。其主要措施包括:为了加强国家立法的速度,使

---

① Ильинский И М. Негосударственные вузы России:опыт самодентификации[M]. Москва:Иидательство Московского гуманитарного университета,2004:153.

② Министерство образования РФ. Национальная Доктри на Образования Российской Федерации[R]. Москва:Министерство образования РФ,2000:3.

③ 刘淑华. 近 20 年来俄罗斯高等教育外部治理变革. [J]. 高等教育研究,2016,37(7):90-97.

国家教育纲领变成指导国立大学发展和运行的"指挥棒"。2000 年颁布了《俄罗斯联邦国民教育要义》，2001 年通过了《2010 年前俄罗斯教育现代化构想》，2004 年通过了《2004—2006 年俄罗斯青年专项计划》，2006 年颁布了《教育创新发展——俄罗斯竞争力提升的基础》，2008 年批准了《"创新俄罗斯的科学人才和科教人才"联邦专项计划》，2012 年通过了《俄罗斯联邦 2013—2020 年教育发展规划纲要》成为 2020 年前引领俄罗斯教育改革的法律规范和文本。这些法律规范从宏观上指定了国立大学发展的方向，加强国家对国立大学的宏观调控，通过国家统一考试制度、质量监控制度、国家许可、鉴定、审批等制度调整和监控所有国立大学的活动，保障国立大学各种教育行为符合国家的需求。通过制定代表国家意愿的教育质量标准，确保联邦国家的教育要求在国立大学中有效实施。这些措施使联邦政府从宏观层面上引导国立大学的发展规模和方向成为可能。另外，拨款方式以间接竞争性拨款为主。普京时期俄联邦政府改变了国立大学的拨款方式。在俄罗斯高等教育系统中，国家对国立大学的态度发生了变化，从为国立大学直接提供经费，逐步转变成仅为国家预订的教育服务和工作付费。在高等教育领域引入竞争性拨款制度，根据竞争结果和大学的绩效成果为大学分配经费，改变了过去按照学生数量向国立大学拨款的制度，根据国立大学的教育质量和学生的国家统一考试成绩，在国立大学分配资助的学生名额。

（二）政府治理变革的特征

1. 去国家化

俄罗斯社会转型初期，高等教育领域发生了以"自由主义"思潮为主的大学解放运动，以"大学自治"的旗号开始了"去国家化"改革。"去国家化"或"解国家化"是指教育不再是一种国家活动，不再在封闭体系中仅仅按照国家的利益、国家的需要或在国家的监督下进行知识生产和教育活动，而应该成为一种社会活动①。国家不再是教育培养的最终价值体现，教育的目的从为"国家"服务转为追求"个人"的发展。大学的"去国家化"，意味着大学有一部分所有权和经营权脱离了国家的控制。

2. 分权化

本杰明·莱文在谈到 20 世纪 70 年代以来各国教育政策改革的共同点时认为，尽管改革计划存在明显差异，有三种策略却是很多改革总体计划的

---

① 李莉. 大学与政府：俄罗斯高等教育与国家崛起［M］. 北京：社会科学文献出版社，2012：109.

关键性组成部分：学校设立和实际运作权力的分权化，包括允许家长委员会分享这种权力；增强成绩测试并发布测试结果及其引申结果，增加统一课程；多种形式的择校或其他的类市场机制。教育改革中一个超越国家疆界的最强烈的趋势就是权力向当地学校的下移①。改革的核心是政府权力的重新分配，通过权力分配重新调整政府、市场和大学在大学治理中的作用，明确各自的权力边界。治理的目的是将大学从行政机构转变为独立的社会公共机构。

3. 契约化

在这一转型时期，高等教育最重要的特征是办学者（国家）和国立大学的关系是由契约来确定的，此契约根据俄罗斯联邦法律来缔结。契约并不是立宪性的，它是办学者和由其创办的机构之间就相互的责任、权利和义务进行划分，以及审查和解决有争议问题程序的协议。政府和国立大学签订协议，通过建立相关法律来明确各自的权利和义务，这是 1992 年苏联解体后，俄罗斯社会转型中高等教育治理体系改革过程中的新现象。

4. 国家强化监督

普京认为，贸然转向分权管理并致力于自由主义自治模式而不考虑曾经带给俄罗斯教育辉煌的一些因素，这是俄罗斯近年教育质量下降的原因之一。诚然大学需要自治，但改革者们在保障自治的同时忘记了"责任"二字，要知道，俄罗斯过去教育质量的保障靠的就是责任②。因此，他执政伊始，便颁布和通过了一系列旨在加强国家对国立大学调整和控制的法律。2002—2007 年，联邦政府提交了约 200 条法律建议，通过了 25 项之多的联邦法令，列入《俄罗斯联邦教育法》和《高等和大学后职业教育法》的修改方案。这些法令强调国家权力对大学的渗透，弱化大学作为自治机构的地位。如 1996 年《高等和大学后职业教育法》第 3 条第 2 款规定："高等学校在个人、社会、国家面前对自己的活动能够负责。监督高等学校的活动是否符合其章程规定的目的，这由其创办者和发放从教学许可证的国家教育管理机关在自己的职权范围内予以实施。"改为："高等学校在个人、社会、国家面前对自己的活动负责。由高等学校的创办者和发放从教许可证的联邦全权执政机关在自己的职权范围内监督高等学校的活动是否符合

---

① ［美］本杰明·莱文. 教育改革：从启动到成果［M］. 项贤明，洪成文，译. 北京：教育科学出版社，2004：16.

② Фиапшев Б Х. Образовательные стандарты, автономия, академические свободы［M］. M.: Нардное образование, 2007: 165.

其章程规定的目的。"第 10 条第 2 款规定："对高等学校的考评，由国家考评局根据高等学校的呈请，或根据联邦高等职业教育管理、辖有高等学校的联邦执政机关和地方自治机关的主动呈请，予以实施。"改为："对高等学校的考评，由国家考评服务局根据高等学校的呈请，或根据联邦国家教育管理机关、辖有高等学校的联邦执政机关的主动发起，予以实施。"2001年《俄罗斯联邦高等职业院校的标准条例》第 30 条规定："对所有的教育形式来说，包括在具体的教学大纲中把它们结合起来时，统一的国家教育标准都发挥作用。相应层次的日授—函授（夜授）、函授形式以及实习生的培养职业、方向（专业）不允许学校自行制定，必须由俄罗斯联邦政府确定。"第 34 条规定："高等学校按照不同层次的教育大纲组织教育过程的总要求由俄罗斯联邦教育领域的法律确定。"俄罗斯国立大学必须严格遵守俄罗斯联邦法律、国家教育标准及国家鉴定和认证程序。国立大学具有学位授予权，但学生要获得学位必须通过国家相应层次的总结性界定。这一方面有利于保证高等教育质量，另一方面也可以增加大学之间的比较、竞争和合作。

通过相同法律的多次修改进行比较可以看出，普京对《高等和大学后职业教育法》的修改强调了联邦国家的主导、监督作用，将之前的国家被动行为变成了主动行为，其目的主要是加强国家对国立大学的管理和监督。

（三）政府治理的模式

在政府治理体系中，中心议题是集权和分权，以及分散与统一的关系，说到底就是要理顺中央与地方、国家与大学之间的关系。在现代社会中，俄罗斯治理模式改革的主导方向是改变过去苏联的高度中央集权式的治理模式，适当划分管理权限，赋予地方和大学更多的自主权。将过去由中央集中统一、垂直行政管理模式变革为分级式管理，在教育系统中实行联邦、联邦主体、地方三级管理体系。在高等教育体系中，由于俄罗斯很少有大学归属于地方自治机构管辖，甚至联邦主体管辖的大学数量也极少，因此，高等教育领域实行由中央联邦政府和各地方联邦主体的二级管理。联邦最高权力机关和教育管理机关实行宏观调控、地方负责具体问题。

1. 政府主导模式

苏联高等教育模式是以列宁主义思想为基础，根据斯大林的教育构想而建立的，适应的是苏联长达半个多世纪的集中型计划经济体制。在理论上和实践上，存在着显著的计划经济特征，包括：国家机关是全部经济活动的直接领导者和组织者；指令性计划是国家组织经济活动的主要手段；

国家管理经济的方法以直接的行政干预为主；等等。在计划经济体制模式下，苏联高等教育具有国家所有、高度集中、计划控制、行政干预四个明显特征①。计划经济体制下，高等教育活动的这些特点，确保了苏联社会主义高等教育的发展方向，确定了高等教育的整体目标，掌握了高等教育的发展规模，保证了高等教育的总体质量，协调了高等教育内外部活动关系，并使国家能够集中人力、财力、物力，满足国民经济发展对各行各业建设人才的需求②。苏联的高速发展和高等教育的成就是密不可分的。苏联教育学家叶留金认为，高等学校在苏联科学和文化的发展中，在苏联社会的意识形态生活中，占有重要的地位③。

大学是苏联高等教育体系的主体。大学归国家所有是苏联时期高等教育的一种重要的特征。苏联在十月革命后掌握了国家对高等教育的领导权，宣布在全国所有的教会院校和私立院校全部教育经费由国家供给。1973年《苏联国民教育立法纲要》明确规定，"一切教学教育机构都是国立和公立的"，"归国家管辖"④。大学由国家政府统一管理，或由国家政府委托中央各业务部门具体管理。大学的经费由政府全部负担，大学的所有管理权和决策权全部集中的政府。大学的培养目标、教学计划、教学大纲、教学内容，考查、考试条例的规定，学位、学衔的授予，招生、分配的计划等均由中央政府有关教育部门统一做出，集中管理。正如叶留金所言，苏联高等学校的"教学计划是国家的制导性文件"，"教学计划在国家严格指导下制定，各院校必须执行"⑤。

苏联时期政府对大学的计划控制是全方位的。从宏观上，主要体现为对大学的计划控制，表现为对大学的发展规模（院校数量、专业结构、招生规模）和毕业生的分配使用的严格计划管理上，按计划招收并培养出来的专门人次，又按计划实行指令性分配，以保证苏联公民享有苏联宪法所规定的劳动权，保障国家各个职能部门得到需要的国家干部。计划经济体制下，国家机构凡涉及大学的一切条例、规定、准则、决议、章程、指示等行政手段，都具有法律效力，各级各部门必须执行。微观上，大学活动

---

① 陈列. 市场经济与高等教育：一个世界性的课题 [M]. 北京：人民教育出版社，1998：176-178.
② 陈列. 市场经济与高等教育：一个世界性的课题 [M]. 北京：人民教育出版社，1998：181.
③ [苏] 叶留金. 苏联高等学校 [M]. 张天恩，等译. 北京：教育科学出版社，1983：5.
④ 北京师范大学外国教育研究所编译. 苏联高等和中等专业教育法令汇编 [R]. 北京：北京师范大学出版社，1983：231-234.
⑤ [苏] 叶留金. 苏联高等学校 [M]. 张天恩，等译. 北京：教育科学出版社，1983：217.

的所有方面，"都由苏联国家政府通过颁布具体的行政命令加以规范"①。

高度集中型计划经济体制下的大学由国家全面计划和管理，教育资源由国家政府统一配置，国家政府是大学办学的唯一主体。结果"一方面权力过于集中，统的过多，包的过宽，管得过死，另一方面又由于政出多门，职责不清，管理失控，导致了中央与地方、与部门、与社会、与学校之间的矛盾"②。由于国家掌握大学的控制权，并过多地运用约束机制，使大学变得消极被动，学校没有自主权，对教职工没有管理的权力，造成了人浮于事，滋生官僚主义。另外，在政府几乎承担了大学的全部经费以后，大学成为政府的附属机构，养成了对政府的依赖性，主动性差，缺乏竞争意识，没有效率和效益观念。又由于政府管理模式的单一性，造成大学呈现出"千校一面"的情况，无法形成自己的独特个性和风格。

2. 国家—社会模式

从政府治理向国家—社会共同治理是俄罗斯治理体系变革的显著变化之一。21世纪以来，为了迎合高等教育民主化趋势，俄罗斯在联邦一级、联邦主体一级分别建立了国家—社会管理机构作为国立大学改革的重要内容。为了落实国家—社会共管体系，1992年《俄罗斯联邦教育法》将教育机构的创办人扩大到五类，包括：国家行政管理机构、地方行政机关；各种类型的联合公司、企业、机关和组织；各种团体和宗教组织等社会组织；具有居住权的俄联邦公民；外国公民。法律规定，个人、工厂、企业、公司、宗教团体、慈善组织，这些都可以成为支持国立大学办学的赞助者，国家为赞助者提供一系列诸如税收等方面的优惠政策③。1996年修改后的《俄罗斯联邦教育法》第1章第2条明确规定："教育管理的民主性质、国家—社会性质和教育机构自治。"其中还规定，俄罗斯教育制度的基本方针是最大限度地扩大地方和教育机关的自主权，促进管理的民主化、国家—社会化，以保障教育的多元④。吸引各种社会组织参与大学的治理，增强大学的开放性，将大学尤其是国立大学从一个政府的部门机构转变成为一个不仅受政府而且受社会监督的国家—社会机构。2000年《联邦教育发展纲要》规定，学校之外的其他社会组织、教育机构可以参与国家教育政策的

① 刘省非. 教育市场化：转型期俄罗斯高等教育改革研究 [M]. 北京：人民出版社，2012：60-61.

② 陈列. 市场经济与高等教育：一个世界性的课题 [M]. 北京：人民教育出版社，1998：182.

③ Закон РФ "Об образовании" [EB/OL]. (2007-01-09) [2017-03-12]. http：// www. edu. ru/index. php? page-id = 122.

④ Закон РФ "Об образовании" [EB/OL]. (2007-01-09) [2017-03-12]. http：// www. edu. ru/index. php? page-id = 122.

制定，也规定了个人如教职工、科研人员、学生、家长等在制定教育政策方面的参与权。同时，也确立并完善了相应的机制，确保社会各利益相关主体全面参与国立大学中各项政策制定。法律申明，参与过程中的落实环节最重要。从政策到落实的全面支持和鼓励，完善了俄罗斯高等教育领域各利益相关者之间相互协调、发挥作用的力量，也进一步发展了教育管理上民主化和国家—社会共管性质①。

为了实现发展战略要达到的目标，俄罗斯在《2020年前的俄罗斯教育——服务于知识经济的教育模式》中对各层次的、各形式的教育培养模式的改革方向做出了描述。其中明确提出，高等教育方面主要承担着职业教育的职能，实施职业教育的机构主要是大学、专业大学、专科学院、专业学院和技能中心。高等教育主要采用培养应用型学士的教学大纲。高等教育阶段分为两级高等教育体系，一级是学士，包括应用型学士和学术型学士，一级是硕士。学士阶段的主要任务是培养学生各方面的能力，包括获取基础知识的能力、学会研究方法的能力，使学生掌握进入劳动市场所需的实际技能。注重大学生自主学习，引导他们自主选择学习的课程，并鼓励他们参与课题研究和教学工作。硕士阶段的教育标准是框架性的，不规定具体教育内容。在职业教育管理方面，强调国家—社会管理，保证企业主参与制定和实施包括职业教育法律在内的国家职业教育政策，拟订培养方向和目录，制定国家职业教育标准，参与国家职业教育质量评价。

2013年开始执行的新《教育法》在治理模式建构上继续加强国家对教育的调控，加强社会监督的渗透，如教育体系的管理中实施教育质量的独立评估、加强社会组织的认证等。这些规定表明，俄罗斯政府在治理模式设计中不再局限于简单的分权或者集权，而是尽力做到在宏观调控下联邦主体、地方自治机构及学校、社会相关利益团体各方面的参与，充分体现了国家—社会的管理原则②。在国家政策的引导下，国立大学成功地发展成为一个企业主、社会团体、教育共同体、民众能够广泛参与的社会组织。社会参与国立大学治理的形式包括直接参与和间接参与两种，前者如加入大学评估组织，引导学校各项事务。根据2013年《教育法》的规定，从2013年起，俄罗斯联邦每年组织开展大学效益评估，所有大学都必须参加。

① 中华人民共和国教育部国际合作与交流司. 国外高等教育调研报告 [M]. 北京：首都师范大学出版社，2001：28.

② 赵伟.《俄罗斯联邦教育法》修订的价值取向——基于法律文本的解析 [J]. 哈尔滨师范大学社会科学学报，2016（2）：177-180.

通过经济手段地引导大学的行为符合社会各主体的利益诉求，建立资金项目或与国立大学进行企业合作，进而引导国立大学的行为。

三、政府治理内容和方法的变革

俄罗斯外部治理体制改革的主要内容包括大学法人地位的确定和联邦预算拨款制度的改变。

（一）国立大学法人地位的确定

国立大学法人地位的确定是根据俄罗斯联邦相关教育法律法规确定的。1991 年 2 月，俄罗斯联邦部长会议颁布了《国立高等教育暂行条例》，确定了国立大学是"具有法人权利的独立主体"。1993 年颁布的《俄罗斯联邦高等职业院校的标准条例》中第 7 条规定，"从获得国家登记注册之日起，高等学校享有法人的权利"。1996 年《俄罗斯联邦高等和大学后职业教育法》，第 2 章第 8 条规定，"高等学校是在《俄罗斯联邦教育法》基础上设立并运行的教育机构，它具有法人地位并按照其许可证实施高等职业教育教学大纲。高等学校在设立自己的机构时享有除成立分校以外的自主权"。第 8 条还规定，"高等教育机构在构建自己机构方面是独立自主的（建立分支机构除外）"①。2013 年《教育法》在高等职业方面，也强调高等学校的独立的法人地位。从法律规定看，俄罗斯独立后政府在对大学进行法律表述时不断重申其独立法人地位定位，其目的是促使国立大学改变过去政府附属机构的组织属性，变成自力更生、自负其责的独立的社会组织。

（二）财政拨款制度的改革

俄罗斯外部治理方式改革的侧重点是拨款方式的转变，而教育投入格局的变化主要取决于国家经济体制的改变。苏联时期，政府实行单一的国家财政拨款，国家对大学经费统包统筹，中央财政拨款几乎是大学教育经费来源的唯一渠道，中央政府也是教育经费投入的唯一主体。俄罗斯独立之初的十年里，由于政治局势的不稳定，经济状况的持续低迷和改革之初的混乱不堪，国家财政严重不足，联邦政府在教育领域的投入十分微薄，联邦教育支出在国民生产总值中所占比例一直非常低。以 1994 年为例，当年投入教育的资金仅为 1989 年的三分之一，国家仅能保证投入培养一名技术专业大学生每年所需经费的四分之一，从总额上来看，1994 年俄罗斯国

---

① Кельческая Н Р, Мухамельяров Р В. Организацио правовая структура государственных высших учебных заведений［J］. Университетское управление, 1999（3）: 8–11.

家教育的投资仅为美国教育投资的一百六十五分之一①。这个时候，俄罗斯联邦政府被认为是放弃了对大学的责任，相应地也放弃了对大学的治理权力。

2000 年，普京就任总统以后，强调国家对教育的影响力，并亲自督办对教育领域的投入。2001 年 9 月，普京在视察莫斯科国立大学的时候强调，国家将对教育体制进行彻底的改革，重塑俄罗斯教育强国的地位。从外部发展环境看，2000 年以后俄罗斯 GDP 增长速度连年保持在 6%~7% 的水平，2007 年达 8.1%，重新跨入世界十大经济体行列②。经济的稳定增长为加大高等教育投入提供了保障③。2002 年开始，政府用于教育经费的投资比例打破了近 10 年来国家财政预算的常规，其增长速度首次超过了军费预算。之后的几年里，联邦政府教育资金投入持续增加，2002 年投入为 750 亿卢布，2004—2008 年投入分别为 1216 亿卢布、1621 亿卢布、2124 亿卢布、2947亿卢布、3550 亿卢布，2011 年为 4925 亿卢布，2012 年为 4923 亿卢布，2013 年为 4922 亿卢布。其中，相比于 2010 年，2011 年联邦的教育预算增长比例为 13.7%④。2004 年以来教育拨款的大量增加，一方面得益于俄罗斯经济的逐步好转和政府财力的增加，另一方面也是政府要重新树立对教育的权威和发挥治理职能的表现。

在拨款方向上，国家重视对高等教育领域内的投入的引导，鼓励大学培养社会经济发展需要的技能专家。目前，俄罗斯政府对大学主要采用两种拨款方式：第一种是项目拨款，国家资助一定教学项目、科研项目、基础设施项目和一些助学基金；第二种是建立在国家合同基础上的国家拨款，主要依据是大学的实力和竞争力。政府采用"精英优先"的原则，重点支持重点大学的发展。另外，政府力图通过竞争选拔的方式，激励大学将教学科研目标统一到国家创新发展战略上。改变以往的直接拨款为间接竞争性拨款，激发大学的竞争意识，从而实现国家的战略目标，这是变直接管理为间接调控的治理方法。2010—2012 年，俄罗斯投入 690 亿卢布支持重点大学更新设备、学术交流，吸引国内外优秀学者，其中国家研究型大学

---

① Болотин И С, Джамалудинов Г М. Социалогия высшей школы ［M］. М.: Экономика и финансы, 2003: 34.

② 于宏建. 且看俄罗斯昨天、今日和明天 ［N］. 人民日报, 2008-03-18.

③ 杜岩岩. 俄罗斯高等教育体制的变革 ［J］. 教育研究, 2011 (12): 87-89.

④ Основные направления бюджетной политики на 2011 год и плановый период 2013 годов ［EB/OL］. (2010-08-05) ［2011-01-16］. http: // minfin. ru/ru/.

将获得 320 亿卢布，联邦大学将获得 270 亿卢布①。

　　由于俄罗斯高等教育经费严重不足，向外发展获取世界银行等国际组织的支持也成为解决经费不足问题的方法之一。为了确保世界银行教育专项贷款的审批通过，俄罗斯联邦政府专门组织了由各个部门代表组成的洽谈小组。材料准备从成功经验到课程建设，从方针计划到指标体系都经过细致的分析和研究，并取得了一定的成效。其中，商业教育发展方案使俄罗斯政府在世界银行获得了第一笔资助贷款（约 4000 万美元），用于培养金融和管理干部，这是比较成功的开端，借助这笔贷款在社会学、经济学、政治学等方面培养了高校专家型教师。教育发展创新方案是俄罗斯为高等教育同世界接轨而向世界银行申请的贷款，专门用于大学师资力量的培养，该方案获得了 6800 万美元的贷款，不仅资助政治学、社会学、经济学等方面的大学教师，也支持他们的研究著作和教学资料、进修、参加学术会议。资助的学校包括国立高等经济学院、罗蒙诺索夫莫斯科国立大学等。俄罗斯还借助世界银行贷款建设新型学科，如在国立高等经济学院面向全俄的经济学的教师干部继续教育，在国立莫斯科国际关系学院进行政治学的培训，在圣彼得堡国立大学和俄罗斯人民友谊大学进行社会学学科的培训。值得注意的是，这些培训都是免费的。2002 年教育系统改革计划，将数额为 5000 万美元的贷款用于改善教学条件，并保障每个大学生不仅可以使用本校图书馆资源，还可以借助互联网使用外校甚至国外图书资源。对于"在学校出版业建立市场基础结构的构想"项目，给予了 2800 万美元的资助，带动了精品教材的出版和优秀教师队伍的建设工作，一定程度上提高了大学的教育教学质量。

　　综上所述，俄罗斯独立以后，特别是在早期国家财政严重不足的情况下，原有的体制不可能保证资源配置的有效性，不得不把相应的财政权力还给大学。政府行政力量的部分退出和市场力量的介入，多渠道筹措教育经费成为俄罗斯外部治理体系改革中的重要举措。促使"所有与教育质量和教育利益相关的个人、组织、企业、社会和国家都要分担教育资金的投入"。可以说，这是在当时俄罗斯现实情况下政府迫不得已的选择。经过 20 多年的发展，俄罗斯教育体制逐步形成了中央政府、地方政府、学生家长、大学和社会筹集教育经费的局面。

---

① 杜岩岩. 俄罗斯高等教育体制的变革［J］. 教育研究，2011（12）：87-89.

四、政府治理的主要项目和措施

"教育政策"是教育系统中完成最重要的任务和解决最重要问题时管理机关活动的基本方向①。教育政策是国家政策的重要组成部分，是教育决策者通过教育法规对教育利益进行配置的方法，是保障教育机构、公民教育基本权力，加速科学技术发展的手段。教育政策的直观的表现形式包括政府在一定时期为实现国家目标而制定各项任务、准则，还包括各项法律法规。一般认为，法律法规体现着一定时期国家宏观发展方向。俄罗斯联邦政府对国立大学的治理措施主要体现在国家主导的一系列教育政策和法规上，通过国家政策指引，使国立大学的各种行为符合政府的期望，以达到政府设定的各种目标。

（一）科技创新计划

2001 年 9 月，俄罗斯联邦政府颁布实施《"2002—2006 年科研和高等教育一体化"目标纲要》，力图挖掘大学的科研实力。2003 年，在教育部和俄罗斯工程教育联合会倡议下，莫斯科鲍曼工程大学和托姆斯克理工大学等 6 所大学联合开展了主题为"俄罗斯创新型大学的形成与发展"的专项研究和实验。此研究认为，俄罗斯创新型大学发展过程中存在着的主要问题是：缺乏国家层面的教育与科学技术密切相关的制度保障；在科研和设计工作中技术统治论占优势，不够重视创新成果商业化过程的营销、商业策划和设计；大学与工业、经济和区域社会领域缺乏可靠的关系；大学与科学界及其部门之间缺乏系统的联系；大学商业环境不发达；等等②。针对这些问题，2004 年 3 月，俄罗斯联邦教育部改组为俄罗斯联邦教育与科学部。这一改组不仅仅是名称的改变，而且是教育系统科研职能的扩展。2004 年 6 月，俄罗斯教育与科学部制定了《2015 年前俄罗斯联邦科学与创新发展战略》提出，要提高对大学科研的财政投入，提高非预算投入的比重，在这项计划的支持下，2005 年以后高等教育领域的科研拨款逐年提高（见表 3-1）。

---

① Беляков С А. Модернизация образования в России: совершенствование управления ［М］. М.: МАКС Пресс，2009：5.

② 杜岩岩. 俄罗斯创新型大学发展战略及其保障机制［J］. 教育科学，2011，27（5）：93-96.

表 3-1   2005-2011 年俄罗斯大学科研拨款增长情况

类别	年份						
	2005	2006	2007	2008	2009	2010	2011
基础研究/百万卢布	670.9	2150.7	2980.9	3555.4	4684.4	4170.5	4795.4
实用研究/百万卢布	1633.8	628.7	805.1	993.5	1263.1	1179.0	1512.1
总计/百万卢布	2304.7	2779.4	3786.0	4548.9	5947.5	5349.5	6307.5

资料来源：Министерство образования и наука РФ Главные события в современном образовании2004-2011 ［R］. Москва : медиалайн, 2012：141. 转引自刘淑华. 俄罗斯教育战略研究 ［M］. 杭州：浙江教育出版社，2013：221.

除此以外，俄罗斯联邦政府还对国立研发部门进行了系统的调整，提高大学在研发系统中的比重。根据《2015 年前俄罗斯联邦科学与创新发展战略》，2005 年，国立研发部门的总数为 2600 个，其中科学院、产业部门和大学所占比重分别为 32.7%、48.1% 和 19.2%。而到 2010 年，三者的比重变为 34.4%、31.3% 和 34.4%①。2008 年 8 月出台了《教育与发展创新经济：2009—2012 年现代教育模式实施方案》，计划以创新成果为依据实施竞争性拨款，鼓励大学与科学、生产机构进行合并，实行教育、科研、生产一体化。根据俄罗斯教育与科学部的数据，联邦政府为每一项方案拨款5000 万到 1.5 亿卢布，总额达到 50 亿卢布。俄罗斯联邦政府同时颁布了2009 年、2010 年、2011 年计划预算，根据文件规定，联邦专项计划拨款总额达到 1054 亿卢布。另外，用于科学研究的预算拨款三年来大幅度增加，2009 年为 182 亿卢布，2010 年增加 26%，2011 年增加 27%②。俄罗斯政府主导的科技创新计划，是政府通过项目计划、资金投入等方式对大学职能扩展的引导，是一种宏观的治理模式，其目的是通过宏观调控的手段促使大学等社会组织的发展方向和国家发展目标保持一致。普京指出，"我国发生了根本转变，我们的资源产量增长了数倍，今天我们应该谈的不只是支持科学，而是国家和科学院以及整个科教界的优先合作，目的是加快国家的发展"③。其中扩展大学的科研创新职能，提高大学的创新能力是俄罗斯联邦政府的重要举措。俄罗斯建设创新型大学的目标是"通过高等教育管

① Министерство образования и наука РФ. Стратегия развития науки и нноваций в Российской федерации на период до 2015 года ［R］. 2004-06-02.

② 樊英波，李雅君. 延续与创新：梅德韦杰夫的教育思想解读 ［J］. 俄罗斯文艺，2009（4）：111-113.

③ Игорь Наумов. Отечественную науку поднuм грантами ［N］. Независимая газета. 2012-05-23.

理体制和机制的创新，加快高等教育的现代化进程，推动教育科学一体化发展，提升俄罗斯高等教育精英人才培养质量、科学研究能力及国际竞争力"①。俄罗斯建设创新型大学采用精英优先原则，对具有国际竞争力的大学给予重点建设，在建设过程中，创新型大学的教学和科研发展需要紧密围绕国家和地区经济和科技发展的需要，奉行国家利益至上原则，引进竞争机制，对在竞争中获胜的大学给予经费支持，以期提高大学的科研创新潜力②。

2005 年 9 月，在普京总统的倡议下，俄罗斯开始实施旨在促进社会现代化和教育、健康、住房和农业优先发展的计划。其中国立大学的创新发展是国家优先发展计划的重要内容。2008 年梅德韦杰夫成为普京选择的新的继承者，延续了普京的政治主张，着力对俄罗斯进行彻底的政治和经济体制的改革，促进国家现代化的建设。至此，俄罗斯国立大学进入一个全面治理的体制创新时代。为了支持创新型大学的建设，俄罗斯教育与科学部从 2006 年 4 月开始在全俄进行了创新型大学的评选工作，有 197 所大学入围，包括莫斯科大学、莫斯科国立技术大学、圣彼得堡大学等在内的 17 所大学共获得国家拨款 100. 29 亿卢布，其中莫斯科大学的《构建创新教育体系》项目和圣彼得堡大学的《综合大学的创新教育环境》均得到 9. 7 亿卢布的项目资金，其他大学获 4 亿至 7 亿卢布不等。

2008 年 3 月，俄罗斯联邦政府颁布的《2020 年前的俄罗斯教育——服务于知识经济的教育模式》指出，俄罗斯仍存在实际的风险——将大量的资金用于复制昨天的教育，今天的教育不能满足社会和经济发展需求，这不仅是由于教育投入不足所造成的，更是由于业已形成教育大纲结构与实际需求不相适应所造成的。因此，必须在维护国家教育传统中有生命力的部分的同时，吸取世界教育实践中所有有益经验，培植面向 21 世界后工业经济和社会所需的全新教育制度和教育模式。苏联教育曾经是世界工农业社会最优秀的模式之一，因而今天必须创建全球创新模式中的最优秀的教育制度③。

2010 年，俄罗斯联邦政府批准了由俄罗斯经济发展部联合教育与科学

---

① 全国教育科学规划领导小组办公室．"俄罗斯创新型大学发展战略及其保障机制研究"成果报告 [J]. 大学（学术版），2012（6）：79-84.

② 全国教育科学规划领导小组办公室．"俄罗斯创新型大学发展战略及其保障机制研究"成果报告 [J]. 大学（学术版），2012（6）：79-84.

③ Министерство образования и наука Российской федерации. Российское образование—2020 : модель образования для экономики, основанной на знаниях [R]. Москва: изд. дом ГУ ВШЭ, 2008: 4.

部共同制定的《2020 年前俄罗斯创新发展战略》，作为指导教育发展的国家战略。战略中明确指出，俄罗斯创新发展的基本任务之一是要为公民今后的创新活动创造条件：培养人们不断学习、不断完善的能力，激发人们对新知识的渴求；培养人们的批判思维的能力，让人们做好理性冒险的准备；培养人们的创造力、管理能力及独立工作的能力，并让人们能够在团队中和激烈竞争的环境中生存；培养人们运用外语的能力，以及自如地进行日常性、事务性交谈的能力。该创新发展战略的目标是提高人民生活水平，加强俄罗斯全球政治影响力，而达成此目的的唯一可能途径是创新①。2011年 8 月，普京在会见俄罗斯大学校长协会代表时强调，"高质量的、现代化的教育，这是我们国家（俄罗斯）稳步发展的基础，是每个人自我实现的根本，也是国家所有公民扩大社会机会和经济机会的基础，它是俄罗斯的战略资源，我们应该强化并充分利用这一资源"②。

科技创新计划的目的是政府引导科研组织提供创新能力和创新水平，以便提高俄罗斯国家整体创新实力，其主要方法是采用资金、税收等引导的方式促使社会组织向创新组织发展。随着俄罗斯逐渐改变原本科教分离的职能，增加了大学组织的科研职能。显然，作为俄罗斯高等教育主体国立大学主要承担了国家赋予的科研职责和创新任务。俄罗斯各项创新计划无不影响着国立大学的运行方向，政府的项目计划仍然起着"指挥棒"的作用，指引国立大学内外部各种因素的运行节奏。

（二）国家统一考试制度

实施全国统一考试制度是近年来在俄罗斯社会引起广泛影响的一项教育改革措施。2011 年以前，俄罗斯中学毕业生必须参加两次考试：一次是中学的毕业考试，由各个中学独立完成，由中学任课老师来命题和评分；另一次是大学的入学考试，由大学自己组织完成，由大学内部各个系和专业自主命题。这种形式虽然增加了大学独立招生的自主权，但同时也存在着一定的弊端：一是俄罗斯各个地区经济发展水平不均衡，优质教育资源和实力雄厚的国立大学大多集中于莫斯科、圣彼得堡等区域，对于其他地区的考生来说，去大学参加入学考试无疑会增加交通费用。二是很多大学

①　Rudichev A A, et al. Incentives for Innovative Activity of Young Scientists on the Basis of Higher Educational Institutions in Russia［EB/OL］. World Applied Sciences Journal, 2013（12）：1754 – 1757［2014 – 02 – 14］. http：//www. idosi. org/wasj/sasj25（12）13/16. pdf.

②　Мимистерство образования и науки РФ. Главные события в современном образовании2004 – 2011［R］. Москва：медиалайн, 2012：107.

把考试日期定在同一天，使很多学生在选择大学时只能选择其一，而被迫放弃其他大学。三是大学在自主招生过程中，存在着很多人为参与的因素，不可避免地会出现教育腐败的情况。各个大学自主命题，采用不同的标准，这使得招到的学生素质参差不齐，很难进行横向的比较，甚至影响到大学的教育质量。为了改善这种情况，也便于对全俄大学进行统一的管理，2001年，俄罗斯联邦通过了《关于试行国家统一考试的决定》，全国统一考试制度由俄罗斯联邦教育与科学督察署和联邦主体权力执行机构共同组织全国统一考试。在联邦层次，由国家考试委员会（государственная экзаменационная комиссия）统一组织人员命题并负责考试的组织、实施和考试成绩的统计工作，由联邦测验中心（Федеральный центр тестирования）提供技术和信息保障，由俄罗斯教育科学院下设的教学方法和内容研究所（Институт содержания и методов обучения）提供方法论方面的保障。

国家统一考试制度主要包括：统一考试科目，国家统一命题，在规定的时间、地点同时进行；考试试题采用标准化形式；国家列出考试的若干科目，其中俄语和数学术语为必考科目，其余科目由考生根据自己所要报考的专业，参与相应科目的考试；考试以笔试的形式，采用百分制；考试内容以俄罗斯教育与科学部制定的普通教育科目示范大纲为基础；每年的考试时间定于5月末和6月初；每年考试结束后，由俄罗斯教育监督机构通过数据分析为每门课程划分最低分数线，考试必须达到最低分数线，才能获得中学毕业证书；国家统一考试成绩有效期为两年；每个中学应届毕业生能够同时向5所大学提交申请材料，每所大学限投三个专业；各个大学根据国家统一考试的成绩进行招生。但一些具有特殊地位的大学，可以就某些专业进行补充招生。

国家统一考试制度的实施采取的是先试点再推行的方法，2001年，联邦有4个主体进行试点，2002年扩大到16个，2006年到79个，到2008年所有联邦主体都试行了这一制度。2001—2008年，大学按照双轨制的方式招生，一方面扩大国家统一考试的试用范围，另一方面又保留了大学自主招生制度。俄罗斯教育与科学部部长菲利波夫认为，"全国统一考试，它以2001—2008年大规模的试点，证明了自身的合理性和生命力。在我们国家的千年的历史当中，如此大规模的社会试点未曾有过"①。2007 年，俄罗斯国家杜马通过了《俄罗斯联邦教育法》和《俄罗斯联邦高等教育和大学后职业教育法》的修正案，把实施国家统一考试制度正式列入《俄罗斯联邦教育法》。规定从 2009 年开始，俄罗斯全境实行国家统一考试制度。2009年 1 月，俄罗斯教育与科学部颁布了《关于对掌握中等普通教育基本教育大纲的学生进行国家总结性鉴定的形式程序条例》，规定了统一考试是对中等教育阶段国家统一教育评价的唯一形式。2009 年，俄罗斯在全国范围内正式实施国家统一考试制度，考生人数达到 99.5 万。

为了保障全国统一考试制度的有效进行，俄罗斯联邦政府制定了严格的规章制度，加强各方面的监督。2011 年 10 月，俄罗斯教育与科学部通过了《关于确认进行全国统一考试的制度规章》，规定在全国统一考试制度中，凡是涉及故意更改考试结果、破坏考试秩序和故意泄露考题的行为要承担相应的法律责任。而且每年的国家统一考试，国家考试中心都会组织相关法律部门、学生家长、教育督学部门和其他社会组织对统一考试进行社会监督。2011 年，俄罗斯在考点还增设了社会督察员。同时，俄罗斯每年在考试期间都会设立调查委员会，以解决考试中容易出现争议的问题。

国家考试制度的持续推行得到了更多学生、家长和教师的认可。70%的11 年级毕业生、54%的家长和 68%的教师认可这是完全有益的制度②。对连续多年采用国家统一考试制度的国立大学录取的大学生一学年学业成绩的调查显示，这些大学生在第一学年的成绩和他们的国家统一考试成绩基本相符。俄罗斯联邦教育与科学部对几十所国立大学的学生进行研究发现，通过国家考试制度的学生质量要比之前的自主招生制度有所提高。而且国家统一考试制度的实施相对减少了之前大学自主招生过程中教育腐败情况。有俄罗斯学者通过研究后指出，从每个大学自主招生转到通过国家统一考试招收毕业生，大大降低了大学招生中的腐败程度。而实行全国统一考试制度后，在全国各个地区设立了考试地点，偏远地区的学生也可以在考生所在地考试，避免学生来回奔波的时间、精力和费用。考生可以同时报考不同的大学，增加了边远地区学生进入高水平大学的可能性。普京对此评价说："实施全国统一考试的积极作用非常明显，毫无争议。它的主要目的

① Министерство образования и наука РФ. Главные события в современном образовании 2004–2011 [R]. Москва: медиалайн, 2012: 86.

② Министерство образования и наука РФ. Главные события в современном образовании 2004–2011 [R]. Москва: медиалайн, 2012: 87.

是向客观、独立地评价学生及教师教育成果质量这一方向迈进。但是，主要的是，我们大大地扩展了来自农村和偏远地区的有才华孩子到优秀的地方大学和联邦大学继续受教育的机会。"①

国家统一考试制度，使全俄中学毕业生能够共同参加考试，统一的考核办法和评价标准，可以对不同地区各种类型的中学的教学质量进行比较。而有了全国统一的标准后，大学也可以适时地调整自己的招生办法，有利于大学之间的公平竞争。国家统一考试制度的建立不仅解决了过去中学毕业制度和大学招生考试制度中的一些弊端，而且也加强了国家对中学和大学教育系统的影响力和号召力。国家统一考试制度一方面保证了大学学生的生源质量，另一方面从大学的招生源头上增加了政府的控制力，也是政府对大学进行宏观治理的一种方式。

（三）国家鉴定制度

教育机构自治是俄罗斯教育领域管理体制改革的原则之一。在这一原则下，政府认为，保障教育质量的责任首先应该落实在学校，应该重视教育机构的自我评估和自我检查。加入博洛尼亚进程后，俄罗斯根据国家标准化组织系列教育质量标准开展大学人才培养评价工作。在教育机构自我评估基础上，俄罗斯联邦教育与科学督察署对教育机构进行国家许可、鉴定和认证②。许可、鉴定、认证三个环节层层相扣，只有获得教育活动许可证的学校才能开展学校质量鉴定，通过鉴定的学校才能进行国家认证。根据《俄罗斯联邦教育法》的规定，对于鉴定不合格的学校，国家有权中止其教学活动并提出赔偿要求。国家教育标准是学校质量鉴定参照的唯一标准。通过鉴定的学校，可以在此基础上申请国家认证。国家认证的目的是对学校的办学水平进行整体评价。通过国家认证的学校，可以证明教育质量和办学水平的认证证书，学校有权向学生颁发相应的毕业证书，并享受相应的国家和地方的财政拨款。

与大学评估鉴定体系紧密相关的还包括国家课程标准。国家课程标准

---

① Министерство образования и наука РФ. Главные события в современном образовании 2004–2011 [R]. Москва：медиалайн，2012：85.

② 联邦教育与科学督察署是联邦教育与科学部下设的对教育与科学领域进行监督和检查的权力执行机构。它的主要职能是：检查和监督教育、科学法律的执行情况，科技活动、青年政策和教育工作者、教育—科学工作者的鉴定情况；独立或者同联邦主体教育管理机关一起对教育机构的教育质量进行国家层面的检查；对教育机构及其分校、学术组织进行许可、鉴定和国家认证；确认、承认国外教育文件与俄罗斯教育文件的等值性；研究授予、剥夺或恢复专业教授、教研室教授、专业副教授、教研室副教授职称问题，研究授予博士、副博士学位和办法相应学位证问题；建立博士和副博士学位论文答辩委员会，并确立委员会权限。

可以保障各联邦主体之间处于在统一的教育场域中，保证各教育阶段知识的衔接，加强学科间的连接和课程一体化。同时，课程中又包含着意识形态的建构，它体现着国家的意识和价值的控制，代表着一种权力的偏好。俄罗斯高等教育标准、国家课程、统一考试制度的推行都体现为国家对质量的重视。通过统一标准的课程评审体系的建立，一方面使不同大学之间对学生培养质量、课程设置可以进行比较和鉴定，另一方面也可以督促国立大学努力提高自身的课程水平，有利于政府教育部门的监控。2010 年，俄罗斯联邦政府教育部终止了不符合国家标准的 151 所国立大学的办学资格。这促使其他国立大学不得不根据国家标准进行各种整改，以便提高教育教学质量。2013—2018 年，效益评估不合格的大学数量逐年减少，2018 年，几乎所有国立大学均达到国家教育质量标准相关要求的目标①。

（四）重点大学发展计划

在《2006—2010 年教育发展纲要》的草案中，俄罗斯联邦政府提出了建设重点大学的初步构想："为了国家、社会和个人的利益，把高等职业教育系统划分为全国性高等学校和系统性高等学校，以提高利用大学智力潜力发展的效率，把物质技术和财政资源集中用于俄罗斯教育的关键方向。"构想中提出要建设 100 所左右的重点大学，用来建立国家重点大学网络体系。制订重点大学发展计划的原因有两个：一是俄罗斯教育事业经费紧张，在有限的财力下，简单地进行增加式投入，起不到应有的作用，不能使资金发挥最大的效用；二是在国家没有足够的财政支撑日益扩大的高等教育投资的情况下，竞争机制更显得重要。通过筛选，优先扶持全国性、研究型的大学。这类大学一般实力比较雄厚，拥有学术权威甚至是国际权威地位，很容易发展成为教育、科学和文化的中心。另一类系统性高校则能够促进经济部门和地区经济的发展。建构重点大学网络的目的在于大力发展创新科技和新科技成果转化的同时，集中力量打造具有国际竞争力的俄罗斯科技领头军，促使大学的教学、科研方面向世界一流大学行列迈进。

2007 年开始，俄罗斯开始创办联邦大学网络体系，2008 年俄罗斯联邦政府制定《2020 年前国家社会经济发展的长期构想》，明确了俄罗斯要建设创新型国家，对教育特别是高等教育的发展提出了新的战略目标。在创新

---

① План мероприятий（дорожная карта）"Изменения в отраслях социальной сферы направленые на повышение Эфре ктивности образования и науки"　[EB/OL].（2015-01-21）[2017-11-22]. http：//www. rg. ru/pril/76/89/67/2620-plan. pdf.

型大学方案的框架内，将大学划分为学院、研究型大学、联邦大学、古典大学，按照大学的类别和职能定位实施不同额度的财政拨款计划。根据构想，俄罗斯联邦政府重新塑造了大学的职能，并对不同的大学职能进行了定位：一类大学的使命是成为俄罗斯经济、社会发展的"火车头"，并能够积极地参与到国际竞争，增强俄罗斯的国家实力和影响力；第二类大学的职能是为工业部门培养需要的劳动力；第三类大学是为了保障区域经济发展的职能。2010 年俄罗斯基本已经完成了重点大学网络的建设工作。

在俄罗斯重点大学体系中，从低到高分为三种层次，即国家研究型大学、联邦大学和古典大学。

1. 国家研究型大学

国家研究型大学是在科教一体化基础上实施教育活动和科研活动的高等学校。它们的重要特征是既能够生产知识也能把技术转移到经济当中，主要从事宽方向的基础研究和实用研究。国家研究性大学的战略使命是促进国家科技综合体的快速发展，根据科学和经济的发展速度和可以预料的结构性变革，为科技综合体提供必需的人力资源，并保障人力资源在数量、培养方向、技能机构和年龄结构上的平衡①。2008 年 10 月，俄罗斯总统签发了《建设国家研究型大学的实施计划》总统令，提出要建设一批具有世界水平的研究型大学，使之成为俄罗斯高水平的科研基地和人才培养基地②。同年，俄罗斯联邦政府在《教育与创新经济的发展：2009—2012 年推广现代教育模式国家纲要》中提出，在 2020 年前将建设 40~50 所联邦级的新型研究型大学，联邦级研究型大学的责任是保证俄罗斯科学和教育在世界上的竞争力。2009 年 7 月，俄罗斯联邦政府通过了第 550 号决议，批准了《关于竞争性选拔"国家研究型大学"的发展纲要》，其中规定，国家研究型大学要为科学、技术、经济、社会等领域提供人才保障，发展高技术并把高技术引入生产中。

国家研究型大学是通过公开竞争选拔产生的。俄罗斯联邦政府通过组织大学参加高校发展计划竞赛，经过公开评选，授予竞赛获胜的大学为"国家研究型大学"的地位。参与竞争的大学是俄罗斯联邦管辖范围内既能有效实施高等和大学后职业教育大纲，又能实施广泛的基础研究和应用研

---

① Министерство образования и наука РФ. Национальные исследовательские университеты [EB/OL]. (2010-04-26) [2016-06-08]. http://old.mon.gov.ru/pro.

② Правительство Российской федерации. О конкурсном отборе программ развития университетов в отношении которых устанавливается категория национальный исследовательский университет [R]. 2009-07-13.

究的高等学校。选拔标准是大学前三年的发展状况，包括人才潜力、教学和科研的基础设施配置、教学活动和科研创新活动的有效性、国际和国家认可程度、提供的发展计划的质量和与预期成果①。到 2011 年，通过两轮的选拔，最终有别尔哥罗德国立大学、莫尔多瓦国立大学、国立高等经济学校、伊尔库兹克国立工业大学、喀山国立工业大学、喀山国立技术大学、莫斯科国立电子技术学院、莫斯科国立建筑大学、俄罗斯国立医科大学、莫斯科国立鲍曼技术大学、俄罗斯国立石油天然气大学、莫斯科工程物理学院（国立）、莫斯科国立钢铁合金学院、莫斯科国立航空学院、莫斯科物理技术学院（国立）、莫斯科能源学院（国立）、夏诺夫哥罗德国立大学、圣彼得堡国立矿业学院、新西伯利亚国立大学、彼尔姆国立大学、萨马拉国立航空航天大学、圣彼得堡国立理工大学、圣彼得堡信息技术、力学和光学大学、萨拉托夫国立大学、托姆斯克国立大学、托姆斯克理工大学、南乌拉尔国立大学等 27 所国立大学和在国家中具有特殊地位而不用参加评选的莫斯科大学、圣彼得堡大学，以及莫斯科工程物理学院和莫斯科钢铁合金学院两所试点大学，共 31 所大学被评为国家研究型大学。其中 10 所大学是 2006 年度创新教育大纲竞赛的获胜者，13 所大学是 2007 年度创新教育大纲竞赛的获胜者，还有 6 所大学是国家教育优先发展方案的获胜者②。

国立大学积极谋求获得研究型大学地位，一方面为了证明大学实力，突出大学作为地区大型教学和科研中心的地位，彰显大学的地位和层次；另一方面则为了获得教育部提供的各项资金、项目支持和联邦政府提供的政策倾斜。

为了避免终身制导致大学产生懈怠思想，以及提高大学的危机感和竞争意识，联邦教育和科学部确定，被评选上的国家研究型大学也不是固定不变的，一般期限为 10 年，10 年后需要重新进行竞争和评选。在 10 年中，联邦教育和科学部还设置了若干专项指标，如果大学没有按照要求完成这些指标，就可能会失去这个特殊的地位，也不会获得每年 18 亿卢布的拨款。

2. 联邦大学

联邦大学属于区域性大学。按照俄罗斯教育与科学部对联邦大学的界定，它是指"为了整合联邦和地区水平的大规模计划与纲要的人才力量及

---

① Правительство Российской федерации. О конкурсном отборе программ развития университетов в отношении которых устнавливается категория национальный исследовательский универсптет ［R］. 2009-07-13.

② Мудрова Е Б, Виноградова Е Б, Государство－инвестор, Государство－заказчики подготовка Научно педагогических Надров: сеть НИУ ［J］. Высшее Образование в России, 2013（12）: 22.

科学力量，按照广泛的方向实施教育、科学和创新活动的自治机构"①。

2006 年，为了通过教育进行经济结构调整，优化区域结构，俄罗斯联邦颁布总统令，由联邦政府在俄罗斯的南方、西伯利亚、西北、伏尔加河沿岸、乌拉尔和远东联邦区等区域，以区域重点大学为基础联合区域其他院校创建归属教育和科学部直接管辖的大学②。第一批联邦大学包括西伯利亚联邦大学和南方联邦大学。2007 年，克拉斯那亚尔斯克国立大学、克拉斯那亚尔斯克国立建筑大学、克拉斯那亚尔斯克国立工业大学、克拉斯克亚尔斯克有色金属大学合并为西伯利亚联邦大学；罗斯托夫国立大学、罗斯托夫国立建筑艺术大学、罗斯托夫师范大学和塔甘罗国立无线电技术大学合并为南部联邦大学。为了支持这两所联邦大学的发展，2007—2009 年，联邦政府投入了 120 亿卢布。除了联邦政府，地方政府和企业等商业组织也积极参与这两所大学的筹建过程。2009 年 2 月，梅德韦杰夫签署了《关于对有关联邦大学活动问题某些法令进行修订》的法令，明确了两所联邦大学的法律地位。这两所联邦大学建立后，对联邦区域的发展起到了积极的推动作用，在地区发展中发挥了重要的影响力。由于两所联邦大学取得的成效，2009 年 10 月梅德韦杰夫又签署了《关于在西北联邦区、伏尔加河沿岸联邦区、乌拉尔联邦区和远东联邦区创建联邦大学的法令》，在阿尔汉哥斯克国立工业大学基础上建立了北部联邦大学，在乌拉尔国立工业大学和叶利钦乌拉尔师范学院基础上建立了伏尔加河沿岸联邦大学，在远东国立大学基础上建立了远东联邦大学，在雅库茨克国立大学基础上建立了东北联邦大学和乌拉尔联邦大学，2010 年建立了波罗的海联邦大学，2011 年建立了北高加索联邦大学。

建立联邦大学的目的是优化地区教育结构，增强联邦区域的教育和科学潜力，从而提高区域经济发展速度。同时在加强大学同联邦区域经济和社会领域关系的基础上，发展高等教育系统。联邦大学还被赋予了在 5~6 年内跻身俄罗斯名校十强，2020 年前跻身世界大学百强的使命③。这种使命的完成需要联邦政府的大力支持，包括政府出面组织和协调高素质人才，在联邦范围内设置社会经济重大项目，国家提供科技计划等项目来支持联邦大学的发展和促进联邦大学实力的增强。

---

① Министерство образования и науки РФ. Главные события в современном образовании 2004-2011 [R]. Москва：медиалайн，2012：133.

② 王森. 俄罗斯联邦大学和国家研究型大学建设管窥 [J]. 高教探索，2015（4）：44-50.

③ 俄罗斯总统网站. http：//www.krernlin.ru/events/presidene/news/52957.

联邦大学的主要职能包括：实施科教一体化，使用现代化的方法为国家各个领域培养现代专家、学士或硕士；为学生、教师和科研工作者创造学术交流的平台，争取世界领域内同行专家的认可；进行各种学术研究，并跟俄罗斯科学院有效互动；积极参加国家交流和合作，参与各种国家合作项目；等等。

在发展方向上，为了避免无效竞争和集中优势资源，联邦政府给每所联邦大学确定了优先发展的方向，如西伯利亚联邦大学优先发展工程物理、新材料化学和材料科学、生物物理生态学和生物技术、空间信息和通信技术、区域经济和人力资源管理、地质工艺学等。南部联邦大学主要方向是纳米材料、纳米技术、纳米设备和系统、生物技术、生命系统技术和环境安全、信息和电信技术、设备和系统①。

俄罗斯联邦政府拟用五六年的时间将联邦大学扩展到 10 所，并且到 2020 年让这 10 所联邦大学成为世界优秀大学。2010 年，普京在高等职业教育现代化会议上说："我相信，建立联邦大学的思想是完全正确的，它整合了资源，而且有利于积累引入创新技术的有益经验，有利于教育和经济部门的一体化。"2011 年，时任俄罗斯总理的普京在大学校长会议上指出：在接下来的五年中，政府将拨款 200 亿卢布以支持联邦大学和国家研究大学，这些大学将成为工业部门及整个地区的发展动力②。2014 年 8 月，俄罗斯已经提前完成了组建 10 所联邦大学的目标。

3. 古典大学

在俄罗斯大学金字塔形结构的顶层是两所国家级古典大学——莫斯科大学和圣彼得堡大学。在俄罗斯这两所大学历史最悠久，并在国内外享有崇高的声望。苏联时期，这两所大学曾经进入世界大学排行榜前 10 名。然而，苏联解体后，在俄罗斯激烈的社会变革和糟糕的国内经济、政治环境下，两所大学排名急剧下降。为了重新塑造两所大学的辉煌成就，增加俄罗斯大学在世界高等教育体系中的地位，俄罗斯给予两所大学优厚的资源扶持和高度自治的法律地位。2009 年，俄罗斯国家杜马通过了《关于莫斯科大学和圣彼得堡大学的联邦法律》，确立了两所大学国家古典大学的法律地位，并明确了两所大学不同于其他大学的特殊之处，包括：两所大学的校长由俄罗斯总统直接任免；可以设立无法人权力的分校、代表处、系和

---

① 王森. 俄罗斯联邦大学和国家研究型大学建设管窥［J］. 高教探索，2015（4）：44-50.
② 俄罗斯总统网站. http：//www.krernlin.ru/events/presidene/news/52957.

其他分支机构；可以自我确定不低于国家教育标准的高等和大学后教育标准及要求；可以在本科生入学考试时自行组织补充性职业取向测验；可以自行发放学位证书；两所大学主要由联邦预算拨款，同时又可以接受法律允许的其他渠道的经费。2009 年 7 月，俄罗斯总统梅德韦杰夫又授予莫斯科国立鲍曼技术大学同样的特殊地位，享有同样的自主权①。

从三所大学的定位来看，引领国际科技力量、培养高水平科教人才、提高俄罗斯的科教实力是它们共同的培养目标，但为了避免雷同性和内部不利竞争，三所大学又有所区别。以人才培养目标为例，莫斯科国立大学强调"满足社会对具有高等职业教育、深厚职业知识、高水平文化和公民积极性的技能专家的需求"，圣彼得堡大学则以"培养掌握独立研究活动技能的不同专业和方向的高水平专家"，而莫斯科国立鲍曼技术大学则着重"以人才培养为目标，按照学校专业特色方向培养理工类高水平专家和高技能的科教人才"。

俄罗斯联邦政府通过对大学结构的调整，试图建立以莫斯科国立大学、圣彼得堡大学和莫斯科国立鲍曼技术大学三所特殊地位大学为尖顶，以联邦大学为辅翼，以研究型大学为支撑的现代重点大学体系，每种大学有明确的定位，各自对应不同的领域和职能②。

（五）制定国家教育标准

1992 年《俄罗斯联邦教育法》最早对俄罗斯国家教育标准（ФГОС）进行了规定，明确指出国家教育标准是国家对基本教育和高等职业教育中必须掌握知识内容的最低要求，受教育者所能负担的最高学习压力，毕业生培养的最高水平③。"俄罗斯国家把国家教育标准的制订、实施与监控作为国家教育质量管理的重要手段"④，同时规定，每 10 年左右政府需要对国家教育标准进行修订。1996 年《俄罗斯联邦高等职业教育和大学后职业教育法》第 5 条规定，制定高等职业教育国家标准的目的是"保障高等职业教育和大学后职业教育的质量；保障俄罗斯联邦教育空间的统一；为客观评价实施高等职业教育大纲和大学后职业教育大纲的教育机构的活动提供

---

① Мепведев Предоставит МГУ и СПбГУ Специальный Статус［EB/OL］. （2009-07-03）［2015-03-18］. http：//lenta. ru/news/2009-07-03/unis.

② Устав МГТУ им. Н. Э. Баумана［EB/OL］. （2009-08-05）［2016-03-26］. http：//pandia. org/texe/77/158125629. php.

③ Закон РФ "Об образовании"［EB/OL］. （2007-01-09）［2017-03-12］. http：//www. edu. ru/index. php？page-id=122.

④ 李艳辉. 俄罗斯基础教育创新发展动向及启示［J］. 中国教育学刊，2013（2）：89-92.

依据；承认和确定外国高等教育和大学后教育毕业证书的等值性并进行文凭互认"①。俄罗斯联邦高等教育标准是国立大学制定教育大纲的依据。从20世纪90年代至今，俄罗斯先后制定了三代联邦高等职业教育国家标准。1994年，俄罗斯制定了第一代国家教育标准，这套标准的特点在于降低学生学习负担，更新了教学内容。2006年3月，俄罗斯教育部通过了第686号令，确定第二代国家教育标准。第二代国家教育标准的最大特色是确定了高等教育分类培养的标准体系，致力于不同类型的大学和专业使用不同的国家标准，如强调古典大学的理论性和前沿性标准、技术类大学的应用性标准等。由于分类的标准过于细化，导致第二代高等教育国家标准有500多个，数量繁多，且存在部分标准不统一或重复的问题，这导致教学过程组织和教学方法保障方面在经济和组织上的低效②。

　　针对第二代国家标准出现了很多质疑的声音，如对于高等教育质量下降、第二代标准不符合市场和社会的需求、落后于世界高等教育发展趋势，等等。俄罗斯联邦政府已经意识到了这些问题的重要性。普京在联邦会议的国情咨文中先后两次表示："俄罗斯需要有竞争力的教育系统，却面临教育质量不符合要求的现实威胁。因此，必须首先支持实施创新教育大纲的大学。政府应联合商界和社会部门代表共同调整职业教育大纲的内容，其实也是为他们自己培养人才。"③《俄罗斯联邦社会和经济发展中期规划》（2006—2008）指出："现行教育系统并未完全满足劳动力市场需求。根据俄联邦政府活动的优先方向，教育领域的优先发展方向是：俄罗斯教育系统现代化的立法保障；调整专业人才培养的内容和结构，使之符合劳动力市场的现代需求；增加接受优质教育服务的机会；建立独立的教育质量评价（监控）体系。"向多层次的高等职业教育系统过渡，根据各类工作者的技能资质要求制定新的教育标准是俄罗斯教育部采取的首要措施④。2003年俄罗斯加入"博洛尼亚进程"后，为促使俄罗斯高等教育和欧洲高等教育接轨，欧洲高等教育一体化中的相关要求也成为俄罗斯第三代国家教育标

① федеральный Закон "О высшем и послевузовском профессиональном образовании" ［EB/OL］. （1996-07-23）［2016-07-23］. http：//www. edu. ru/index. php？page-id=122.

② РОЗИН Н. О разработке нового поколении государтных образовлтельных стандартов ［J］. Высшее образование в Росии, 2007（3）：3-10.

③ Послание Президента РФ Федеральному Собранию РФ ［EB/OL］. （2006-10-05）［2016-07-23］. http：//www. oblduma. kurgan. ru/important/Presidents_ initiative/Presidents_ message/.

④ РОЗИН Н. О разработке нового поколении государтных образовлтельных стандартов ［J］. Высшее образование в Росии, 2007（3）：3-10.

准制定的依据。受这些因素的影响，2007 年 1 月俄罗斯教育与科学部通过了《根据劳动力市场需求和高等教育发展国际趋势，制定新一代教育标准、分阶段向多层次高等教育过渡的决定》。在多个领域专家的积极参与下，2007 年 2 月，俄罗斯教育与科学部发布了《第三代联邦高等职业教育国家教育标准模板》和《形成俄罗斯高等教育培养方向和专业目录的方法》，2009 年 12 月以后陆续出台了明确培养方向和专业的《第三代联邦高等职业教育国家标准》，并规定俄罗斯大学从 2011—2012 学年开始实施第三代国家高等教育标准。

第三代高等教育标准方案中涵盖了学士、硕士、文凭专家三个层次，共分 28 个教育领域。标准中包含教育标准的适用范围、文本缩略语、人才培养层次和培养方向特点、职业特征和活动特点、对基本教学大纲的掌握情况、对完成教育过程实施的条件和要求、对基础教育大纲掌握结果的质量评价等①。从第三代标准的内容可以看出，第三代标准把大学的主要任务确定为：教会学生学习，使学生能够适用外界多变的环境；使学生掌握一定职业需要的专长，即掌握生存必需的专业技能；使学生学会思考，学会搜索信息，有独立发展的能力，并勇于承担相应的责任；等等。第三代标准更加注重学生独立性和个体能力的增长，同时在标准的把握上赋予了大学更多的自主性空间。

俄联邦第三代高等教育国家标准是对俄罗斯大学制定基础教育大纲的纲领性文件（见表 3-2），适用于俄联邦全国所有通过国家鉴定的高等教育机构，已获得俄联邦权力执行机关颁发的办学许可证的大学都要以国家教育标准为依据制定教学大纲。但是莫斯科国立大学和圣彼得堡大学作为在国家中有特殊地位的顶尖大学，可以不以国家教育标准为依据，自行制定教育大纲。

俄联邦第三代高等教育标准的另一特点是根据"博洛尼亚进程"的相关要求，开始进行学分制改革。

---

① 王会花. 俄罗斯高等教育评估体系发展脉络及启示［J］. 世界教育信息，2018（1）：48-52.

表 3-2 俄罗斯高等教育基础教育大纲的期限、课时量、毕业生技能（学位）[1]

基础教育大纲名称	毕业生技能（学位）		掌握基础教育大纲期限（学制 全日制）	基础教育大纲课时量
	基础教育大纲分类代码	名称		
学士基础教育大纲	62	学士	4 年	240 学分
硕士基础教育大纲	68	硕士	2 年	120 学分
文凭专家基础教育大纲	65	文凭专家	5 年	300 学分

　　俄罗斯国家教育标准体现了国家对大学外部治理和大学内部治理之间的有机结合。高等教育国家标准体现了国家对大学人才培养规格和质量的统一要求，是俄罗斯在宏观层面实行外部治理的重要手段。高等教育标准是纲领性文件，高等教育机构进行人才培养的各环节必须参照它制定基础教育大纲、设置课程和组织实施教学[2]。在课程设置上分为国家统一课程和大学自主课程，说明在强调国家宏观管理的同时，赋予了大学更多的课程设置自主权，强调了大学自治的部分。在国家标准的制定过程中，政府联合了家庭、工商企业部门、社会不同组织机构的专家代表参加，具有多元主体集体协商的特点，体现了政府、大学、企业、社会组织协同治理的特征。

　　从国家教育标准的评价标准看，更加突出了对教育结果的监控。尤其是第三代国家教育标准，它不是对教育大纲内容的要求，而是对教学结果和培养质量做了统一的要求。教育与科学部原部长福尔先科在 2010 年教育与科学部总结会议上再次强调："教育质量问题不仅仅是备受关注的创造相应的条件（财政条件、人才条件、物质条件）的质量，也是教育结果的质量。对教育结果的要求，是新的教育标准的基本组成部分。"[3] 从过程管理转向结果管理是国家对大学治理方式的一种转型。第三代国家教育标准把培养学生的一般文化能力和职业能力作为人才培养目标，这两种能力的形成都具有综合性的特征，不鼓励学生单纯地学习知识，重视学生知识和能

---

① 李艳辉，［俄］O. A. 玛什金娜. 俄罗斯第三代高等教育国家标准：背景、框架、特点［J］. 高等教育研究，2014，35（2）：102-109.
② 李艳辉，［俄］O. A. 玛什金娜. 俄罗斯第三代高等教育国家标准：背景、框架、特点［J］. 高等教育研究，2014，35（2）：102-109.
③ Фурсенко А. Об итогах деятельности Министерства образования и науки Российской Федерации в 2010 году и задачах на 2011 год［EB/OL］.（2011-03-20）［2011-04-02］. http：//www.mon.gov.ru.

力的全面发展，相应地需要大学整合课程结构，变单一课程为多学科、跨学科课程，具体在教学过程中要反映学生综合能力的培养。大学为了完成这种标准，就必须创新教育教学方法，特别是对能够反映出学生一般能力和职业能力的课程，更要更新理念、注重教学方法。以普列汉诺夫国立经济大学法学培养方向的民事法学专业为例，"知道"：国际司法领域使用的术语和概念（一般能力1、职业能力16）；建立法治国家的权力意义（一般能力1、职业能力4和12）等。"学会"：书写包括国际公约在内的国际法律文书（一般能力1、职业能力4和5）；分析俄罗斯立法与实践及应用（一般能力1、职业能力4、5和16）等。"掌握"：形成解决问题冲突的技能和技巧、识别发现不法行为并予以制止（一般能力1、职业能力4、5和12）。"知道"层次要求学生对工作领域的知识进行了解，并学习基本的理论，包括原则和概念等；"学会"层次要求学生在专业化的学习和工作领域中解决复杂问题；而"掌握"层次则需要解决在职业发展中遇到的不可预见的问题，以及具备创新性的技巧①。每一门课程都指向学生的特定能力指标，概况性概念变成具体可以观察的指标，使大学课程有针对性。

为了保证评价结果的客观性与可靠性，在课程评价上，各大学对课程考核标准必须实施分类，对国家规定的统一课程要实行统一时间的集中考试，对大学自主设置的课程，要制定出反映教育效果的评价标准。另外，新一代国家教育标准中注重国家对学生培养质量的统一把握，因此国家课程占到了全部课程的三分之二，以生物专业国家标准为例，国家课程占到整个课程的80%。有学者认为这严重影响了教学自由的发挥，会束缚大学生的灵活性，甚至会影响高等教育人才的培养质量。事实上，这体现了国家管理的间接性和调控性。从直接具体工作的管理到间接的引导和调控，是国家治理模式的又一大转变。

五、政府治理的权力变革

（一）权力让渡：政府治理权力变革的方向

在高等教育体制中，权力系统的基本因素一般包括："权力的来源（包括法律、知识和利益）；权力的主体（国家、社会团体、学术共同体）；权力的功能（组织、协调、动员）；权力的资源（法律、知识、信念、鼓励、

---

① 乔莉莉.俄罗斯现行高等教育国家标准框架下学生学业评价改革研究［J］.外国教育研究，2015（11）：82-93.

学术传统)。"① 从权力的来源来看，俄罗斯国立大学的权力基础来源是法律，法律至上是国立大学治理的首要原则。权力的主体由国家单一主体变成国家、大学、社会等多元主体。权力的功能不再仅是行政命令和计划指令，更多的是采用协调、沟通、动员、引导等方法。同时，知识、学术传统等也是权力来源的一部分，但从权力结构上来看，法律处于核心地位。

俄罗斯国立大学权力系统的变更和政府权力让渡是紧密联系的。俄罗斯政府正在极力扭转苏联时期高度集中式的治理模式，把原本属于政府的权力让渡出一部分给法律、大学、社会等其他组织。这个过程伴随着政府角色的转型、政府职能的转变，权力让渡既是国立大学治理体系变革的背景，又是变革的方法。

（二）多元参与：政府治理权力变革的内容

随着国家由国立大学举办者到调控者角色的转变，以及协同治理理念的增强，俄罗斯教育主管部门在制定评价标准时往往更加看重外部环境中评价力量的作用。《全俄教育质量评价体系构想》指出，教育系统成功发展的一个重要因素是企业家、社会各界团体、教育共同体、民众等各方主体的广泛参与。这种社会参与的一个条件是联邦、地区和市立教育管理机构的活动具有透明性，教育系统所有的合作伙伴能完全获取信息。在强调社会参与的背景下，一个由政府、行业生产部门、社会和受教育者个体共同参与的外部评估体系基本形成。

在国家层面上，除了原有的联邦层次的教育质量评估体系外，尤其强调加强区域、地方的教育质量评估体系建设，即建立国家、联邦主体和地方的分层分权式教育质量评价体系。从治理特征上看，苏联时期全能型政府全方位控制高等教育的传统治理模式正在被政府—市场—社会—大学四元分化与互补的现代治理模式所取代②。俄罗斯政府正在建构一个从中央到地方、从政府到社会等多元主体共同参与、协同共治的治理模式和体系。多元参与正成为政府治理模式变革的主要内容。

---

① Романкова Л И. Высшая школа：Социальные технологии деятельности［M］. М.：НИИВО, 1999：65.
② 刘淑华. 近 20 年来俄罗斯的高等教育外部治理变革［J］. 高等教育研究, 2016, 37（7）：90-97.

第二节　国立大学治理中市场体系的变革

一、市场及教育市场化

所谓市场，一般指买者与卖者按照公开价格进行交易的场所①。构成市场的因素有两个——价格和竞争。市场对教育的影响是通过教育市场化表现的。教育市场化，既包括以经济效益为目的的商业组织直接参与教育领域，用商业模式经营学校，也包括教育领域对市场机制的引入和应用。教育市场化强调选择、多元、竞争、需求主导型经费筹措方式，以及自主性等基本的市场原则在教育领域的运用②。经济合作与发展组织（OECD）把高等教育市场化解释为："一个引入市场机制，使大学更具有竞争性、自主性和广泛适应性的过程。把市场机制引入高等教育中，使高等教育教育营运至少具有如下一个显著的市场特征：竞争、选择、价格、分散决策、金钱刺激等，它排除绝对的公有化和绝对的私有化。"③ 本书所指市场体系变革，主要指苏联解体后，国立大学从政府公共部门的附属机构向社会组织部门转变过程中，市场各种因素在国立大学变革中发挥各种作用的过程。

二、市场在国立大学治理中的发展历程

根据俄罗斯国立大学市场化改革的特点，可以将改革分为两个主要的阶段：第一阶段是从1992年到2000年，这一时期的特点是市场主导，发展要点是国家改变了国立大学财政拨款制度，大学从政府附属组织中独立出来，拥有了更大的自主权；第二阶段可以笼统地划分为2001年及以后的时期，这段时期的特点是政府重新加强对国立大学的管理，通过各项政策引导国立大学发展和国家发展目标保持一致，俄罗斯国立大学的改革主要表现为政府领导下市场体制的发展，具体可以划分为以下几个阶段：

1992—1994年，《俄罗斯联邦教育法》出台并开始实施。受突变式政治改革的影响，国立大学获得了广泛的学术自由和经济自由。这一时期，由于经济危机，国家教育财政预算拨款急剧下降。因此，在国立大学内部国

---

①　黎诣远. 西方经济学 [M]. 北京：高等教育出版社，1999：401.

②　卢乃桂，操太圣. 中国改革情境中的全球化：中国高等教育市场化现象透析 [J]. 北京大学教育评论，2003（1）：48-53.

③　OECD. Redefining Tertiary Education. Paris：Organization for Economic Cooperation and Development，1998.

家财政定额拨款的公费生比例急剧减小。为了维持生存和发展，国立大学开始进行自费教育和招收自费生，1995年自费生的比例占学生总数的10%左右。由于国家各方面转型的需要，经济、管理和法律专业成为热门专业，也促使国立大学开始在这些热门专业设置收费教育项目，国立大学为了生存被动地、不得已地把"市场"引入大学内部。这个时期国立大学治理的变革是缓慢的、被迫的，更多的是处于一种观望状态。

1995—2000年，这个时期的特点是国立大学的财政危机继续恶化，债务持续增多，一些国立大学难以支持日常运行的开支，出现生存危机。为了缓解经济紧张的状况，国立大学不得不扩大自费生比例。这个时期，国立大学虽然出现了市场行为，但市场治理理念和管理体制还比较滞后，甚至思想观念也没有适应市场经济的发展，缺乏对市场的应对能力，"复古"和"怀旧"思想盛行。

2001年以后，俄罗斯激进式的变革基本上以失败告终，所谓的西方"自由主义"思潮遭到质疑，"民族主义""保守主义"思潮抬头。这个时期，国家改革路标发生转向，即由以"市场"为中心转向以"政府"调整为主。具体表现为，国家加大了对国立大学的财政支持，特别是普京执政以后，国立大学预算内财政拨款几乎增加了一倍。通过财政投入的增加，政府又重新加大对国立大学的影响，对国立大学的控制力增强，这时国立大学的治理仍然是政府主导模式，但一些市场因素已然影响了国立大学的专业设置、经费体制改革，国立大学中也出现了许多明显的经济行为。

三、办学体制改革——市场介入国立大学的开端

（一）多元化主体改变国立大学运行模式

如前所述，苏联时期国家是国立大学唯一的办学主体，任何组织和个人均无权承办大学，因此一直不存在非国立大学（即私立大学）。1988年之前，私立大学在苏联还属于非法活动。俄罗斯独立以后，在办学体制方面，首先打破了国家对国立大学垄断的地位，实行由国家、社会组织和公民个人等多主体参与的办学体制。1991年1月，俄联邦颁布了《企业与企业活动法》，规定开办公司和企业是为满足社会需要提供服务，大学是为国民服务的一种组织形式，因此该法也适用于大学。1992年《俄罗斯联邦教育法》以法律形式明确规定，社会、个人及国家机关都可以成为高等教育的办学主体。1993年颁布的《俄罗斯联邦高等职业院校的标准条例》中第5条也

规定，允许高等学校的多个创办者存在。按照法律规定，根据办学主体差别，可以将大学分为两种类型：国立大学（市立）①和非国立大学。类型不同，其经费来源亦不同，国立大学主要由国家财政拨款提供经费，非国立大学则自己解决经费来源。从办学属性和经费拨款来说，似乎多元办学主体只和非国立大学关系密切，但事实上，多元办学主体使更多的社会组织和个人参与国立大学活动，进而使国立大学封闭式治理场域逐渐变成面向社会的开放场域，社会中各种群体能够有机会参与大学的活动，不仅增强了国立大学与社会的联系，而且有利于国立大学从社会或个人那里吸纳更多的资金。这个过程中，市场和经济因素不可避免地影响到国立大学运行的各个环节，这和苏联时期大学脱离社会与政府直接单向沟通式的治理模式是完全不同的。因此说，办学体制的改革使市场介入国立大学成为可能。

（二）"公私合作"是俄罗斯国立大学市场化的新模式

现在的俄罗斯高等教育体制中，办学主体包括国家权力机关、地方自治机关、各种已经注册的社会组织、本国或外国的各种所有制形式的企业、宗教团体、俄罗斯公民等。多元主体办学体制的确立，为俄罗斯国立大学多种渠道筹集资金打开了新的大门。从当前俄罗斯高等教育体系现状来看，非国立大学的组建主要依附于国立大学，国立大学为非国立大学提供教学场所，提供师资和教学设施等情况非常普遍，当然，国立大学参与举办非国立大学的主要目的是获得预算外资金并寻找办学的试验基地②，这是国立大学市场化的一种策略。根据俄罗斯私立高等教育机构协会的统计，超过一半的私立机构以这类公立大学和公立学术研究机构作为创办者或共同创办者③。"公私合作"是俄罗斯国立大学市场化的新模式。

四、管理体制改革——赋予市场参与国立大学治理的权力

（一）通过分级式管理模式形成成本分担机制

对于国家治理结构的职责划分，2013年《俄罗斯联邦教育法》第37条明确了高等教育实行联邦、地区和地方三级教育管理体制④。在联邦（国家）一级，教育管理机关负责宏观教育管理，制定并实施联邦教育政策和

---

① 因为在俄罗斯市立大学只有9所，所以学者一般按照经费拨款途径也把市立大学归为国立大学。
② 顾鸿飞. 俄罗斯非国立高等教育发展研究［M］. 厦门：厦门大学出版社，2012：223-224.
③ 何雪莲. 公私莫辨：转型国家高等教育市场化研究［J］. 比较教育研究，2012（1）：18.
④ Министерство образования и науки РФ. Федеральный закон об образовании в Российской Федерации［Z］. 2013：120-122.

教育发展纲要，制定并批准教育机构的标准条例，制定国家教育标准，编制国家教育预算①。各共和国和州一级教育管理的权限包括：制定并实施与俄罗斯联邦政策不相抵触的教育政策，制定联邦各共和国的教育法令，规定并实施与俄罗斯联邦政策不相抵触的教育政策，制定联邦各共和国的教育法令，规定本共和国的教育拨款标准，拨发地方预算津贴，各共和国、州和地区还有责任为地方教育管理机关和学校筹措经费②。在法律地位上确定了联邦宏观调控，地方拥有了一定自治权限，即确立了分权、分级、自治管理的原则。《俄罗斯联邦教育法》还规定，教育领域的国家管理应在国家联邦授权机构和俄罗斯联邦主体国家权力机构的职权范围内进行③。区和市的教育管理由相应的地方自治机构进行。联邦政府负责教育领域中国家政策的制定和法律法规的颁布，负责协调联邦政府、联邦主体行政机构和其他教育机构的活动。这种制度设计打破了国家对国立大学办学体制垄断的局面，地方和区域参与国立大学的治理，使国立大学在调整教学内容和方法中有意识地加入了符合地方需求和特色的课程，一定程度上也改变了中央控制国立大学时大学中教学过程和教育内容僵化单一的情况。

行政管理体制的分级模式，也使国立大学不只能够通过联邦中央获得资金，并且有机会从联邦主体和地方那里获得一定的资金和资源支持。同时，由中央集中式管理到中央和地方分级式管理的转变，改变了过去单一管理主体的绝对控制的局面，使国立大学在中央和地方权力分配的夹缝中能够获得比以前更多的自主权，这有利于国立大学相对自主地开展一些有利于资金增加的商业性活动，从而从多个渠道筹集到更多的资金。

（二）国家主义治理范式弱化突出市场作用

从国立大学市场化的特点上看，国家是市场秩序的源头和保障，是国立大学变革的推动力。毋庸置疑，俄罗斯国立大学具有国家管理的传统，即便是在普京提出的俄罗斯新思想和新发展模式中，也透露着浓浓的国家主义倾向。在参加第七届俄罗斯大学校长代表大会时，关于大学的管理模式，普京认为："我想指出的是，俄罗斯高水平的教育是使我们国家能够进入世界先进国家之列的为数不多的因素之一。当然，这笔财富、这样的水

---

① Министерство образования и науки РФ. Федеральный закон об образовании в Российской Федрации［Z］. 2013：122.

② Министерство образования и науки РФ. Федеральный закон об образовании в Российской Федрации［Z］. 2013：122.

③ Министерство образования и науки РФ. Федеральный закон об образовании в Российской Федрации［Z］. 2013：123.

平不是自发形成的，也不是今天甚至也不是明天出现的。这仅仅是因为从一开始教育政策就是国家性质的事务，是在最高国家水平基础上有针对性地进行的。俄罗斯大学诞生初期广泛地利用了欧洲的经验和国外的教授，但是经过一段时期俄罗斯就成长起来并且形成了自己的体制、自己的教育模式。正如我们所见的，它经受住了时间的考验，完全具有当之无愧的品质。"① 普京所说的"自己的教育模式"，就是国家管理教育、干预教育的模式，也可以称之为国家主义的治理范式。

虽然俄罗斯高等教育体制在不断地变革和革新，但国家主义的影响仍然深刻。市场只是政府职权外的补充，虽然发挥的作用较小，但不可否认，市场的主要表现形式，也就是经济因素的影响，正逐渐引起高等教育管理体制中权力布局的改变。政府力量在国立大学治理谱系中作用减弱，市场因素特别是一些商业行为对国立大学的影响增强。这使得国立大学不得不进行治理模式的变革，在这场变革中，自然而然地打破了国家垄断式治理范式。

（三）权力序列的重新排序打破原有体制模式

从世界高等教育发展趋势看，民主化、放权化是主流趋势。受高等教育国际化的影响，俄罗斯国立大学和政府关系的变革总体上与世界高等教育发展趋同，大学自治和政府宏观调控成为改革的主要方面。政府作为"举办者"的角色正转变为"治理者"甚至教育服务的"购买者"。从政府对国立大学的权力结构上看，主要包括政治权力、经济权力、契约权力、团体权力关系四类②。当政治权力占主导时，政府与大学的关系属于政治权力关系，属于管理和服从的关系而不是平等的合作关系时，权力摆向政府一极。苏联解体后，政府对国立大学的财政拨款的限制、国立大学生存的竞争和压力，都使得国立大学越来越趋向市场化道路。大学与政府的关系愈发具有经济权力关系的特点。而后的变革中，政府加强了对国立大学的支持和责任，主要是通过立法和财政拨款来对大学实施治理，因此政府和大学的关系愈发地成为一种平等主体的契约关系。从俄罗斯政府与大学的外部治理权力结构看，政治权力走向式微，经济权力由弱向强，而契约权力和团体权力正在形成和发展中，这种权力谱系的变化趋势，与俄罗斯社

---

① Гаврилов В С, Колесников В. Иванович, Олесеюк Е В. К вопросу о национальных моделях образования [J]. Высшее образование в России, 2009 (3)：137-149.

② Холкин Д В, Управленческий консалтинт в высшей школе [J]. Университетское управление, 2004 (2)：17-26.

会的民主化进程和市场经济进程是一致的。权力权重的不同，导致了俄罗斯外部治理管理方式的差异。政治权力关系更多强调的是行政命令，而经济、契约和团体权力强调的是法制和财政等方法。随着主导权力结构的变化，政府对国立大学的治理趋势更倾向于宏观调控，变直接行政管理为运用立法、拨款、规划、评估、信息、政治指导等方法进行宏观治理。市场所主导的经济权力在国立大学管理体制的变革方面发挥了更大的作用，并深刻影响着国立大学的内外部治理体系。以校长的职能为例，以往校长的主要工作是找"权"，而现在的校长的主要工作则是找"钱"，这也说明市场作用的增强。

五、经费体制改革——市场参与国立大学治理的可能

（一）建立多元化的经费筹集渠道扩大资金来源

苏联解体以后，随着社会、经济、意识形态领域的剧烈变革，教育经济领域也发生了根本性的改革。这一时期，政府的退却和市场价值的回归是教育领域的基本路向选择，高等教育系统由高度集权的行政命令性系统转为市场导向的社会组织。最直观的代表是 1992 年 7 月颁布的《俄罗斯联邦教育法》，该法允许教育机构从事独立的经营活动，在符合教育标准的范围内发展收费性的教育服务，并大力推动非国立教育机构的发展。在国家经济情况持续恶化、联邦政府无力维持基本教育经费开支的情况下，俄罗斯不仅在非国立大学实施收费教育政策，从 1995 年起，在国立大学中也开始实施收费教育政策。1996 年《俄罗斯联邦高等和大学后职业教育法》第 4 章第 29 条明确规定："在不影响高等学校基本活动的情况下，高等学校可以根据自己的章程在教育及其他方面收取费用。"[①] 2013 年《俄罗斯联邦教育法》规定，教育机构可以依据合约提供有偿教育服务，所获资金归该机构所有，但需依据联邦法律和该机构章程进行使用。除制定相关法律外，联邦政府还通过各种政策措施，鼓励社会资源对大学进行投入。俄罗斯联邦政府在《2006—2010 年俄罗斯联邦教育专项发展规划》中提出，"在 2006—2010 年努力使国立大学的社会捐赠相对 2005 年增加 2%～10%"。为了鼓励社会捐赠，俄罗斯制定了专门的税收优惠方法，对向教育系统进行投资的企业、机构、个人提供税收优惠。教育与科学部部长安德列·富尔

---

① федеральный Закон "О высшем и послевузовском профессиональном образовании" [EB/OL]. (1996-07-23) [2016-07-23]. http：//www.edu.ru/index.php? page-id=122.

先科（Андрей Фурсенко）表示，国家对革新型学校的财政支持不仅能够完善其技术装备，而且同样能够提高其教育服务质量。此外，这种提供国家支持的竞争机制也为评价作为管理人员的俄罗斯学校校长的职业水平提供了可能①。从普京开始，呼吁企业、组织和个人向教育领域投资。通过政府的引导，国立大学引资方面取得了显著成效，越来越多的企业和机构通过各种方式投入教育系统。为了更好地对各种社会资金进行管理，俄罗斯成立了各种基金会组织，包括俄罗斯国家干部培养基金、俄罗斯人文学术基金、约翰与凯特林基金等，这些非商业性的基金组织在吸收和合理分配社会资金方面发挥了重要的作用。

在政策和法律的明确指引下，多元化获得经费的渠道已经成为俄罗斯国立大学市场化改革的重要表现形式。在俄罗斯经费体制变革中，政府成为促使国立大学经费来源的多样化的主体，逐步形成了中央政府、地方政府、学生家长、大学和社会共同筹集大学经费的局面。最明显的结果是国立大学中来自政府的预算内资金比例减少，而国立大学通过多种渠道获得预算外资金的比例增加，具体情况见表3-3。

表3-3 国立大学经费来源中预算外和预算内资金比例

资金类别	年份			
	1995	2000	2009	2015
预算外资金比例/%	20.5	49.7	45.3	63
预算内资金比例/%	79.5	50.3	54.7	37

资料来源：Министерство образования и Науки Росийской Федерации Федеральная，Служба Госдарственной статистики，Высшая школа экономики Нидикаторы образования：2016 [R]. Москва：НИУ ВШЭ，2016：93.

（二）提高学费和自费生比例

受外部环境变革的影响，国立大学逐渐放弃了苏联时期"教育是国家福利性投入"的理念，并树立起"教育是一种服务和纯粹经济关系"的观念。根据联邦法律规定，大学必须根据先行的俄联邦预算经济分类法编制自己的预算额度，而学费由大学根据自身耗费的成本决定。因此导致学费在国立大学经费中的比重逐年提高，以新西伯利亚大学为例，2002年学费

---

① Андрей Фурсенко. Об основных направлениях развития российского образования [R]. Вестник образования，2006（4）：6-10.

占大学收入的 63%，2003 年，这一比例已经达到了 72%①。大学学费呈现快速增长趋势，有人做过统计，在不到 10 年的时间里，国立大学的学费上涨了 50% 左右，已经大大超过了其培养学生所需的成本。如 2006 年，莫斯科国立大学每年的学费为 4600～8150 美元，国立霍普金石油天然气学院为 2500～3400 美元，普列汉诺夫经济学院为 5000 美元②。

和高学费相关的是国立大学中自费生比例逐年提高。1992 年《俄罗斯联邦教育法》中明确规定，自费生比例不能超过大学招生数的 10%③。1996 年《俄罗斯联邦教育法》的补充规定强调，自费生比例不能超过 25%④，但在实际操作中，很多大学打破了 25% 的限额。事实上，在 2006 年，国立大学自费生比例就已经超过了公费生，在一些热门专业自费生比例甚至已经超过了 60%。后来，俄罗斯教育与科学部重新规定："原则上俄罗斯大学可以招收 70% 的自费生。"其实就是默认了国立大学中自费生的比例标准（见表 3-4）。

表 3-4 1985—2008 年国立大学自费生和公费生数量变化

年份	学生总数/千人	自费生		公费生	
		人数/千人	比例/%	人数/千人	比例/%
1985	2966.1	0	0	2966.1	100
1990	2824.5	0	0	2824.5	100
1995	2642.0	228.6	8.7	2413.4	91.3
2000	4270.8	1468.8	34.4	2802.2	65.6
2005	5985.3	2982.6	49.8	3002.7	50.2
2008	6214.8	3356.2	54	2858.6	46

资料来源：Министерство образования и наука российской федельное агенство по образованию Московский государственный университер приборостроения и информатики Главный информационно- вычислительный цетр. Образование в России：2008 ［M］. M.：МГУПИ，2009：364. 数据通过整理获得.

---

① Колесников В Н，Кучер И В，Турченко В И. Коммерциализация высшего образования - угроза национальной безопасности России ［J］. Педагока，2004（6）：104.

② 孙春梅. 俄罗斯讨论建立教育贷款系统 ［J］. 比较教育研究，2007（6）：91.

③ Министерство образования и науки РФ. Федеральный закон об образовании в Российской Федерации ［Z］. 1992.

④ Министерство образования и науки РФ. Федеральный закон об образовании в Российской Федерации ［Z］. 1992.

2001 年俄罗斯联邦通过的《2010 年前俄罗斯教育现代化构想》，其中心理念就是建立教育服务的消费者市场。在政府有意识地引导下，"教育投资"的观念逐步深入人心。经过调查显示，66%以上的俄罗斯家庭愿意花费相当数量的资金供孩子接受高等教育。家庭支出在高等教育服务中所占比例逐年上升，有的区域能达到 70%以上（哈巴洛夫斯科边疆区）。从当前俄罗斯社会存在的问题看，大学学费的增长速度已经远远超过了本国居民人均收入增长水平，不是平民阶层所能承担的，这必然导致优质教育资源向富裕阶层倾斜，不仅增加了教育的不平等，也引发了社会的阶层固化。

为了缓解商业性行为对贫困家庭利益的损害，保持国立大学的公益性，《俄罗斯联邦宪法》第 43 条规定，俄罗斯联邦保障每一个公民获得普及性的免费的学前教育、基础普通教育和中等职业教育，以及保障每一个公民在竞争基础上在国立和市立教育机构免费获得高等教育①。国立大学的市场化行为显然有悖于宪法。针对这些问题，联邦政府强调，允许国立大学在吸引资金时也不应导致国家和地方相应预算拨款标准和拨款数额的减少。在这些财产不足时，创办者负有按照俄罗斯联邦法律对它进行资助的义务②。政府向国立大学拨发经费的规则与程序受《俄罗斯联联邦预算法》的约束。国家向国立大学划拨预算的基础是国家对专家培养的预定数量，据此，教育部确定每月向大学划拨预算资金③。俄罗斯联邦政府寄希望于通过对国立大学供给的增加，保证国立大学中公费生比例，进而保证不会由于国立大学的市场化行为损伤社会公平或导致社会结构失衡。

（三）开设收费专业和进行经营性活动

除了自费生外，国立大学还开发了相关的收费专业，就业率高、收入高的专业费用一般要高于普通人文、技术专业；中心城市大学收费要高于偏远地区大学。大学中所保留的免费学位多集中在非热门专业和就业前景不好的专业中。

除此之外，国立大学还利用经营性活动、和企业联合办学等形式吸收资金。2008 年，一些大学与俄罗斯联邦政府签订"2009—2013 年度俄罗斯科学和科教创新人才培养"合同，在大学开办附属企业、小型公司、发展

---

① Правительство Р Ф. Конституция Российской Федерации ［М］. Красноярск：Новосибириск Сибирское универство издательство，2010：12.

② Типовое положение об образовательном учреждении высшего профессионального образования ［EB/OL］.（2004-03-07）［2006-10-02］. http：// www. tspu. edu. ru/docs/tipov-pol-ob-un. doc.

③ Васильев Ю С，Глухов В В，Федоров М П. Экономика и Организация Управления Вузом ［М］. СПб：Издательство "Лань"，2004：324.

贸易，目前已经有244所大学把开设小型公司列入学校章程①。如2009年联合冶金公司与钢铁与合金莫斯科国立大学联合创立了为期两年的硕士阶段的合作教学项目，以培养工程师，公司直接参与教学内容，直接监督培训质量②。汤姆斯克控制系统与无线电电子国立大学是俄罗斯顶尖应用型技术大学，俄罗斯第一所企业型大学，在创新方面位居前十之列。2011年，该大学的子公司投资为140万美元，总收入为5060万美元，在2012—2014年，汤姆斯克控制系统与无线电电子国立大学获得了100万美元的联邦资金，以发展地区创新集群，促进地区经济发展③。

六、科研体制改革——市场参与国立大学治理的潜在形式

（一）科研人员流失和动力不足：科研体制改革的动因

苏联时期，大学实行的是科教分离政策，大学只有教学职能，没有科研职能。俄罗斯独立以后，随着欧洲一体化进程和响应世界高等教育发展的趋势，俄罗斯国立大学重新确定了科研职能。2011年10月25日，《俄联邦2020年前创新发展战略》指出大学是科学研究的主体，肩负着科研和人才培养的双重任务，包含着知识的传承与创新，以及在产业市场、研发方面的运用研究④，明确科研是大学的基本工作内容之一。但由于历史的原因，在很长一段时期里，大学不重视科研的情况还比较普遍，有调查显示，在俄罗斯国立大学中，只有15%的教师具有科研意识和科研行为。教师不愿意从事科研工作的原因，一方面是受到历史惯性的影响，另一方面是俄罗斯独立以来大学教师的福利待遇一直不高，不能满足教师基本生活需要，导致教师对科研工作有心而无力。

1990—2005年，俄罗斯从事科学研究和开发的人数减少了58%，科研领域流失了100多万人。科研人才的缩减是因为大量科研人才流向其他经济部门和行业（内部移民）、移居国外（外部移民）及老一代专家学者退休造成的自然损耗。另据研究数据统计，20世纪90年代俄罗斯损失了约1/3的智力资源（仅就莫斯科大学而言，该校20%的教授流向了国外，每100位

① 孟繁红. 俄罗斯高校对博洛尼亚进程的参与 [J]. 教育评论，2011（4）：160-162.

② 何雪莲. 创新的义务：俄罗斯企业型大学政策研究 [J]. 现代大学教育，2014（3）：23-29.

③ Alexander U, Evgeniy P. The Entrepreneurial University in Russia：From Idea to Reality [EB/OL]. Social and Behavioral Sciences，2012（52）：45－51 [2014－03－05]. http：// Zi：tusur. ru/media/files/Vavavov－Ptrevodchi-kov. pdf.

④ Министерство образования и науки РФ. Государственная Программа РФ " Развитие образования" на 2013-2020 [R]. Москва：министерство образования и науки РФ，2012：18.

俄罗斯著名的自然科学专家中就有一半在国外工作）。俄罗斯科学院选择到国外定居的学者中，科学副博士占 55.9%，科学博士占 16.2%，离开本国的人群中约有一半（48.5%）年龄不到 40 岁①。

科研人员潜力不足还表现为代表国家科研潜力的研究生对科研不够关注。教育部成立专门调查组对研究生不从事科研工作的原因进行了调查，结果显示：89.3% 的人认为工资待遇低，39.3% 的人认为从事科研活动的声誉低，33.3% 的人认为缺少研究所需的物质技术基础，20.3% 的人认为社会地位低②。

国立大学科研人员动力不足及年轻人不愿意从事科研活动，归根结底是缺乏经济激励。要改善这种情况，一方面需要政府出台相关政策提高科研人员的待遇和社会地位，另一方面也需要引入市场竞争机制，加大对科研人员的引导。

（二）鼓励科研移民和提高教师待遇：科研体制改革的措施

科研人员流失是在市场的作用下使科研人员流向了更好的领域，也是市场趋利行为的表现。针对这种情况，俄联邦政府采取多种措施提高教师科研的积极性。在人才引进方面，不仅鼓励俄侨科学家回俄罗斯工作，而且吸引外国的顶尖科学家赴俄罗斯进行研究。2009—2013 年，俄罗斯联邦政府实施"创新俄罗斯科学人才和科学教育人才"专项计划，把引进国外研究团队作为主要方向之一，斥巨资邀请海外侨胞和外国科学家到俄罗斯大学从事科学研究。2010 年 4 月，俄罗斯联邦政府通过第 220 号决议《关于吸引重要学者到俄罗斯高等教育机构的举措》，这一决议旨在吸引世界著名科学家到俄罗斯大学，创建世界水平的实验室，发挥对俄罗斯科学的引领作用③。为了使居住在外国的俄罗斯人能够回国，俄罗斯联邦政府经济发展部起草了《移民法》，新的《移民法》为国家和经济急需的外国"智库"人士提供移民地位，敦促负责接受移民的机构为这些人才优先提供在俄罗斯的居留权、住房、国籍并安置就业，取消对外国高素质人士每年的移民

---

① 李雅君，[俄] 嘉莉娜·谢尔盖耶夫娜·科瓦廖娃，王建国，等. 俄罗斯创新人才培养的背景与实施策略 [J]. 现代教育管理，2013（5）：115-119.

② Стриханов М Н. подготовка Научно-педагогических Кадров и поддертка молодых учёных Мтериалы Всероссийской конференции：Подготовка Научных Кадров в РФ состояние перспективы развития [M]. Н. Новгород：НГГУ，2002：17.

③ 刘淑华. 21 世纪以来俄罗斯高等教育国际化战略：动因、举措和特征 [J]. 中国高教研究，2018（3）：80-87.

配额限制，简化那些冗长繁杂的申俄签证程序[①]。

除此之外，俄政府还努力提高科研工作者待遇。2013 年，俄罗斯政府为国立大学下发专项资金，要求大学教师的平均薪酬至少提高两倍，以激发大学教师的教学科研工作热情，提高其工作效益。普京在多种场合提倡大学和教师要提高科研能力。为了鼓励科研创新，国家出台多项提高大学创新性的政策。俄罗斯联邦政府颁布的《"2002—2006 年俄罗斯科学与高等教育一体化"联邦专项纲要》提出了科教一体化的具体任务，一是为了发展俄罗斯的科学技术潜力和人才潜力，使之适应于市场经济，形成后工业社会的新思维。要保证科学组织、大学、创新机构的同行们协同参与培养高技能人才及进行科学研究；二是把有才华的青年吸引到科学研究、高等教育、创新活动中来；三是在科学研究、高校、创新活动领域统一的信息基地的基础上，发展科研和教学过程中的信息工艺技术；四是发展服务于科学研究和高等教育领域的统一实验基地及仪器设备基地[②]。2017 年年初，俄罗斯政府正式通过并开始实施《2017—2019 年俄罗斯联邦科技发展战略》，重点强调在 2017—2019 年国立大学的主要战略为完善学术学位制度，支持转化型研究和提高智力活动领域制定发展建议等。2019 年后，俄政府继续通过国家行为，支持国立大学的创新行为，除积极引入科研人员外，还大幅度提高科研创新拨款。

七、教育产品的变革——市场对大学治理变革的举措

（一）消费者至上的专业和课程设置

俄罗斯改变了由政府决定国立大学专业和课程设置的传统做法，转而由大学提供更符合社会需求的教育服务和科研产品。消费者至上和用户第一主义成为国立大学确定专业和课程标准的主要依据。在市场主导下，国立大学学科类结构进行了很大调整，传统优势工程技术和自然科学专业所占比重大大降低，以前备受冷落的经济、管理、法律、商业等社会科学专业增长迅猛。对于老牌国立大学来说，新开自然学科的专业比较困难，涉及实验室、仪器设备、实验材料及专业教师资源等诸多资源的配置。相对地增开一个人文社科科学专业就避免了此类的问题，多开设一个新的专业

---

① 刘淑华 . 21 世纪以来俄罗斯高等教育国际化战略：动因、举措和特征 [J]. 中国高教研究，2018（3）：80-87.

② 李雅君，[俄] 嘉莉娜·谢尔盖耶夫娜·科瓦廖娃，王建国，等 . 俄罗斯创新人才培养的背景与实施策略 [J]. 现代教育管理，2013（5）：115-119.

就可以多招收一批新的学生，而这也意味着更多的收益。一时间，国立大学增设法律、经济、管理、外语等专业成为潮流，甚至一些国立大学以此开办了各种类型的文科分校。2015 年，329 所国立大学属于社会科学类高校，占大学总数的 21%（包括分校），传统的工科院校只占到 19%。2018 年，社会科学类招生人数占到招生总人数的 46.98%。从数量上说，传统的工科学科已经不占优势。

这些行为无疑增加了大学的收益，但也带来了一些问题，如理工科专业受到冷落、文科专业又出现过剩的情况。针对学科畸形发展的问题，莫斯科大学校长萨托夫尼奇院士呼吁：“大学的自然科学教育、把科学知识传播到社会各个阶层、高等院校的民主化并形成统一的世界文化——这就是俄罗斯高等教育发展的实质。我们的任务不仅要保持这个发展方向，而且要尽量把它引入俄罗斯的现实中来。我认为以下几个方面应优先发展：第一，保持和巩固自然科学教育及其机制的地位，这是高等教育的核心；第二，编写新一代的反映现代自然科学最新成果的教科书和教学用书；第三，以现实的纲领或规划来稳定并巩固大学的教授队伍。”①

（二）趋利化的分校运动

除了开设专业以外，开设分校也成为国立大学市场化的重要表现形式，国立大学开设分校有两种形式，一种是和私立大学合作办学，另一种是国立大学自己办学。国立大学本体按照国家的相关政策收费，分校则可以以较低分数、较高收费招收自费生。但也应该看到，由于学生素质起点低、分校管理不到位等问题，分校的教育质量普遍存在着严重的问题。

针对分校质量过低的情况，2004 年 9 月开始，俄罗斯禁止国立大学开办分校，并对已经开办的分校进行质量大检查，不合格的分校被关闭，学生被转移到其他学校继续学习。约有 10% 的大学分校由于达不到质量要求而被亮红牌，将近 100 所分校被关闭②。俄罗斯联邦还加强了鉴定和认证制度，大量不合格的分校和机构被淘汰出局，例如，2007 年俄罗斯关闭了 21 所大学分校，2008 年关闭了 36 所，2009 年关闭了 200 多所。2014 年 5 月，俄罗斯总统普京签署了提高教育质量的委托书，要求各大学要在 2014 年 9 月 1 日前建立一个内部评价体系，对大学生的知识掌握情况和教师教学活动进行评价，评价的方式不再仅仅局限于教师的评价，而是吸收教学管理人

---

① 徐明. 大学要培养国民知识需求的品质［N］. 中国教育报，2005-01-28.
② 徐明，李芳. 俄罗斯“叫停”部分高校分校的动因分析［J］. 比较教育研究，2005（6）：17-21.

员、企业雇主，以及大学自治委员会的代表作为评价者。2014 年 7 月 15日，俄罗斯总理梅德韦杰夫主持了"发展高等教育"专题会议。梅德韦杰夫说："最近，我们采取了一系列措施促进大学现代化，对一些大学的结构进行了重组，在组建研究型大学网络和重点大学方面取得了不错的成绩，我很高兴地看到，这些大学的学生已经占到全国的 17%，近1/5。"① 他同时强调，最近 20 年，俄罗斯国立大学的数量增加了不少，还开设了不少分校，但同时，教育教学质量较低是目前存在的比较严重的问题，很多学生虽然拿到了相关文凭，却没有掌握到必要的知识，这种情况在一些国立大学的分校表现比较明显，必须改变。他说，低质量的大学仍然占有很大比例，对一些质量差的大学必须要采取相关措施。国家不需要那些培养无用之才的机构，国家要加强对大学的绩效监控。他强调，国家正根据区域、行业、公司对人才的需求对大学进行重新定位②。这次会议以后，俄罗斯教科部部长利瓦诺夫对外发布了相关信息：2017 年，将近 300 所俄罗斯大学的分校将进行重组，这些分校目前不可以招生。他还介绍，最近 2 年，俄罗斯教科部对 22 所大学进行了重组和合并，对 173 所分校进行了重组③。2014 年，俄罗斯共有 2350 所大学，其中 1300 多所属于分校。根据政策要求，2014年，220 所大学的分校被列入了重组计划，173 所分校进行了重组。2015年，俄罗斯有国立大学本校 443 所、分校 490 所，分校是国立大学重点检查和整改的对象。

高等教育市场化发展使国立大学显现出从未有过的生机和活力，但市场力量过大也给俄罗斯高等教育体系带来了教育公平受损、教育质量下降和大学传统精神失落等新问题。俄罗斯国家杜马教育科学委员会第一副主席奥列格·斯莫林（Олег Смолин）强调："俄罗斯政府在推行不同层次教育的商业化和缩减国家对教育支持的方针的同时，实际上已经背离了 1992年制订的教育权利平等与普及的原则，有失教育公平。"④ 在国立大学进行市场机制运作的同时，必须要保证教育的公平和公益性，也因此，政府有必要对国立大学的市场行为进行规范和引导。

---

① 梅汉成. 俄罗斯大学重组工作将继续进行 [J]. 世界教育信息，2014（17）：73-74.
② 梅汉成. 俄罗斯大学重组工作将继续进行 [J]. 世界教育信息，2014（17）：73-74.
③ 梅汉成. 俄罗斯大学重组工作将继续进行 [J]. 世界教育信息，2014（17）：73-74.
④ Олег Смолин. Образование- для всех [J]. Народное образование, 2005（5）：9-19.

第三节　国立大学治理中的政府、市场多元关系的重构

一、政府、市场和国立大学的关系

（一）政府、市场、大学的权力互动

政治、经济、学术认可度是影响国立大学的重要因素，这些因素的排序不同，导致国立大学权力序列中顺序的差异。通常按照权力序列排列方式，国立大学特征可以归结为以国家为中心的国家本位、以市场为中心的市场本位和以大学为中心的大学本位。从大学的起源看，中世纪大学具有明显的大学本位特征，具有相对独立的大学自治和大学自由，大学能独立处理自己的事情，较少受到外界环境的干预，甚至在财政方面也拥有相当大的自主权，大学的目标是追求真理，更多地体现为大学本身的价值，具有大学本位的特征。但随着民族国家的兴起和大学规模的逐渐扩张，国家对大学的控制加强，维持大学的成本增加，大学自治逐渐削弱，很难继续坚持大学本位。国家和政治诉求逐渐加入大学的发展目标中，在集权主义国家模式中，大学不可避免地成为政治的对象或者手段，甚至成为政府下属部门或者附属机构，国家本位特征明显。商品经济时代，市场的作用逐渐增强，经济因素对大学的控制和影响力增大，通过资金和资源的控制和限制，大学又有了市场化倾向，成为市场的附庸，主要体现市场本位特征。

俄罗斯早期的高等教育体制是苏联高等教育体制的延续，苏联所有的大学都由国家出资，归国家所有。苏联时期高等教育治理体制、法律和国立大学的发展路径、大学内各项政策都是在苏联共产党的领导下制定的，国立大学的一切价值体系体现的都是党的意志。在所有制方面，国立大学完全国有化，高等教育的发展和国立大学的一切必须直接以国家经济体制和发展战略为转移。招生分配计划的制订权在国家计划部门，拨款和各类物资的调拨及使用必须听命于国家政府部门。教学计划、教学大纲，以及教材都由国家统一制订和组织，学校没有选择权。在高度中央集权的管理体制下，俄罗斯形成了政府绝对权威式的大学与政府二维组织系统。

俄罗斯政治、经济、文化领域的转型改变了国家高度集权的行政管理方式，通过激烈的变革搭建起西方式的民主主义框架，三权分立和权力制衡、民主选举制、联邦制、政党制的改革促使俄罗斯实现了民主国家的政

治转型。经济体制也开始走俄罗斯特色的经济体制道路，将市场经济、民主原则和俄罗斯现实结合起来，促使所有制结构发生转型；市场主体多元化，促进政府职能的转换；调整国家和地方的经济关系，建立起中央和地方分权式的关系结构。政治、经济的转型必然也影响和制约着国立大学的发展。国立大学的治理体系不得不进行被动或主动的适应性变革。在这个过程中，市场的力量正在逐渐增强，成为新兴力量，影响和制约着国立大学的发展。因此，大学、市场、政府的关系日趋变成相互影响的三维关系。大学以知识为载体、政府以权力为媒介、市场以资金为手段，三者相互影响和作用。

（二）政府、市场与大学三者关系的变革特点

1. 国家直接主导

俄罗斯学者把教育系统的基本模式分成两种：自由模式和行政指令性模式。在实行市场经济、推崇民主价值、具有稳定的大学自治和学术自由传统的国家，通常实施的是自由模式。在国家严格调控、以行政管理为特点、实行过计划经济的国家，通常实施的是行政指令性模式[①]。苏联解体后，俄罗斯经济向市场经济体制转型。在苏联解体后的最初十年中，俄罗斯经历了混乱的放权和民主化潮流，从普京执政开始，国家逐渐又加强了对国立大学的控制，国家仍然是国立大学的办学主体和投资主体，国立大学也仍然承担着创造民族精神、保存和传递国家主义精神的责任。莫斯科国立大学章程开篇即说明俄罗斯联邦是莫斯科国立大学的创办者和财产所有者，俄罗斯政府以俄罗斯联邦的名义行使学校创办者的权力，因此联邦政府有权决定对学校实施重组或终止办学[②]。由于国立大学和国家发展是捆绑在一起的，因此，在国立大学的发展过程中，提升国家整体实力或国际竞争力、促进民族精神重建等国家利益取向也仍然是国立大学的使命。在俄罗斯的历史上，俄罗斯社会没有形成任何独立从事有效活动的社会自治力量，更没有形成足以对国家政权进行监督和参与的政治组织和社会集团，社会力量发展较弱，没有能力和国家政权抗衡。因此，俄罗斯在高等教育管理体制中很难形成大学、政府、市场的平衡关系。

现阶段，俄罗斯的社会状况也决定着国家控制高等教育体制的倾向，

[①] Сазонов Б, Моксимов М, Калавалева Е. Классификация образовательные программы состояние и перспективы обновлемия [J]. Высшее образование в Росии, 2006（1）：51-64.

[②] 邵海昆.《国立莫斯科大学章程》的内容及其分析 [J]. 清华大学教育研究, 2015, 36（1）：82-87.

国立大学更是国家控制和管理的重点对象。之所以如此，首先，因为国立大学是俄罗斯高等教育体系的核心，代表着国家利益、民族文化安全的保障和强国的希望。国家仍然是国立大学办学的主体，归口管理绝大部分仍属于联邦中央一级。其次，虽然经历了政治、经济体制的转型，去国家化、分权化仍是世界趋势，在俄罗斯固有的专制集权和文化传统的基础上，国立大学管理的权力仍然有很大的局限性，绝大多数国立大学仍然由国家教育行政部门和行业部门统一管理，学校自治很有限。再其次，国立大学自身缺乏自主的组织架构，没有作为平等的社会组织的意识，自主性较差导致很难建立大学和政府的有效合作机制。最后，国立大学依赖国家财政拨款。国立大学至今仍然缺乏面对市场竞争的经验和能力，国家财政拨款仍然是国立大学最主要的经费来源，其他预算外资金多存在着不稳定、不定时、限制多等问题，还是辅助性的。国家主导是国立大学、市场、政府三维关系的主要特点。

2. 市场间接辅助

随着市场的介入，国家对国立大学资源的垄断局面被打破，国家对国立大学的控制力不断减弱，市场力量增强，消解了全能政府的权力，也改变了国立大学原有的生存状态。政府、大学与社会的运转条件发生了巨变。高等教育领域内，由于国家投入资源减少，大学的地位和话语权逐渐降低，而市场的权力在逐渐增强。大学外部治理体制发生了调整，国家实行民主化的治理理念，治理中引入社会和市场组成因素，大学与国家的角色都发生了相应的转变。国立大学直接与社会和劳动力市场发生联系，人才培养的标准更多反映的是市场的需求。市场因素和竞争机制促使国立大学建立起高效的管理机制，也加速了高等教育市场化进程，其中影响最大的是资源筹措体制，即由国家全额财政拨款转向以财政拨款为主的多元化筹资渠道。市场因素对国立大学的人才培养模式、培养质量、办学目标和积极性都产生了影响。但是市场的短期趋利行为和大学的人才培养周期有着明显的矛盾。因此，市场和大学之间如何进行协调还需要双方的沟通，甚至有时候需要国家发挥适当的作用。市场辅助是国立大学与政府、市场关系的主要特征。

3. 大学自主增强

从本质上说，大学是一个按照人才培养需求和知识传播发展规律发展的独立组织机构。大学的组织特性中包含着自治和自由的成分，因为自治能使大学独立自主地选择和安排符合自身组织特性的工作，不为外界环境的变革所左右，这样才能符合大学人才培养的周期性特点；自由使大学的科研、教学及学习获得内在的动力。但从俄罗斯国立大学发展的历史看，大学在与政府、市场的三维关系中往往处于弱势，经常受制于政府和市场，其作用的发挥经常是被动适应性的应急反应。按照世界高等教育发展趋势，以及俄罗斯民主制度的不断完善、公民社会的发展、大学的自我成熟，在未来，大学应该会逐渐成为更加主动的一种力量。

4. 社会广泛参与

除政府、市场和大学的关系外，社会力量在高等教育系统中也发挥着越来越重要的作用，社会地位的提升主要体现在社会力量对国立大学的监控职能的增加上。从俄罗斯教育质量监控来看，外部监控有增强的趋势。随着市场的介入，国家角色发生了根本性的转变，从教育的供应者变为教育的消费者，从对国立大学的"直接管理者"向"间接引导者"转变。和国家力量的缩小相对应，社会力量在国立大学的外界监控体系中的作用不断增强。《俄罗斯联邦教育法》第 2 条教育管理的民主原则，提出了国家和社会共管形式是国家政策中的一项最重要的原则。《高等和高等后职业教育法》第 12 条 15 款中明确了参加教育管理的几种组织形式：教育工作者大会、科技工作者大会、其他领域的代表和学生大会、选举代表机构——学术委员会。这些组织的活动改善了管理机构和管理效果，使这些组织的活动展现出了一些民主化的发展态势。有俄罗斯学者认为，管理领域社会成分的增加与学校自治权力扩展的联系非常明显[①]。正如《全俄教育质量评价体系构想》中所指出的，教育系统成功发展的一个重要因素是企业主、社会团体、教育共同体、民众的广泛参与。社会评价的标准包括社会和民众需求两个方面，社会需求方面包括教育对民众就业、国内生产总值、降低社会紧张状态和维护社会法律等情况的影响[②]；而民众需求方面包括教育水平、职业水平，以及国家、地区和地方每个公民获得不同层次的教育等。

为了加强与社会的联系，2012 年莫斯科国立大学成立了观察委员会，其主要目的是加强学校与社会的联系，吸引社会资金以促进学校科研等活动的开展。观察委员会的主要职责包括：参与学校发展的重大战略决议，促进学校和联邦政府各级机关和社会不同组织的交流与合作；促进学校参与国际的交流与合作，以及为学校的各项活动筹集社会资金；加强国立大

---

① Общественное участие в управлении школой. Школьные советы ［M］. М.：Альяно Пресс, 2004：14.

② Федеральная служба по надзору в сфере обрзования и науки. Концепция общероссийской системы оценки качества образования ［R］. Москва, 2008：13.

学与社会的联系，加强国立大学的对外交流合作，提高大学知名度和竞争力；吸引社会资金促进大学建设和发展。从观察委员会职责可以看出，国立大学积极和社会联系主要有两方面动因：一是提高大学的知名度；二是获得社会组织的资金支持。但不管动因如何，国立大学必须呈现出一定的开放态势，才能吸引社会组织的介入，而这个过程中无疑会增加社会组织对国立大学的监督。

国立大学体制改革的总体特征表现为：政府通过宏观调控的手段对国立大学实行治理；市场对国立大学培养人才的规模、标准和结构起到调节作用；社会通过各种组织机构对国立大学提出建议；大学拥有更多的办学自主权，成为独立的社会组织，实施自我管理。

二、政府、市场和国立大学关系变革的发展时期

政府、市场对国立大学的影响可以分为几个显著的时期。

（一）强政府—弱市场时期

苏联时期，政府是一个无所不能的神话般的存在，"政府能够解决所有问题"。这一时期，国家全面接管大学，严格限制市场机制对大学的影响。国家是大学的所有者、举办者和管理者，所有的大学都是国立大学。大学的供给和需求全部来自政府计划，政府根据各个行业部门的需求决定大学的招生规模、专业、教学大纲及毕业生的分配。大学的一切事务都归政府管理，市场在大学中的作用非常微弱，几乎可以忽略不计。

（二）弱政府—弱市场时期

苏联解体后的十年里，叶利钦政府追求西方自由的市场经济体制，试图用自由市场经济体制打破中央集权的计划经济管理体制，因此进行了断裂式的激烈变革。结果改革的效果不尽如人意，国家在各个领域里的盲目撤出不但没有达到预期的目的，而且造成了国家势力的减弱和市场的无序与失控，出现了"弱政府—弱市场"的混乱格局。在高等教育领域，政府寄希望于在短时间内将国立大学这种政府下属机构完全推向市场变成独立的市场主体。市场机制全面引入国立大学系统中，其结果是国立大学出现了无序状态，原本应该强化的市场力量与国立大学的公共属性发生了矛盾，在矛盾的作用下，国立大学处于无所适从的状态。

（三）强政府—强市场时期

普京执政以来，一方面，强调国家的教育责任，通过一系列措施增强

联邦政府对国立大学的控制力，重塑国家权威；另一方面，又没有否认市场对国立大学的影响，在一定程度上赋予大学自由以参与市场竞争，并通过法律鼓励包括市场在内的社会主体参与国立大学的治理。这一时期，虽然政府的作用仍然占主体，但市场并没有退出国立大学的治理体系，而是成为治理体系中的另一元。当前，在俄罗斯国立大学权力体系中，谁也不能否认政府的主导作用，同时也不能忽略市场机制的影响。

小　结

苏联解体后，俄罗斯出现了社会政治、经济制度的全面转型，这种转型是一种中央和地方、中心和边缘关系的解构与重构。俄罗斯国立大学外部治理体系的变革，既是对俄罗斯社会政治、经济、文化等外部制度环境转型背景的回应，又是对传统国立大学高度集中的治理模式中衍生出的问题的一种解决措施。随着民主化进程的加剧、市场经济体制的完善、多元意识形态的形成，决策系统的分散化成为世界潮流，同时也成为俄罗斯国立大学改革的外部境况。在这种情况下，传统的全能主义国家治理模式愈发不适应国立大学的发展，这为俄罗斯国立大学外部治理体系变革提供了内在的需求，从变革趋势上看，它符合世界高等教育改革的潮流。

随着市场、社会力量进入国立大学的治理体系，俄罗斯原本的存在于政府与国立大学之间的单向驱动关系，正被政府、社会、市场和大学多个主体间复杂多元的互动关系所取代。不仅政府、市场、社会和大学各自内部的治理结构发生了改变，在多变的环境中，四者之间多重互动引起的耦合关系也发生了多样化重构。大学作为具有一定利益诉求的独立组织特性越来越明显。政府职能转变、市场间接调控、社会广泛参与、大学自主权扩大，成为新时期国立大学外部治理体系变革的特征。政府职能转变是俄罗斯国立大学外部治理体系变革的中心。从变革趋势来看，政府职能转变不是削弱政府在国立大学治理中的作用，而是要进一步加强政府对国立大学的宏观调控，以确保国家利益与大学的发展目标保持一致，并通过国立大学的各项活动得到实现，这延续了俄罗斯传统文化中国家主义的精神要素，是"国家至上"主义的凸显。作为国家利益代表的政府，正通过国立大学的管控者这一职能来促使国立大学实现、创造、维护和增强国家利益。同时，为了能使资本集中促使利益最大化，政府还积极鼓励社会力量参与大学运行，推动多种力量共建大学，减少政府对于国立大学的责任。

在市场经济条件下，市场机制必然会影响俄罗斯国立大学运行的各个过程。在最初制度重建的过程中，由于缺乏政府的调控和监管，国立大学出现了市场秩序失控的局面。近几年来，政府对国立大学市场行为的干预和监督力度大大加强，力求促使大学能够在市场调节和政府调控之间找到平衡点。在市场机制的运作下，竞争、效率与效益、消费者权益、多样化服务等市场理念已经成为影响国立大学发展不可或缺的重要力量。

苏联时期完全缺位的社会力量开始在国立大学的发展中发挥作用。教育法中国家—社会管理模式的确定使国家和社会的关系发生了深刻的转型，一定程度上代表消费者利益的社会代表和社会组织，在国立大学的质量监控、教育服务的供给、大学一般事务的决策中发挥着越来越重要的作用。而且在公民社会的持续建设中，社会力量在国立大学的治理体系中有望发挥越来越大的作用。

俄罗斯国立大学在治理体系改革中自主权逐渐扩大，这是政府重新调整与大学关系的结果，也是俄罗斯国立大学外部治理体系变革的立足点。就如有学者所指出的，俄罗斯政府与大学之间的辩证矛盾具有内在性的特点：一方面，科学和高等教育的历史令人信服地显示，应该为学者和教授提供完全的自由，大学应该是理性和道德的，不受制于任何政治权力，不受制于任何经济权力；另一方面，每个大学实际上又受制于政治权力和社会，至少在财政和教育评定方面是这样①。随着政府与大学关系的调整，国立大学获取了一定的自我发展空间和自由，由政府的附属机关变成了拥有一定自主权的独立社会组织，相对独立的自主权使国立大学内部治理体系的建立成为可能。

俄罗斯独立后，国立大学外部治理体系变革的轨迹，显示了大学从短暂的市场主导的治理范式走向后期政府主导的治理范式。当下政府主导的俄罗斯国立大学的治理模式，不是对苏联时期政府直接管理的治理模式的重复，而是在新的政治经济发展形势下对政府、市场、社会和大学四者关系的重新建构，在此过程中，俄罗斯国立大学的外部治理体系发生了整体性制度模式的转换，经历了巨大的波折，最终形成一种新的制度体系。

俄罗斯国立大学外部治理环境的变革实际上就是各方面主体进行权力

---

① Вербицкая Л, Касевич В. Институциональная автономия и проблема управления в высшем образовании [J]. Высшее образование в России, 2006（7）：16-20.

让渡和重置的过程，也是各方面进行权力关系调整、角色重新定位的过程。政府的角色和功能发生了转变，由解体初期的拒绝计划、拒绝对大学的支持转变为实施对社会文化调节与管理的职能，由管理者转变为协调者和消费者。市场的角色也发生了转变，从高等教育系统外的旁观者、漠视者转变为参与者、主导者。大学的角色由一个依附的主体转变为具有自主性的独立主体。这个过程中，政府权力在让渡，而市场和大学的权力在增加。

转型期俄罗斯国立大学
内部治理的变革

美国学者约翰·丘伯曾说过，"所有的学校都深受其所处的制度环境的影响，学校以何种形式进行组织，运作是否成功，在很大程度上反映了其所处的制度背景"①。从权力配置的角度看，大学内部治理权限的大小基本取决于外部治理权力的分配。在政府干预比较强烈的时期，大学内部治理结构的建构和权力的分配比较小，大学治理主体是政府，大学建设也变成了政府的责任。因此，"即使是大学的问题，也只是表面现象，根源还是政府，大学只是在政府的'庇护'下生存与发展"②。伴随着转型时期俄罗斯政府管理职能的调整变革，简政放权成为政府体制改革的重要内容，外部治理体系不断放权给内部治理系统，使得社会中众多组织从对政府的依附关系逐渐向共同协作关系，在这种形势下，大学成为独立的社会主体，大学自主权扩大。

大学的内部治理因为不同大学的特点而表现出巨大的差异性。国立大学受政府机制的影响最深。在很长一段历史时期，国立大学的治理模式就是政府治理模式的微观呈现。非国立大学的内部治理主要受到公司制度的影响，从模式上看，就是企业治理方式在大学里面的应用。各个大学由于规模、目标、发展阶段、性质、结构等的差异，其内部治理模式也存在着较大的差异。如哈佛大学前校长陆登庭所讲的，"哈佛大学的成功主要是形成明确的办学理念和制度，即便没有了校长，哈佛大学一样能正常运转"③。世界上不存在通用的和唯一正确的治理模式，大学必须要寻求到符合自身发展规律和特点的治理模式。

纵观俄罗斯独立后二十几年的发展历史，赋予国立大学更多的自主权，给国立大学更多的自由和发展空间，使国立大学成为独立的社会组织是主流趋势。当代俄罗斯国立大学内部治理奉行民主性、国家社会性、自主性的原则。在此原则的指导下，国立大学在办学、管理、经费使用等方面的自主权明显增强，与苏联时期高等教育政府集中控制的局面截然不同④。俄罗斯国立大学的运行都建立在俄罗斯联邦法律和大学章程的基础上，法律为国立大学的内部治理提供了依据。俄罗斯联邦教育法规定，国立高等学校的管理依照俄罗斯联邦法律、高等学校示范条例和高等学校章程实施。

---

① ［美］约翰·E. 丘伯，泰力·M. 默. 政治、市场和学校［M］. 蒋衡，等译. 北京：教育科学出版社，2003：3.

② 孙曙光. 治理理论视阈下我国公立大学内部制度研究［D］. 长春：吉林大学，2017：23-24.

③ 陆登庭. 一流大学的特征及成功的领导和管理要素：哈佛的经验［EB/OL］. 中国教育网，2005-09-16.

④ 王绽蕊. 高校治理比较与改进［M］. 北京：光明日报出版社，2013：89.

这使得国立大学的内部治理管理具有了法律基础。大学章程规定了大学的培养目标、决策主体和职责、权力分配和人员权责，以及相关的财务管理等具体事务，是国立大学的重要法律依据。

第一节　"自治权"：国立大学内部治理的基础

《俄罗斯联邦教育法》阐述了国家教育政策的基础原则：教育的人道主义性质、全人类共有价值、人的生命与健康、个性自由发展的优先性，培养公民觉悟及对祖国的热爱；教育的自由和多元化；教育管理的民主性和国家—社会性、教育机构的自主性等①。教育法的基本原则为国立大学治理体系的变革提供了方向。社会转型后的新的政治、经济体制要求俄罗斯国立大学适应宏观外部制度的发展。在高等教育领域，变革中央集权的治理模式，实行以大学自治为标志的权力下放，将单一国有制变革为多种所有制形式、单一财政拨款变革为多渠道财政来源，是俄罗斯高等教育面向市场改革的重要组成部分。对于国立大学来说，从对政府的依附中独立成市场主体的过程无疑是艰难和痛苦的。但不论是被动的还是主动的，国家正通过法律的形式坚决地敦促国立大学成为独立的社会个体。

一、国立大学自治权的变革历程

大学的内部治理和大学所拥有的权力密切相关。只有具有一定的权力，大学建立自己的内部治理体系才能成为可能。大学内部治理的权力可以表述为"自治的权力"（即自治权）。

在俄罗斯的历史上，国立大学曾经有三次获得自治权、三次被剥夺自治权的过程。苏联采用高度集权的中央管理体制，国立大学治理是政府行政治理的延伸，政府是大学的所有者、举办者和管理者。也因此，国立大学没有所谓的自治权。苏联解体后，在俄罗斯独立的最初十年里，受到民主、自由思潮，以及西方市场经济体制建设的影响，俄罗斯国立大学的自治权处于快速提高和逐渐增长的时期，政府试图给大学完全的自治权，使大学成为不依附于政府的完全独立的社会组织。普京执政后，加强了对大

---

① 国家教育发展研究中心. 发达国家教育改革的动向和趋势——美国、日本、英国、联邦德国、俄罗斯教育改革文件和报告选编（第5集）[M]. 北京：人民教育出版社，1994：4.

学的控制力，试图将原本赋予大学的自治权进行回收。也因此，俄罗斯国立大学的自主权是国家主导式的自主权。国立大学取得自治权的起伏和政府的治理模式密切相关，政府高度集权时，大学自治权减小或没有；政府倾向于民主时，大学自治权增大；政府采取集中、民主相结合的治理模式时，大学的自治权处于政府划定的边界内。

二、国立大学自治权的法律规定

（一）1992 年《俄罗斯联邦教育法》中大学自治权的相关规定

1991 年 2 月，俄罗斯联邦部长会议颁布了《国立高等教育暂行条例》，确定了国立大学是"具有法人权利的独立主体"，"在相关法律所规定的范围内，可自主作出决定和付诸实施"，"国家管理机关只有在高等学校违法的情况下，才能对高等学校的教学、科研、经济及其他活动进行干预"。1992 年《俄罗斯联邦教育法》（以下简称《1992 年教育法》）首次提出了新形势下教育政策改革的内容，明确提出要扩大教育机构的管理自由权和经营自由权，允许国立和地方学校提供收费的补充教育服务。国家可以保证一定数额的教育经费投资，但大学则必须承担一定数量的人才培养任务。

教育法律确定的主导方针，是在保持联邦教育统一性的同时，最大限度地扩大地方和国立大学的自治权。《1992 年教育法》第 5 条强调了教育自由和多元化，第 6 条强调了教育管理的民主性质和教育机构自治，第 11 条规定了教育机构的创办者可以是国家政权机构、地方自治机构、本国和外国各种所有制形式的组织及其联合体、本国和国外的民间和私人基金会、俄罗斯联邦境内注册登记的社会和宗教组织、俄罗斯联邦公民及外国公民[①]。这就确定了教育主体的多元化，打破了国家对大学的垄断权。显然，教育法从宏观意义上规定了国立大学的自治权，包括办学主体、自我管理和自我经营等内容。

《1992 年教育法》的初衷就是扩大教育机构的管理自主权和经营自主权，允许教育机构从事一定范围内的经营性活动及获取补充资金的非经营性活动，在教育管理方面给学校更多的自治权。

（二）1996 年《俄罗斯联邦教育法》中大学自治权的相关规定

由于俄罗斯当时不尽如人意的社会、经济状况，《1992 年教育法》并没

---

① Министерство образования и науки РФ. Федеральный закон об образовании в Российской Федерации [Z]. 1992.

有得到切实的执行。为了弥补这种情况，并使新颁布的《教育法》能够更好地切合当时的国情和民意，俄罗斯联邦政府于1994年组织人力对该法进行了修订，并于1996年1月正式颁布修订和补充过的《俄罗斯联邦教育法》，也称为《1996年教育法》。该法第35条第1款规定，国立教育机构的管理，按照俄罗斯联邦法令及相应教育结构的章程实施①。第2款规定，国立教育结构的管理按照一长制和自治原则建立。教育机构的自治形式有：教育机构委员会、监督委员会、全体大会、教务委员会及其他形式。教育机构的自治机关的选举方式及机关职能，均由教育机构章程规定②。第3款规定，国立教育机构的直接管理，由通过了考核的教育机构主任、校长、大学校长或其他领导人（行政长官）负责实施。从《1996年教育法》内容来看，该法律确定了国立大学自治机构的性质，并对国立大学自治管理的形式做了规定。事实上从法律上认可和明确了国立大学的自治权。

除了认可国立大学自治权以外，对于大学的产业和所有物，《1996年教育法》中也有明确的规定，第39条第1款关于教育系统的财产归属关系方面，法律明文表述为："为了保证教育工作依照教育机构章程正常运行，创办者应将其产权属自己的或由他方租赁第三者（所有者）的产权所有物（土地、房屋、设施、器材、设备以及消费、社会、文化及其他用途的必要物资）划归给教育机构使用。""划归给国立教育机构的土地可无限期无偿使用。"③ 第11款规定："教育机构有权充当财产承租者和出租者。某教育机构在该机构委员会同意下，可向其他国立教育机构按照不得低于当地形式的价格出租划归其使用的财产和土地，且无赎回权。"④

针对俄罗斯早期大规模公共资源被私人侵占的情况，《1996年教育法》第39条第13款还做出了如下规定："国立和市立教育机构及固定给这些机构让其使用的管理权或由其自主支配的那些属于生产、社会基础设施的东西，包括分置于教学、生产、社会、文化专用建筑中那些处于其使用管理下或其他管辖下的基地，均不得自由化。"其目的是保证大学的公共性和国

---

① Министерство образования и науки РФ. Федеральный закон об образовании в Российской Федерации ［Z］. 1996.

② Министерство образования и науки РФ. Федеральный закон об образовании в Российской Федерации ［Z］. 1996.

③ Министерство образования и науки РФ. Федеральный закон об образовании в Российской Федерации ［Z］. 1996.

④ Министерство образования и науки РФ. Федеральный закон об образовании в Российской Федерации ［Z］. 1996.

家属性。

（三）1996 年高等教育法的相关规定

对于国立大学有重要意义的，还有 1996 年 7 月俄罗斯颁布的经联邦委员会批准的《俄罗斯联邦高等和大学后职业教育法》（《高等教育法》），这是苏联解体后俄罗斯颁布的第一部有关高等教育的全国性法律。该法第 3 条第 1 款对"高等学校的自治和学术自由"做出了原则性规定："所谓大学自治，是指高等学校根据法律和依法制定的高等学校章程在选择和配备干部、教学、科研、财政活动、经营活动及其他方面的活动中享有自主权"。第 2 款规定，高等学校在个人、社会、国家面前对自己的行为负责；第 3 款规定，给予教授教员编制中的授课人员、高等学校中的科研人员及大学生学术自由，包括高等学校授课人员按照资金斟酌所教科目的自由，科研人员选择课题并按照资金的方法进行科研的自由，以及大学生按照自己的爱好和需要去获取知识的自由①。第 2 章第 8 条规定："高等学校是在《俄罗斯联邦教育法》基础上设立并运行的教育机构，它具有法人地位并按照其许可证实施高等职业教育教学大纲。高等学校在设立自己的机构时享有除成立分校以外的自主权。"该法第 8 条还规定："高等教育机构在构建自己机构方面是独立自主的（建立分支机构除外）。"② 从法律地位上进一步明确了大学的自治和学术自由。

（四）"博洛尼亚进程"及 2013 年《俄罗斯联邦教育法》的相关规定

2003 年俄罗斯加入"博洛尼亚进程"，按照《博洛尼亚协定》的规定，大学自治是大学最基本的原则之一。《博洛尼亚协定》指出："大学是一个建立在各阶层基础上的自治机构，社会各阶层根据地域特征、历史传统，按照不同方式联合在一起。为了适应周围环境的要求，大学的教学与科研应是道德和理智的，不屈服于政治权力和经济压力。"根据《博洛尼亚协定》的规定，国立大学必须转型成为一个独立的自治教育组织形式。为此，2005 年和 2006 年俄罗斯分别出台了《自治机构法》和《国立（市立）非营利自治组织法》，这两个法令的目的是把教育机构改造成具有法权组织形式的学校。其中第一个文件确定了自治机构的法律地位、自治机构的创办程序、改组与撤销、财产的构成与使用程序、自治机构的管理原则、自治

---

① федеральный Закон "О высшем и послевузовском профессиональном образовании" [Z]. 1996.

② Кельческая Н Р, Мухамельяров Р В. Организацио правовая структура государственных высших учебных заведений [J]. Университетское управление, 1999 (3): 8–11.

机构与创办者及公民方之间的关系准则、自治机构在履行自己义务方面的责任①。这无形中赋予了公私混合办学体制的合法性。

2013 年年初颁布的《俄罗斯联邦教育法》总则规定，保障教育机构自治、教师和学生科研权力和科研自由，以及教育领域参与者的自由平等的权利。第 3 款规定，教育领域关系的调整要将国家调控和协议调整相结合，教育机构的自治是调整教育领域关系的基本原则之一。第 28 款规定，学校有权在俄罗斯联邦教育法、俄罗斯联邦其他法律及学校章程范围内自主进行教育活动、学术活动、行政活动和财政—经济活动②。第 12 章第 89 款规定，教育系统管理依照合法、民主、教育机构自治、教育系统信息公开、考虑公众意见的原则进行，具备国家—社会性质③。教育活动的参与人有权利获得联邦境内教育发展的相关信息，联邦、主体及地方各教育权力机构都有责任保障教育信息的公开④。第 10 章还规定，高等学校在自身的活动中需要遵循联邦法、俄罗斯联邦总统令、俄罗斯联邦教育管理机构指令、国家和俄罗斯联邦主体权力机构与地方自我管理机构的法令，以及本标准条例和高等学校自己的章程⑤。从法律规定来看，俄罗斯国立大学的法律地位已经发生了变化，虽然仍然要受到联邦政府的管理，但从角色上已经从政府的附属机构和职能部门转变成为拥有教学、学术、行政和财政自主权的社会组织。法律明确了国立大学是拥有自主权的社会组织。

三、国立大学自治权的特点

从国立大学自治权的特点看，随着知识经济时代的来临，大学自治远不是最初意义上的自治，而是更契合于政府管理的大学自治。关于大学自治的理解，一方面体现为大学拥有自治权；另一方面也体现为国立大学的自治不是脱离了国家监督和管制的自治，而是权力与责任相结合的自治。国立大学自治权增大的同时也伴随着其所承担的责任的增加，即面对政府和社会甚至国家发展所理应承担的义务。2013 年《俄罗斯联邦教育法》（以

---

① 王恩华. 俄罗斯大学自治：历史、现状与趋势 [J]. 国家教育行政学院学报，2013（11）：91–95.

② Министерство образования и науки РФ. Федеральный закон об образовании в Российской Федерации [Z]. 2013.

③ Министерство образования и науки РФ. Федеральный закон об образовании в Российской Федерации [Z]. 2013.

④ Министерство образования и науки РФ. Федеральный закон об образовании в Российской Федерации [Z]. 2013.

⑤ Министерство образования и науки РФ. Федеральный закон об образовании в Российской Федерации [Z]. 2013.

下简称《2013 年教育法》）第 50 条明确规定了国立大学自治权力的同时，也规定了国立大学面对个人、社会和国家要对自己的行为负有责任。对此，《2013 年教育法》规定，国立大学制定大学章程的过程中，其内容涉及受教育者和教育机构教职工权力的部分，应考虑受教育者委员会、家长委员会、受教育者代表机构的意见，依照劳动法规定的程序和情况进行，还需考虑教职工代表机构的意见①。当前国立大学与以往相比有更多的自主权，可以根据受教育者意愿和市场需求来决定专业的招生数量，但这也造成了专业规模不均衡及教育过剩。

除了法律为国立大学自治提供了基本依据，社会团体也加强了对高等教育政策和国立大学的影响，如俄罗斯大学校长委员会，它独立于国家和大学，是具有社会团体性质的学术管理和监督机构。第三方机构介入有利于用间接的手段对国立大学产生影响，成为政府与大学之间的中介。

第二节 国立大学内部治理权力的变革

从发展趋势上看，苏联解体、俄罗斯独立后的国立大学的自治权就呈现逐渐扩大的趋向，直观体现为与苏联时期相比国立大学教学、科研和学习自主权逐渐由中央管理转为大学自行决策。国立大学可以根据法律的规定，以独立法人的形式行使自主权。《2013 年教育法》第 32 条第 1 款规定，教育机构在俄罗斯联邦法律、相应类型教育机构的标准条例和教育结构的章程范围内独立实施教育过程、选拔和配备干部以及开展学术研究、财务、经营及其他方面的工作②。这实际上规定了大学具有学术自主权、人事自主权和财政自主权。第 33 款还规定，教育机构在学术、人事和财务等方面应承担的责任③。从教育法内容上看，大学自主权，特别是办学和财产方面的自主权比苏联时期明显扩大了很多。具体看，国立大学内部治理的权力主要包括招生、教学、科研、行政、财政等方面的自主权。

---

① Министерство образования и науки РФ. Федеральный закон об образовании в Российской Федерации［Z］. 2013.

② Министерство образования и науки РФ. Федеральный закон об образовании в Российской Федерации［Z］. 2013.

③ Министерство образования и науки РФ. Федеральный закон об образовании в Российской Федерации［Z］. 2013.

一、从有到无的自主招生权

俄罗斯早期的招生体制主要延续了苏联的传统，不设全国统一的招生机构，由国立大学自主安排招生，也就是说，政府赋予了国立大学在招生、考试、录取等工作方面的自主权。根据《俄罗斯联邦教育法》的规定，国立大学有权独立制定和批准与俄罗斯联邦法律和联邦教育管理机构或创办者制定的招生程序不相抵触的部分招生规则；国立高等学校招收的靠联邦预算和联邦主体预算就学的一年级学生的数量、招生结构的限额，每年由该校隶属的执行权力机构与联邦教育管理机构商量后确定；高等学校有权根据俄罗斯联邦教育领域的法律实施已确定限额之外的招生，招收的缴费学生缴纳学费，与学校签订协议；高等学校应该在与国立和市立机构签订协议的基础上，预留限额范围的专门招生数，并为这些学生组织独立的竞争①。从法律内容上看，国立大学基本具有独立的招生权。

为了保证招生工作的有效开展，国立大学会成立学校招生委员会，由校长、分管教学的副校长、系主任、教研室主任等人组成。招生委员会下设选拔委员会和学科考试委员会。国家招生委员会每年会发布条例，规定有关招生、考试、录取等方面的政策。各个国立大学根据学校定位和国家招生委员会的相关条例展开自己的招生工作。

这种招生模式存在着一定的弊端，如国立大学自己组织招生，很多都在自己的学校里进行招生考试，导致其他地区的学生为了参加考试要付出高昂的交通费用，对一些外地学生来说，这无形增加了经济负担；另外，各个大学设置的考试时间往往是相同的，导致学生只能有一个选择机会；还有，国立大学在组织招生考试中，面试和口试占有很大比重，难免出现腐败现象，使招生质量不能得到很好的保障②。

为了改变这些弊端，2001年俄联邦政府成立了国家入学考试委员会，教育部也成立了专门的统一考试中心，开始实施新的大学入学考试办法，具体包括：每一个中学毕业生根据志愿可以不参加传统的课程考试，而是进行每一个科目的测试（笔试）——毕业鉴定测试（中学毕业考试）和高考升学考试（大学入学考试）；统一测试将于指定地点在全国范围内同一时间进行，其测试成绩既可以作为中学的毕业考试，又可以作为升学考试成绩。统一考试制度在一定程度上消除了学生选择机会少和路费高昂的弊端，但质疑的声音

---

① федеральный Закон "О высшем и послевузовском профессиональном образовании" [Z]. 1996.
② 张男星. 俄罗斯高等教育体制变革研究 [D]. 上海：华东师范大学，2002：33.

说这容易产生"一考终身制"。为了避免这种情况，法律规定，倘若学生对所参加的统一考试成绩不满意，则可以不要这一成绩而照常参加其他考试①。

随着国家统一考试制度的建立，自主招生的权力开始从大学转移到政府。虽然莫斯科大学等一些具有特殊地位的大学仍然保留了自主招生的权力，但从国立大学的整体概况上说，大学在这方面的权力呈现出由有到无的趋向，这对于国立大学的自主性来说是一种破坏，而从生源上进行掌控，也成为国家外部治理权力回收的重要表现之一。

二、相对自由的教学自主权

（一）自主组织教学活动的权力

在教学自主权方面，俄罗斯改变了苏联时期由政府对大学课程和教学严格控制的做法。在教学内容、教学方法、教学计划、教学过程、学生成绩评定和学位授予方面，俄罗斯国立大学拥有比较大的自主权。1992 年《俄罗斯联邦教育法》第 7 条规定，国家教育标准是制定基本教育大纲所依据的文件。国家教育标准由三部分组成：联邦部分、民族部分和教育机构部分。这同苏联时期教育权统归中央相比，无疑体现了分权的特征。1996 年《俄罗斯联邦教育法》第 32 条规定，国立大学在教学方面具有以下的自主权："组织和完善教学过程的方法；制订和核准教学大纲和教学计划；制定和核准教学科目和课程的工作纲要；经过地方自治机构协商制定和核准年度教学进程表；根据教育结构章程、许可证和国家委任书，独立组织教学过程；根据高等学校的章程和该法律的要求，对本教育机构的学生进行学习成绩、日常检查及中期鉴定；协助教师组织方法协会的活动。"② 2013 年《俄罗斯联邦教育法》第 3 章第 28 条规定，教育机构有自治权。自治权指根据现行联邦法律同当地法规、俄罗斯联邦其他法律法规文件及教育章程，在从事教育、科学、行政、经济金融活动中有自主性，教育机构根据其实施的培养计划自由决定其教育内容、教学教法保障选择、教育技术③。从法律条文上明确了国立大学有自主组织教学活动的权力。

1996 年《俄罗斯联邦高等和大学后职业教育法》规定："教师有根据自己的理解讲授教学科目的权力。"2001 年《俄罗斯联邦高等职业院校的标准

① 顾鸿飞. 俄罗斯大学入学考试制度——国家统一考试探析［J］. 比较教育研究，2006（5）：59-61.

② федеральный Закон "О высшем и послевузовском профессиональном образовании"［Z］. 1996.

③ Министерство образования и науки РФ. Федеральный закон об образовании в Российской Федерации［Z］. 2013：121.

条例》对高等学校教学方面的自主权做出了全面、详尽的规定，在教学方面，大学在教学计划、教学内容、教学方法及教学评价上可自行决定①。第35条规定，高等学校按照教学大纲组织教学过程，教学过程根据各培养方向的教学计划和每种学习形式课程表调整，课程表是由高等学校在联邦教育管理机构批准的国家高等职业教育标准、示范性教育大纲、各培养方向教学计划和课程大纲基础上独立制定的。2013年《俄罗斯联邦教育法》第8条规定，从国家授予其许可证起，高等学校有权从事教育活动，享有俄罗斯联邦法律给予的特权。大学有权按照博士培养计划、科研人员培养计划、临床医学研究科计划、职业培训计划和补充职业培养计划从事教育活动。目前，国立大学人才培养结构主要包括高等教育——学士、高等教育——专家硕士、高等教育——高水平人才培养等三个阶段。第37条规定，高等学校的教学以课堂教学、答疑、课堂讨论、实践课、实验课、测验课、口试、自学、科学研究、实习、课程设计的形式进行，也可以以完成技能课（授予学位的设计或作业、硕士答辩）的形式进行。高等学校可以确定上课的其他形式。第38条规定，高等学校有计划地组织教学过程，选择教学形式、方法和手段，利用远程教学来创造条件使学生掌握某一层次和方向的教育大纲。

（二）鉴定和学位授予的权力

2013年《俄罗斯联邦教育法》第43条规定，通过国家认证的实施普通教育大纲和职业大纲的高等学校，给予已通过总结性鉴定的学生授予国家样式的相应教育水平和技能证书。为了保障质量，强调大学要遵循国家教育标准，要通过国家认证和许可。俄罗斯教育与科学部先后授予了包括莫斯科大学、圣彼得堡大学等多所一流大学、联邦研究型大学，以及4所具有较高研究水平的科研院所学位授予自主权。上述培养单位还有权自主确定论文标准、答辩程序、学位授予程序、取消和恢复学位、独立设计学位文凭的样式等。决策者们希望改革之后一流大学可以对本校研究生教育和学位授予制定更高、更具特色的标准，以提高人才培养的质量，进而增强俄罗斯大学在国际高等教育中的影响力②。据俄罗斯教科部网站2017年8月25日报道，俄罗斯政府总理梅德韦杰夫签署第1792号政府令赋予新一批高等教育机构学位自主授予权，即19所大学和4所科研机构自2017年9月1日起获得自主颁发副博士和博士学位的权利。考虑到莫斯科国立大学和圣

---

① 陈汉强．俄罗斯高校内部管理体制变革述论［J］．理工高教研究，2009，28（5）：95-98.
② 王莉．当代俄罗斯学位授予制度改革及启示［J］．学位与研究生教育，2018（3）：72-77.

彼得堡国立大学已于 2016 年获得此项自主权，目前俄罗斯共计 25 所大学可以自主决定学位授予事宜。政府批准的新一批大学名单包括：别尔哥罗德国立大学、俄罗斯国立高等经济大学、莫斯科国立钢铁合金学院等 11 所国家研究型大学；喀山联邦大学、乌拉尔联邦大学、南联邦大学 3 所联邦类大学；俄罗斯总统国民经济与公共管理学院、俄罗斯人民友谊大学、莫斯科国立国际关系学院等 4 所有权自主制定教育标准的大学。根据 2016 年 5 月 23 日俄罗斯总统普京签署生效的《科学和国家科学技术政策法》相关修正案，具有学位自主授予权的教科研机构可以自主制定《答辩委员会工作章程》，确定答辩委员会的成员构成，制定论文提交和答辩，以及学位颁发、取消和恢复等规章制度，确定学位证书的式样和受理学位相关问题的申诉等①。大学可以向掌握高等教育的学员发放技能提高证书和（或）职业进修证书及相应教育和技能证书文件。通过联邦教育评估的国立大学，毕业生的考评由国家鉴定委员会根据相关要求组织实施。也就是国家把学位授予的具体事务交给大学，但学位的考核还必须由国家相关部门组织进行。

从以上法规能够看出，国立大学所具有的教学自主权并不是无限的，俄罗斯联邦教育法、国家教育质量标准，以及相关国家的鉴定和认证等都对国立大学的教育质量提出了要求，这样的目的是保证国立大学的教育质量。但从国家所制定的教育标准来看，国家把越来越多的自主权还给了大学。俄联邦在制订培养计划过程中大学自主决定内容占教育大纲的比例见表 4-1。

表 4-1　俄罗斯联邦在制订培养计划过程中大学自主决定内容占教育大纲的比例

苏联标准教育计划（1988）	第一代国家高等职业教育标准（1994—1999）	第二代国家高等职业教育标准（2000）	联邦国家教育标准方案（2006）
12%	15%~20%	20%~40%	30%~50%

资料来源：Розина Н. О. разработке нового поколения госундарственных образовательных стандартов［J］. Высшееобразование России，2007（3）：6.

三、从无到有的科研自主权

（一）政策上的支持

苏联时期，科学研究的主要部门是国家科学院，以及国家、企事业附属的科研机构，国立大学主要以教学为主。俄罗斯独立后，以西方高等教

①　邵海昆．俄罗斯 23 所高等教育机构新获学位自主授予权［J］．世界教育信息，2017（21）：73.

育模式为模板，开始将科研引入国立大学中，加大大学在全国科研工作中的比重。《俄罗斯联邦高等和大学后职业教育法》第28条规定，"国立高等学校实施的科研研究经费，由联邦权力执行机构和该校所在的联邦主体权力执行机构拨款，不管其教学活动的经费筹措方式如何"。第3条规定，"教师有选择科研主题并按自己的方式从事科学研究活动的自由"。第3条第3款规定了"教授—教师群体中的教育工作者、科研工作者和大学享有学术自由，包括教学工作者根据自己的理解讲授教学科目，选择科研主题并按自己的方式从事科学研究活动的自由以及学生根据自己的兴趣和需要获取知识的自由"，同时也强调，"学术自由的背后，是创造优异条件自由探求真理、自由阐述与自由传播真理的学术责任"。第12条规定，"高等学校科研工作人员有权选择符合安全措施、更适应个人特点，并能保障在科研过程中高质量地从事科研工作的方法和手段"。《俄罗斯联邦高等职业院校的标准条例》规定，由高等学校隶属的执行权力机构对高等学校的科研活动、科学—技术活动及其教学过程的关系实施评价；高等学校的科学活动、科学—技术活动的要求及对他们的评价程序由联邦教育管理机构同拟定和实施国家科学技术政策的联邦执行机构协商确定；高等学校的科学活动和科学—技术活动的评价结果是国家认证时对高等学校活动总评价的组成部分，也就是联邦教育管理机构确定（批准）高等学校类别的依据标准之一。高等教育机构可从事科学和（或）创作型活动，同样也有权培训科学人才（博士）。如果教育机构章程中有规定，其他的教育机构有权依照俄罗斯联邦法律从事科学和（或）创作型活动。鼓励教育机构教师和学生进行知识产权成果的创造，明确教育机构是知识产权成果和所获利润的唯一拥有者。

（二）经济上的落实

联邦政府不仅在政策上为国立大学科研提供了好的条件和发展平台，在经济上也加大了对科研的投入。俄新社2015年11月19日报道，俄罗斯教科部副部长亚历山大·波瓦尔科在"世界高校学科排名的评估意义"圆桌会议上指出，自《俄罗斯高校国际竞争力提升方案》贯彻落实3年来，俄罗斯大学取得了巨大进步，其中4所大学跻身世界大学学科排名的前100强。《俄罗斯高校国际竞争力提升方案》旨在实现2020年前5所俄罗斯大学进入三大世界高校排行榜的前100强。该方案预计财政支出总额16亿美元①，明确提出至 2020 年俄罗斯至少要有 5 所大学进入世界一流大学的行列，大学科研经费要占总经费的 30%。世界一流大学计划有强大的经费支持，俄罗斯联邦的财政投入呈现逐年递增的趋势，2013 年投入 90 亿卢布的专项资金预算，2014 年投入 100.5 亿卢布，2015 年投入 120 亿卢布，2016年投入 125 亿卢布②（见表 4-2）。

表 4-2 2000—2016 年联邦政府科研投入相关数据

年度	研发人员/万人	联邦投入				
		基础研究/亿卢布	应用研究/亿卢布	合计/亿卢布	财政投入占比/%	GDP 占比/%
2000	88.77	82	92	174	1.69	0.24
2010	73.65	822	1555	2376	2.35	0.51
2014	73.22	1216	3157	4373	2.95	0.55
2015	73.89	1206	3192	4394	2.81	0.53
2016	72.23	1052	2975	4027	2.45	0.47

资料来源：俄罗斯联邦统计局. 国家统计年鉴 2017.

根据国家法律及政府提供的资金支持，国立大学的科研工作实现了有序展开并取得了显著成果。最直观的体现是以国立大学为主导的俄罗斯大学在世界上的排名取得了显著的提升。俄罗斯大学在世界大学排名中的表现有所改观，俄罗斯有 16 所大学进入英国《2016 泰晤士报高等教育副刊》世界排名前 500 位，且有部分俄罗斯院校在学科排名中位列前 100 名。如莫斯科大学在"计算机及信息科学"学科中排名第 43 位，在"艺术及人文科学"学科中排名第 66 位；莫斯科物理技术学院在"物理科学"学科中排名第 78 位；俄罗斯国立高等经济大学在"经济和商业"类学校中排名第 83位；圣彼得堡国立信息技术机械与光学大学在"计算机及信息科学"类院校中排名第 56 位③。到 2017 年，俄罗斯已有 40 所大学进入世界大学排名，而该项目实施之前仅有 15 所大学。2017 年，莫斯科大学在 QS 世界大学排名中上升了 13 个名次，位列第 95 名。这是莫斯科大学自 2010 年以来首次重返世界百强大学行列，而且有 7 项专业排名跻身前 50 名。俄罗斯大学在物理方面具有学科优势，莫斯科物理技术学院和莫斯科工程物理学院（国

---

① 邵海昆. 俄罗斯高校国际竞争力提升方案：实施三年 成效显著 [J]. 世界教育信息，2016（2）：79.
② 肖甦. 俄罗斯的一流大学建设 [J]. 华东师范大学学报（教育科学版），2016（3）：12-15.
③ 郭强，赵风波. "一带一路"战略下的中俄跨境高等教育 [J]. 中国高教研究，2017（7）：56-61.

立核能研究大学）进入 2017 年泰晤士高等教育物理科学专业世界大学排名
100 强；莫斯科大学、新西伯利亚大学、托姆斯克国立大学、圣彼得堡国立
大学进入前 200 强①。

俄罗斯国立大学在世界大学排行榜上名次的上升与其科研实力的增长
密切相关。科研功能使俄罗斯大学能够和世界其他高水平大学进行对话，
并得到承认和认可。由于国立大学的排名能够代表俄罗斯国家的实力和形
象，因此俄罗斯政府对此非常重视，俄罗斯政府的多项政策和计划都指向
使本国大学成为世界一流大学。

四、有限的行政自主权

《2013 年教育法》规定，国立大学"有权自行制定调整学校内部教育关
系的规章制度，在自身章程范围内独立实施学术、行政、财务、管理等方
面活动"②。根据法律规定，国立大学在组织结构设计方面拥有较大的自主
权，包括可以自主组织管理机构、教职员工的编制、选拔、招聘，确定不
同人员和机构之间的职责分配，等等。

（一）设置管理机构的权力

1996 年《俄罗斯联邦高等和大学后职业教育法》第 12 款第 1 条规定，
"高等学校的管理根据俄罗斯联邦法律、高等职业教育机构（高等学校）标
准条例和高等学校章程并按一长制和委员会制相结合的原则予以实施"。高
等学校的管理由选举产生的代表机关即学术委员会对国立或者市立高等学
校实行总领导，由校长对高等学校实施直接管理。按照法律的规定，国立
大学的管理主体主要是校长和学校学术委员会。

1. 校长选举权的变化

国立高等学校校长依照高等学校章程规定，在全体会议上以无记名投
票的方式选举产生，并报经该校隶属教育管理机关批准，任期不超过五
年③。"如果学校隶属的教育管理机关有充分理由不批准国立高等学校选出
的拟任校长职务的候选人，则须进行新的选举。再次选举时如果全体会议
出席者有三分之二以上人员同意，则该校隶属的教育管理机关必须批准。"
2006 年《对〈俄罗斯联邦高等和大学后职业教育法〉第 12 条和第 20 条的

① 姜晓燕. 俄罗斯高等教育正在崛起 [N]. 中国教育报, 2018-01-12 (5).

② Министерство образования и науки РФ. Федеральный закон об образовании в Российской Федерации [Z].
2013.

③ федеральный Закон "О высшем и послевузовском профессиональном образовании" [Z]. 1996.

修改》中修改了校长产生的程序，"国立高等学校根据学校章程推选出的校长职位候选人交由先行的具有社会基础的鉴定委员会进行审核。校长候选人的推荐程序中不排除自我推荐的可能性"①。法律上规定，鉴定委员会是国家执行权力的全权机构。鉴定委员会的章程及其成员构成因大学的隶属关系有不同的要求：在选举属于俄罗斯联邦职权范围内的高等学校校长时，50%的成员是联邦国家权力机构的代表；在选举属于俄罗斯联邦主体职权范围内的校长时，50%的代表是俄罗斯联邦主体国家权力机构的代表，另外50%的代表是高等和大学后职业教育机构的社会组织和国家—社会协会的代表；在选举市一级高等学校校长时，50%的代表是市级地方自我管理机构的代表，另外50%的代表是高等和大学后职业教育机构的社会组织和国家—社会协会的代表②。当选后的校长和该校隶属的国家执行权力的全权机构或市级的执行—管理机构之间签订劳动合同，任期不超过五年。

从国立大学校长选举程序的修改可以看出：2000年前，国立大学学术委员会具有独立的校长选举权；2000年以后，通过教育法相关章节的修改，校长选举权逐渐被联邦政府收回，具有校长选举权的是国家权力机构。当前，国立大学校长选举实际上是选举制和任命制相结合的一种混合制。有一些学者认为，这种改革实际上破坏了国立大学的自主权。

2. 学术委员会的构成

1996年《俄罗斯联邦高等教育法》规定，由学术委员会（ученный совет）对国立大学实施总的领导，校长对大学实施直接管理。学术委员会是选举产生的代表机关。学术委员会的组成、权力、选举程序及活动，由高等学校根据《俄罗斯联邦高等职业院校的标准条例》在章程中加以规定。其中，校长和副校长是学术委员的常设成员，校长是学术委员会的主席。学术委员会的其他成员在全体会议上以无记名投票的方式选举产生。校长可以推荐其中三分之一的候选人。学术委员会成员每届任期五年，任期满，遵照高等学校章程的规定重新进行选举。学术委员会一般一个月召开一次会议。在全体会议召开时，学术委员会成员不应少于全体会议代表的50%。

由学术委员会的职责来看，学术委员会的权力是很大的，从以前更多的是起到参谋的作用，已转变成拥有实际权力的管理者。

---

① федеральный Закон российской Федерации от 18Июля2006 г. N113－ф3 О внесенииизменений в статьи 12и20 федеральный Закон "О высшем и послевузовском профессиональном образовании［Z］. Русская Газета, 2006－07－20.

② федеральный Закон "О высшем и послевузовском профессиональном образовании"［Z］. 1996.

(二) 受限的人员的聘用和鉴定权

1. 教师聘用和晋升的权力

苏联时期实行的是大学教师终身任职制度，大学教师属于国家公职人员，大学没有人员聘用和解聘的权力。从20世纪90年代初开始，俄罗斯国立大学全面推行合同聘任制。教育法规定，大学有权决定教职工的编制、招聘、解聘、职称晋升等事宜；自主选择和解聘院长及行政人员；有权自主形成内部管理结构；自主决定设立和撤销除分校以外的分支机构，法律上赋予了国立大学在人员聘用和职称晋升方面具有自主权。

当前俄罗斯国立大学的教师主要有两种形式，一种是预算内具有编制的教师，另一种是预算外无编制的教师。对于有编制的教师，每学年结束后，以学校指示的形式宣布下一年人员编制的变化情况，大学学术委员会以通告的形式宣布竞聘岗位的名称、教研室和任职要求。通告发布一个月后开始竞聘选拔。第一轮筛选一般在教研室层次进行，教研室教师以记名或不记名的方式投票。副教授、讲师、助教的选拔在系学术委员会上进行，教授的选拔在校学术委员会进行。教研室提出推荐结果。被聘用的教师与学校相关行政部门领导签订劳动合同，劳动合同中会详细注明教师的责任和权力。没有编制的教师只要通过学术著作的考核或者经过分管领导的同意后就可以被聘用；由校长与教研室主任、系主任，以及主管教学的副校长协商后就可以签订劳动合同，时间一般不超过一年。2003年，俄罗斯联邦对《俄罗斯联邦高等职业院校的标准条例》进行了补充，"只有接受过高等职业教育的人才允许从事教学活动。教授—教师集体的教育资格由国家在表示相关层次教育和技能的证件中加以确认。高等学校教授—教师成员和学术工作者的聘用需要得到联邦教育管理机关的批准"[1]。这在事实上减弱了国立大学人员聘用方面的自主权。

2. 教师鉴定的权力

2000年年底，俄罗斯联邦教育与科学部通过了《关于确定国立和市立教育机构工作者和管理者鉴定程序的意见》，规定了新的教师鉴定程序。新的教师鉴定程序把对教育工作者的鉴定分为职称鉴定和技能类别鉴定两种。职称鉴定是针对所有没有获得技能类别的教育工作者的鉴定，每五年一次，是强制性的。如果鉴定为不符合所任职位要求，鉴定委员会则建议其进行技能培训，那么教师所在学校应该派遣其教师到技能提高班学习，或者转

---

① федеральный Закон "О высшем и послевузовском профессиональном образовании" [Z]. 1996.

入其他岗位。而根据《俄罗斯联邦劳动法》第81条第1款的规定，如果该教师在学校找不到其他工作岗位，那么学校可以与该教师解除劳动合同。技能鉴定主要是确定教育工作者的技能水平与各技能类别要求的对应程度，由教师自愿决定是否参加。技能类别一般包括一级技能和高级技能，有限期是五年。技能类别的确定，与教师掌握现代教学技术和方法的程度、对提高教育质量的贡献和所教学生的成绩紧密联系。一级技能类别的教师必须满足以下条件：掌握现代教学技术、方法并在实际的职业活动中有效使用这些技术和方法；完善教学方法和教育方法，对提高教育质量做出了自己的贡献；所教学生对教育大纲的掌握结果合格，其成绩在联邦主体学生的平均成绩以上。高级技能类别的教师在拥有一级技能类别的基础上还必须满足以下条件：掌握现代教育技术和现代教育方法并在实际的职业活动能够中有效使用这些技术和方法；所教学生对教育大纲的掌握结果合格，其成绩在联邦主体学生的平均成绩以上，其中参照所教学生参加全俄、国际性奥林匹克竞赛、比赛的情况；完善教学方法和教育方法，开展创新性活动，掌握新的教育技术，并在提高教育质量的过程中推广自己的经验，对提高教育质量做出了自己的贡献；等等。

根据教育法的规定，对教师的鉴定属于俄罗斯联邦主体的权力。因此，鉴定由地区鉴定委员会执行。鉴定委员会由主席、副主席、秘书和成员组成。这些人中有联邦国家权力的代表、联邦主体国家权力机构的代表、地方自治机构的代表、工会代表、学术组织和社会联合会的代表、学校自治结构（教育结构委员会、督学委员会、教师委员会等）的代表和学校的教育工作者代表。鉴定委员会的人员组成必须经由负责教育管理的联邦执行权力机构、俄罗斯联邦主体的执行权力机构的批准。鉴定在鉴定委员会成员会议上以公开投票的方式进行，多数人通过才算通过鉴定。地区鉴定委员会有三分之二成员参与大会时，可以作为全权执行机构。当劳动合同期满后，教师如果想继续工作，可以签订新的劳动合同。

国立大学的其他工作人员的权利和责任由俄罗斯劳动法、大学章程，以及学校内部的规章制度和职位说明来确定，一般也要和校长签署劳动合同，确定劳动关系。

20世纪90年代初期开始，法律就赋予了国立大学具有人员聘任和解聘的权利，但直到现在国立大学中仍然没有有效地实施。一方面，由于政府担心完全把聘任的权力还给大学，会造成大学权力过剩，甚至滋生腐败现象；另一方面，人员的聘任和解聘并不能完全由大学决定，劳动法、合同法等相关法律法规仍然限制着大学人员的外流。当前在国立大学中人才外流和人员退休仍然是教师离校的主要因素。

五、分化的财政自主权

在市场经济条件下，国立大学财政自主权力的扩大成为一个比较有争议的话题。大学的产业化和公益性之间的矛盾是学界争论不休的问题。

1996年《俄罗斯联邦高等教育法》第27条规定，高等学校有权拥有货币、财产的所有权及其他的实物所有权，它们或者是自然人和法人以馈赠、捐赠或遗嘱形式转让给高等学校的，或者是高等学校的智力活动成果。第30条规定，"国立大学可利用用于大学办学的预算拨款和俄罗斯联邦法律不禁止的其他来源的资金独立建立工资基金；高等学校在其所有的用以支付工作人员的资金范围内独立确定劳动薪酬的形式和制度及补助、津贴、奖金和其他物质激励报酬的额度，乃至各类工作人员的职务薪酬"。1996年修订后的《俄罗斯联邦教育法》第43条规定，"教育机构独立实施财务—经济互动，在银行和其他信贷机构拥有独立的收支平衡表和分户账；凡属于教育机构使用的财政资金和物质资源，在俄罗斯联邦法令无其他规定的时候，均由教育机构依据其章程自行使用，不得剥夺没收；教育机构有权在征收所有者同意的情况下将后者划归它使用的资金和其他财产用于获取收入的权利，其额度由双方签订合同确定"。第45条，国立教育机构从有偿教育服务中获得收入，除去创办者应得部分外，均可作为该教育机构的再投资，包括增加工资开支和由教育机构斟酌用作其他开销。这样的活动不属于企业性行为。《俄罗斯联邦高等职业院校的标准条例》第89条规定，高等学校以依靠法律允许的行为获取的资金购取的财产，在资产负债表上单独核算，由高等学校自由支配。第95条规定，高等学校根据俄罗斯联邦法律使用预算资金和其他渠道的资金。根据相关法律规定，财产所有者确认高等学校对楼房、建筑、财产综合体、设备，以及具有消费性、社会性、文化性等目的的其他财产进行业务管理。国立大学享有长期（永久）使用法定程序划给它使用的地块。第99条规定，高等学校按照俄罗斯联邦法律规定的程序，根据学术委员会的建议在用于支付劳动薪酬的资金范围内独立决定高等学校工作人员的补助、津贴、奖金和其他薪酬标准。

以上法律赋予了国立大学自主筹集高等教育经费的权力。国立大学在法律认可的情况下可以从事有偿教育服务、收费教育和企业性活动，以及从个体和商业馈赠中获取额外收入；自主支配预算外经费；自主确定基本工资以外的劳动薪酬，为教师发放劳动薪酬。

关于国立大学的财政拨款，1996 年《俄罗斯联邦教育法》中规定，教育机构的经费按照国家（包括主管部门）和地方经费标准拨给，此项标准按每个类型和级别的教育机构用于每名学生的费用计算确定。《俄罗斯高等和大学后职业教育法》第 38 条第 1 款规定，靠联邦预算给国立高等学校之教育活动的财政拨款，由联邦（中央）高等职业教育管理机关或辖有这些高等学校的执政机关按照专家培养、职工再培训和业务进修的国家任务来确定，包括各主管部门在内的国家财政拨款标准予以实施。对于分布在有地区指数及其增补制起作用的那些地区内的高等学校来说，其财政拨款标准可考虑何种地区指数及其增补制予以规定。如果当地财政拨款标准高于国家财政拨款标准，则补充部分的财政拨款额靠当地预算资金提供。第 2 款规定，由国立高等学校的创办者按双方合同给该校的施教活动提供财政拨款。根据创办者与该校的合同，其施教活动可以分为部分或完全自筹资金的条件下予以实施。对国立高校所开展的科学研究活动，在独立于对施教活动的财政拨款之外，由联邦（中央）高等职业教育管理机关和（或）辖有这些学校的执行机关给予财政拨款。

从相关法律规定可以看出，俄罗斯国立大学一方面赋予了国立大学一定的财政自主权，从法律上确定了国立大学有自主筹集和使用经费的权力；另一方面又把原本属于联邦中央的拨款权限下放给地方和部门，实行分级式的财政拨款制度。这样做一方面可以扩大国立大学的经费来源渠道，另一方面通过分化的拨款制度也减轻了国立大学对中央财政的依赖，减轻了中央的财政负担。

第三节　国立大学内部治理结构的变革

《俄罗斯联邦教育法》第 35 条第 2 款规定，管理国立和市立教育机构建立在一长制和自我管理的原则基础之上。教育机构委员会、监督委员会、全体大会、教务委员会及其他方式是教育机构自我管理的形式。第 3 款规定，国立和市立机构的直接管理，由通过了考核的教育机构主任、校长、大学校长或其他领导人（行政长官）负责施行。

一、国立大学领导体制的变革

领导体制是治理体制的重要组成部分，1991 年苏联解体后，俄罗斯国立大学的治理制度出现了两个较为明显的变化：一是在整个国家走向民主化的进程中大学管理体制也走向民主化；二是国立大学内部治理由一长制转变为校务委员会下的校长负责制，一长制与集体领导结合起来①。2013 年《俄罗斯联邦教育法》规定，学校管理的基础是一长制和会议制的有机结合。根据教育法规定，俄罗斯国立大学实行学术委员会和校长负责的管理体制。校长直接管理学校，学校全体大会和校学术委员会实施总领导，彼此相互补充，相互协作。他们各自的职责和权限在学校章程中明确划分②。

一长制和集体领导相结合的管理模式是指校长和学术委员会共同管理学校，校长和学术委员会的权利、所履行的职责由督学委员会授予。1993年 6 月《关于俄罗斯高等职业教育机构（高等院校）的标准条例》明确规定，高等院校由选举产生的代表机构来领导，并由校长领导下的高等院校学术委员会予以实现。国立大学领导结构见图 4-1。

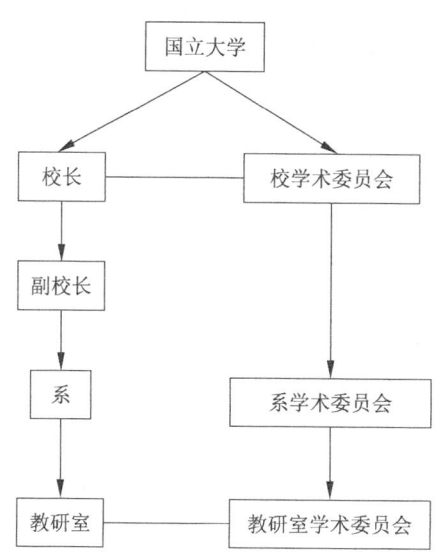

图 4-1　国立大学领导结构图

1. 国立大学的校长职责

《俄罗斯联邦高等和大学后职业教育法》规定，俄罗斯各级各类教育机构都享有相应的权利和义务，由于大学本身不能代表自己的利益和参与具

---

① 杨宁，杨广云. 俄罗斯高校管理体制的民主化进程：基于前苏联与俄罗斯的比较研究［J］. 大学（研究与评价），2009（4）：26-31.

② 刘淑华，刘欣妍. 走向治理：俄罗斯高等教育内部管理体制变革取向［J］. 比较教育研究，2015（2）：19-23.

体事务，需通过国家授权给一位全权代表学校和完成法律意义行为的人，这个人就是拥有学校行政权力的校长。校长是国立大学的法人代表。大学校长承担培养高技能人才，领导学校教学、科学、德育、财务经营活动，以及执行俄罗斯联邦法律等责任。《俄罗斯联邦高等和大学后职业教育法》第3款规定，由校长实现对高等教育机构的直接管理。国立大学校长依据高等学校章程的规定，由全体教师大会以无记名投票的方式选举产生，并报经该校隶属的教育管理机关批准，任期不超过五年。当选后的校长要和国立大学隶属的教育隶属机构签署合同。2006年修订的《俄罗斯联邦高等和大学后职业教育法》对校长的选举程序又进行了更改，规定校长职位候选人必须交由一半成员是国家权力机构代表的鉴定委员会进行审核①。如果任期内国立大学由于考核结果不佳而被取消国家认证资格证书，其校长职务将被解除②。除此之外，还存在一些特殊的情况，莫斯科国立大学和圣彼得堡国立大学的校长是由俄联邦总统进行任命和罢免的，一些新成立的联邦大学的校长也是由俄罗斯联邦政府任命的。校长是学校的代表，既是国立大学的最高决策者，又是决策的最高执行者。校长在国立大学中起着关键性作用，按照学校章程的规定管理着学校的日常活动，领导学术委员会，制定学校办学活动的目标与原则。校长的职权包括：批准学校行政机关条例；聘任和解聘教师、科研人员、部门领导及其他工作人员；录取和开除学生；检查学校各个部门的工作；支配学校的财产和资金；签订合同委托书；在银行开设学校账户、组建校长办公室，颁布行政命令；批准学校基础设施建设；承担培养高技能人才的责任；遵守和履行联邦法律；领导和管理学校的教育、科研等各种活动。校长在职权范围内发布的命令和指示，学校所有教职员工和学生必须执行。校长负责制能够保障权力的统一和集中，明确权责利关系，保障大学政令统一，提高管理效率和效益，减少不必要的摩擦和内耗。

2. 学术委员会和其他委员会的职责

学术委员会是国立大学最高管理机关，《俄罗斯联邦高等和大学后职业教育法》第2款规定："对国立和市立高等教育结构的总体领导是通过选举代表机构即学术委员会实现的。"学术委员会对俄罗斯国立大学实行总领导，是俄罗斯国立大学的权力机构。学术委员会是被选举产生的。学术委

---

① федеральный Закон "О высшем и послевузовском профессиональном образовании" [Z]. 1996.

② Министерство образования и науки РФ. Федеральный закон об образовании в Российской федврации [Z]. 2013: 143.

员会的成员一般包括校长（学术委员会主席）、副校长（委员会常务委员）、系主任、教研室主任、行政机关负责人、教师和学生代表等。这些代表中，校长、副校长及学术秘书无需选举，可以直接加入学术委员会，其他成员一般需要经过教师代表大会通过无记名的方式投票产生。学术委员会任期为五年。学术委员会的职能主要包括：解决学校教学、科研、人事、财政、生产、企业活动等运行过程中遇到的问题；制定学校章程；设置、改组、取缔行政机关；批准系提交的教学计划和教学形式；批准学生开除、转学等事宜；提议和批准增设新专业或者停止新专业；批准科学研究计划；审核研究生（博士、副博士）学位论文题目。各高校学术委员会对毕业生资格评定工作享有绝对的权力，包括在教育标准的范围内，确定国家考试的内容与要求及开展毕业生职业资格评定工作；持续推进科研工作持续展开，帮助学校寻找科研合作伙伴。

俄罗斯国立大学普遍实施"教授治校"制度。学术委员会是最高权力机构。校长是学术委员会主席，但也要服从学术委员会的集体决议。在俄罗斯国立大学中，系和教研室都设有学术委员会。各级学术委员会在学校里各项事务的决策中起着重要的作用，这样才能保证以教授为代表的教师在学校决策中占据核心地位。一般情况下，研究生、博士生也可以参加教研室学术委员会教学和科研的讨论。这样也保证了学生对于学校决策的一定参与权，以此来提高大学治理的民主性和合法性。

除学术委员会外，学校全体大会也在学校管理中发挥重要作用。学校全体大会成员包括学校内部各个层面、各个方面人员的代表，能够体现出学校各个方面的利益和意愿，因此要求代表成员一定要具有明确的代表性。学校全体大会的代表成员一般由校学术委员会和系、教研室的学术委员会确定，其中校学术委员会成员不少于会议成员的50%。学校全体大会常规性会议一般由校学术委员会召集，一般每两年召开一次。当遇到特殊情况时，经过学校学术委员会三分之二人员同意，可以召集学校全体大会召开。学校代表大会的职责主要包括：审议并通过大学章程，审议并通过大学章程的修改和补充；组建和形成学校学术代表大会或终止学校学术委员会；选举校长或终止校长职务；批准学校集体决议；确定学校发展的方向；确定学校财产的分配和使用原则；学校运行的一些其他重要问题的审批。

学校全体大会不属于常设机构。平常大学是由选举产生的校务委员会实行总的领导，由校长直接管理。校务委员会每届任期五年。为了防止大学中进入任何政治组织和宗教组织，其中大学生和研究生代表不可以少于

25%。校务委员会的主要职责包括：审议并批准高校章程及其内部宪章；选举校长（根据俄罗斯教育法，校长可以由高校集体选择产生，也可以由政府任命产生）；审议学校经济和发展中的主要问题；等等。俄罗斯国立大学实行校长负责制，校长地位需要联邦政府确定。国立大学和地方大学实行校、系、教研室三级管理。

2013 年《俄罗斯联邦教育法》规定，国立大学还需要建立学校教育关系参与者争端协调委员会（Комиссия по урегулированию Споров между участниками образовательных отношений）以协调大学内部各种方面的关系，解决大学内部出现的各种争端和矛盾。该委员会一般由成年学生、未成年学生家长、学校教职工代表按照同样配比组成，负责协调、监督、解决大学中教师利益纷争、教育权的履行情况、大学章程的执行情况、学生处罚中产生的各种争端。学校教育关系参与者争端协调委员会的创建程序、运行规则、决策决议等要符合大学章程的相关规定。委员会做出的决策，学校所有相关者都要遵守，并保证在约定的时间内执行。

3. 大学章程的内容和作用

大学章程是国立大学从事教育活动必须具备的基本条件之一，是学校依法管理、依法监督、开展教育活动的依据，是国立大学内部治理走向法制化的一个重要方面。依法建章立制、按照章程自主管理成为俄罗斯国立大学内部治理体制改革的方向。大学章程根据法律制定，并经过全体教师大会讨论通过。《俄罗斯联邦高等和大学后职业教育法》第 12 条规定，大学章程是纲领性文件，学校的一切教育活动必须遵守大学章程的规定。《俄罗斯联邦教育法》第 13 条规定，学校章程必须包括：学校的名称、所在地（法人地址和通信地址）、办学层次、举办者、学校的法律组织形式；教育过程的目的、教育大纲的形式、官方通用语言、学校的招生制度、学制、学生开除制度、教育过程的评审制度、上课制度、有偿教育制度、学校与学生和学生家长关系的细则；学校财产的使用、保障学校办学活动的资金和物质技术基础、经营活动及其他能够带来收入的活动、禁止可能造成学校财产损失的各种交易活动（法律允许的除外）、学校依靠营利性活动所获得的财产分配制度、在银行开设账户；举办者的权限、学校管理机构的组成、职权和组织活动的制度、学校教职工的待遇、学校章程的修改制度、学校改组和取缔制度；教育过程参与者的权利与义务；细化学校办学活动的各项法规、命令清单；本学校的办学特色；等等。

国立大学的大学章程由联邦政府授权的联邦执行机关确定。隶属于联邦主体的教育机构的章程由联邦主体的执行机关确定。2013 年《俄罗斯联邦教育法》规定，高等学校要在学校章程的基础上运作，章程的制定必须符合联邦法律规定的程序。章程内容必须包括学校类型、创建者、所实施的教育大纲类别、教育层次、教育方向、管理结构及各方面权限等，特别要对学校内部组织机构的设置、权力分配、权力执行期限、责任、义务，以及决策主体的职责与权限等方面做出明确规定①。同时，为了保障大学章程具有执行力，根据法律的要求，国立大学必须要创造条件，让学校所有教职员工、学生、学生家长及各种利益相关者熟悉大学章程。大学章程要成为大学内部利益相关者的共同规范，推动大学内部各种关系的平衡发展。

大学章程在大学的治理体系中起着承上启下的作用，上承国家的法律法规，下启大学内部治理的各项制度，是国立大学各个主体行动的基本纲领和基本依据。

二、国立大学管理体制的结构及职能

国立大学一般实行校、系、教研室三级管理模式，由校长直接领导系主任和各职能部门。

（一）校级的领导结构和职能

1. 校级领导结构

在国立大学的校级管理体制中，大学章程起到法律依据的作用，规定着学校的性质、培养目标、机构设置和运行机制等，属于根本性的法律文件。国立大学校级管理体制，包括校长—院系主任—教研室主任的纵向行政管理结构和以校学术委员会—院系学术委员会—教研室学术委员会为主的纵向委员会制管理结构。校长领导体制是为了保持命令的统一性，保证学校组织的有效运行。委员会制的管理体制是为了保持决策的科学性、民主性。两种管理体制取长补短，共同构成了国立大学内部的决策层和领导层。

2. 校级的职能

目前学校的责任包括：制定学校发展战略，明确学校发展目标；对全校各个部门和主要工作人员进行考核；确定人员聘任和考核标准；对外代表学校和联邦政府或社会各界进行联络；组织学校的国际合作和交流工作；

---

① Министерство образования и науки РФ. Федеральный закон об образовании в Российской Федерации［Z］. 2013.

制定学校发展的资金预算；代表学校参与国家各项政策和计划的申请工作；等等。

3. 校级领导结构存在的问题

从俄罗斯国立大学的发展历程上分析，校级领导职权和以教研室为代表的基层领导职权之间一直存在着矛盾和冲突，最根本的原因在于职权的让渡和配置。在放权和民主化趋势下，基层组织希望得到更大的权力配额，而校级领导组织在联邦政府的支持下，也希望自身权力的增强。当前，俄罗斯国立大学领导结构中学校和底层的矛盾中，校级领导结构占有绝对的优势，这和俄罗斯长期以来中央集权制遗留下的历史传统有关，也和俄罗斯传统文化中国家中心主义密切联系。

在校级领导结构中，分权和集权中也存在着矛盾，校长和委员会在权力划分上也有冲突。但由于联邦中央对校长的认同，一般校长的权力要高于委员会的权力，因此这也容易造成集权现象的存在。

在集权和分权间如何寻找平衡点，是当前俄罗斯国立大学领导体制建构中不能忽略的问题。

（二）系的领导结构和职能

1. 系的领导结构

系是国立大学教学与科研的分支机构，系的领导结构主要包括系主任和系学术委员会。系学术委员会对系实施总领导。系主任是系的行政领导，负责系里的各项日常工作，并对系的工作承担全责。系主任是系学术委员会主席。系主任是以无记名的投票形式由学校学术委员会或系学术委员会选举产生的（确定后，校长与其签订劳动合同），直接管理系的工作。系学术委员会的建立规则、运行程序、人员构成等都由校学术委员会确定。系学术委员会的主要工作包括：批准系的工作计划；研究专业的教学计划；向校学术委员会提出补充和修改意见；决定专业的设立和撤销；选举系主任；向学校学术委员会推荐教授或教研室主任；审查教学法；向大学生科学和实践报告；制订专业教学计划和教学大纲；等等。俄罗斯国立大学的系一般规模比较大，因此管理的复杂性较大。为了更好地分工和合作，在系主任之下通常设有 1~3 名系副主任，分别负责系的教学、科研、学生和后勤工作。系管理结构模型见图 4-2。

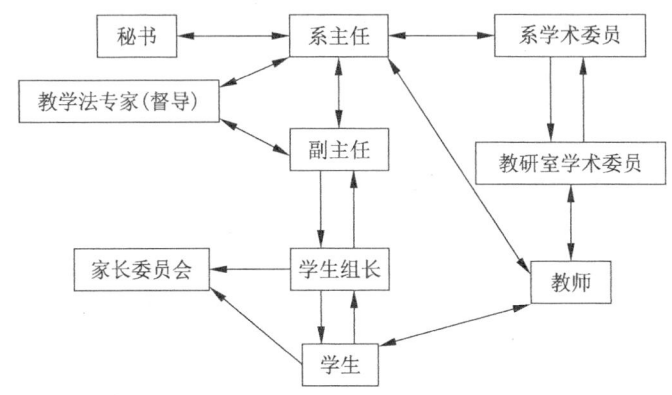

图 4-2 系管理结构模型

2. 系的职能

系的主要任务是按照俄罗斯国家教育标准培养学生，并领导教研室开展教学方法、科研工作和德育工作。

系对学生日常监督的权利和义务，包括学生对课程教学大纲的掌握、学习努力程度和坚定性、知识获取、课堂纪律遵守情况，以及独立工作才能等情况。日常监控有预警作用，它是以保证教学过程的最低有效性为目的的，督促学生提高学习积极性，并保证学生不被开除。

3. 系的领导结构中存在的问题

当前在系一层次中，系主任权力过大并存在权力过界现象，教研室主任和系主任在权力分配中的不均衡，是造成这种现象的主要原因。系学术委员会的权力得不到发挥也是主要问题。在校学术委员会和教研室学术委员会中间，如何发挥系学术委员会的作用是国立大学进行内部体制变革中要慎重考虑的问题。

（三）教研室的组成、管理体制、职权、特点和存在的问题

1. 教研室的历史变革

教研室是俄罗斯国立大学基层的教学科研组织机构。教研室在俄罗斯帝国的时候就以教研组的形式存在了，直到苏联的时候教研室才真正形成或制度化。苏联解体以后，在外部环境的变化下，教研室也发生了转型。从历史上看，教研组首先出现于 19 世纪上半叶俄罗斯帝国时期的莫斯科大学，当时的俄罗斯帝国对大学实施严格的管理，俄罗斯大学的自治程度远远低于欧洲其他国家，教研组一直没有得到更进一步的发展。直到 1863 年《大学章程》颁布，大学有了若干自治权，教研组的数目才大量增加并被给予较多机会开展科研活动，教师的名额增至一倍以上（167%）①。苏联时期，在建设新教育制度的过程中，高等教育得到迅速发展，教研组更改为教研室并在全苏国立大学中予以推行。教研室制度得到国家管理者的高度重视，并出台了一系列规章制度予以规范。1936年《关于高等学校的工作和领导的决定》规范了高校内部管理体制，实行以校长为首的一长负责制，建立起"校—系—教研室"三级科层管理体制，教研室被确立为高校教学和科研的基层单位。1961年和1981年，苏联先后两次发布《高等学校教研室条例》，规定了教研室的任务、性质、职能、结构、成立和取消的程序乃至具体的工作方法②。

苏联解体后，随着大学自主权的增大，教研室被赋予了更大的自主权，教研室的职能也越来越丰富。俄罗斯独立以后，苏联时期文、理和工、农、医、师范分离的状况，以及教学和科研分离的状况有了相当的改观，大学综合化趋向发展迅速，到20世纪末，不到10年的时间里俄罗斯已有91所综合性大学和800多所综合学院。大学在综合化过程中必然会扩大教研室的规模，莫斯科大学在20世纪90年代有290多个教研室。不仅教学和科研在教研室内得到综合，文理、工、农、医、师范等相关学科在教研室内也得到一定的综合。21世纪以来，俄罗斯大力发展教育与科研一体化、产学研一体化，努力促使大学进行横向一体化和纵向一体化发展，许多大学成为现代教学—科研创新的综合体③。不少大学将两个或三个教研室合并，相应地，教研室的职能也增加了。

2. 教研室的组成

俄罗斯国立大学教研室一般由教授、副教授、讲师、助教、高级研究员、初级研究员、实验员，以及研究生、进修生等构成。不同的教研室略有差异，教研室的编制、审核和更改由主管副校长审批。教研室在编制许可范围内选拔候选人，实行聘任制。教研室一般设教研室主任1人，在一些大的教研室中还会设置1~3人为副主任；为了教研室的常规管理，还会设置相应的行政办公室和秘书职务。教研室的人数并不固定，小的教研室有10人左右，大的教研室可以达到400人。教师的聘任一般在教研室进行，大学层次只负责制定相关的聘任标准。根据《俄罗斯教育法》《俄罗斯联邦高等和大学后职业教育法》《高等教育国家标准》等条例作为法律依据，教

① 王义高. 苏俄教育［M］. 长春：吉林教育出版社，2000：56.
② 汤智，李小年. 大学基层学术组织运行机制：国外模式及其借鉴［J］. 教育研究，2015（6）：136-144.
③ 刘淑华. 俄罗斯教育战略研究［M］. 杭州：浙江教育出版社，2013：227.

师的聘任期限一般为五年。

3. 教研室的管理体制

俄罗斯国立大学的教研室管理包括以教研室主任为首的行政体系和以教授为主的学术管理体系。

教研室由教研室学术委员会实施领导。教研室学术委员会的选举程序、委员会的建立、运行规范、人员构成、教研室职权由学校学术委员会确定。

教研室的日常行政工作主要由教研室主任负责。教研室主任由校学术委员会或系学术委员以无记名的方式通过选举产生。教研室主任选举产生后要和国立大学校长签订劳动合同。教研室主任在任期内根据大学章程行使相关职权。

教研室的工作以教学和科研为主,教研室行政管理的目的是服务于教学和科研工作。教研室管理的主要对象是教师,对不同年龄阶段、不同利益诉求的教师进行管理需要一定的管理方法。以莫斯科国立师范大学教育学教研室为例。首先,选拔优秀人员进入教师队伍。教师的聘任和考评主要在教研室进行,为了以后能够更好地工作,教研室尽量选拔优秀的研究生充实到教师队伍中,对于新进人员在教学、科研上有比较高的标准,这样可以提高教研室教师的整体素质,并能更好地开展工作。对于新进的青年教师,教研室会提供相对完善的指导,配备专门的导师指导青年教师的工作,教研室主任也会针对青年教师开展专项辅导,以便青年教师能够选择适合的科研方向,开展研究、发表论文、准备课程的相关辅导书籍。教研室会支持年轻教师参加学术群体,并派遣年轻教师到国外进修和学习。对于30~55周岁的中年骨干教师,教研室为他们准备定期的教研室学术讨论,鼓励他们参与到学校的决策中去,提高实践和管理能力,支持他们参加国内或国外的科研活动,推荐他们能够参与联邦或者州的各项决策,并协助相关的责任教授对外开展教学和科研工作;对于老年教师,为他们提供心理疏导,促进他们向督导和专家转型。在教研室主任下面设立督导和监督机构,对于专家型教师则可以延长他们的工作年限(15年或更长)。

在民主化和自主权扩大的背景下,教研室人员很多既是教研室学术委员会的成员又是学校学术委员会成员,以多重身份参与到学校和教研室的管理中,这无疑增加了教研室管理的复杂性。也因此,教研室主任在进行管理时,不能完全采取集权和专制的方式,更要注意发扬民主,创造和谐的团队合作氛围;要考虑专家教授的意见,并让专家教授和年轻的学者承担更多教研室事务,增加他们的责任意识。

4. 教研室的职能

苏联时期，教研室的主要任务是，高水平地组织和进行一门或几门学科的教学工作和教学法研究工作、学生的思想教育工作、本专业范围内的科学研究、教学干部的培养和业务进修等工作①。后三个方面主要是辅助教学工作。每一位教研室成员对个人分工的教学工作完全负责。俄罗斯独立后，在国家的引导下，科研职能从研究院转向大学，科研职能成为大学除教学之外的另一项重要工作任务。之后，俄罗斯出台了重点大学发展计划，构建出联邦重点大学体系，科研成为重要的评价指标，也强化了大学的科研职能。相应地，教研室在组织和开展科学研究方面起着越来越重要的作用。教研室的学术自主权不断增强。

（1）人员引进和考评权。根据大学章程的规定，教研室在教师引进、聘任、考核、评职、管理等方面具有决定权，包括教学和科研的自主权。这两方面自主权的扩大增强了教师的自主性和主动性，提高了教学和学术管理的效率和质量。

（2）学生招生的自主权。教研室在招生自费生时拥有决定权。

（3）对外交流合作的权力。参与国际科研项目的设计、交流合作也成为教研室科研活动的主要内容。特别是加入"博洛尼亚进程"后，在国家政策的推动下，教研室积极参与到与欧洲各项项目的合作交流中，包括积极参与欧洲科学技术计划及双边性科学计划，吸引国际财政支持，提供优惠政策吸引留学生及推动本教研室教师赴国外进修、交流和参加国际会议，教研室牵头邀请外国专家来进行讲学和访问。在对外进行科研合作中，教研室拥有自主签字的权力，不需要学校和系的同意。

（4）课程设置和教材选择权。教研室一般具有相对自由的课程设置和教材、教法的选择的自由。特别是在现代技术高速发展的情况下，为了跟上时代的要求，教研室鼓励教师采用新的教学技术，讲授新的现代实用性课程，提高教学水平，保障教学质量。在加入"博洛尼亚进程"后，俄罗斯国立大学的教研室还需要研究欧洲一体化进程中的人才评价标准，结合国家标准，制定自己的学生培养指标并相应地在课程设置、课程门类、教学时数、实践时数等方面进行改革，相应的教学计划、教学内容、教学设置和教学方法也要进行调整，以便使学生的培养指标符合国际标准，提高学生在国际劳动力市场上的竞争力。

---

① 上海外国语学院苏联研究所. 苏联高等教育文件选编［Z］. 上海：上海外语教育出版社，1986：71.

5. 教研室的特点

（1）稳定性和有序性。从教研室产生后的 200 多年历史来看，它一直是苏联包括俄罗斯大学特色的组织结构，一经形成没有经历过太大的改革风暴。组织形式稳定是教研室能够培养出优秀学生的基础，也是能够培养出高质量人才的保障。组织形式变化过于频繁，很难保障组织功能的稳定发挥，对教研室组织来说，时分时合、时撤时立，不利于工作的连续性和人员的稳定性，也很难保障工作任务的完成。一般的大学章程中都会对教研室的职责做相关的规定，如关于教学与科研的权利与义务、教研室运作的方法和管理要素等，这些使教研室在稳定和有序的状态下有效运行。

（2）教学性和科研性。在俄罗斯国立大学中，教研室既是最基本的教学组织，又是基层的科研组织。它所进行的所有活动都突出了其教学科研特性，这种特性是维持教研室属性和功能的重要条件。学生工作和行政工作一般由系进行组织和安排，这使教研室变成了一个纯粹的教科研组织，拓宽了教研室教学和科研的自由空间，更有利于教研室任务的明确性。就专业领域而言，教研室成员基本是相邻或相近学科的教师的集合体，他们很容易找到自己的教学、科研同伴，形成不同领域的教学和科研集群，形成合力，互相取长补短，联合攻关，提高教学科研能力和水平，更有利于取得更高的教学和学术成就。除科研性外，教学性是教研室的根本，教学性主要体现在人才培养的目标上。人才培养是多学科学术的组合，往往需要多个学科提供课程、协调多个部门的资源来完成人才培养的各环节的工作。教研室所具有的多学科群属性，正适合人才培养的多学科性。

（3）学术性与行政性。教研室作为俄罗斯国立大学的基层学术组织，首要的特征是依据学科来设置。教研室以课程（群）为主，是学科领域的重要表现形式，而且各国立大学在顺应国家研究型大学建设过程中，基层组织的设置向更加宽泛的口径演进，从单一教学职能转向学术职能和行政职能兼而有之，变成"以基层为主的学科和事业单位的矩阵"①。

6. 教研室发展中的问题

（1）人员断层和老龄化。受 20 世纪 90 年代教育经费紧缺的延续性影响，大量高水平、高素质的人才不愿意进入高等教育系统，报考研究生和立志从事教育事业的优秀人才锐减，甚至于师范院校的考生都不愿意进入

---

① ［美］伯顿·克拉克. 高等教育新论：多学科的研究［M］. 2 版. 王承绪，徐辉，等译. 杭州：浙江教育出版社，2001：125.

教师队伍，教师跳槽现象频繁，研究生毕业人数锐减，由于工资待遇过低，很多青年教师不得不从事本职工作以外的其他工作，不能专心于专业领域的深造和研究。教研室一方面表现为教师老龄化严重，另一方面表现为青年教师断层现象严重。这使教研室后继力量不足，发展动力不够。

（2）物资不足，设施陈旧。一些拥有久远历史的教研室实验教学设备陈旧、数量不足、配置非常低。而一些新教研室，由于经费配套不足，因而难以配备相应的设备，特别是随着计算机通信行业的快速发展，更新速度加快，导致设备更新率跟不上信息社会发展的速度，无法保障现代教学技术应用的需要。

（3）革新意识不足，科研人员紧缺。苏联时期俄罗斯采取的是科教分离的政策，即科学院等科研机构负责科研，国立大学的主要职责是教学。俄罗斯独立后，赋予了国立大学科研职能，也因此，教研室工作中的科研和教学成为主要的工作。但俄罗斯国立大学的教研室革新比较慢，具有革新意识和改革精神的年轻教师稀缺，老教师科研意识和科研能力不足，没有明确的科研方向，尤其是和现代技术发展密切相关的应用性课题研究实力不足。这些也是当前俄罗斯国立大学教研室发展中存在的问题。

（4）官僚习气严重。俄罗斯文化中蕴含着浓郁的集权思想和官僚主义意识，这种意识发展到国立大学的底层就表现为教研室主任个人的集权思想。当前俄罗斯国立大学的教研室主任一般由专业领域专家和学术水平较高的资深教授担任，学校和系把资源配备给教研室，由教研室主任负责教研室全部的教研、科研和教师招聘、学生招生等工作，教研室主任拥有较大的权力。虽然教研室主任是选举产生的，并有一定的任期，但这并不能避免教研室主任个人权力过大而监督约束机制不完善的情况。

（5）制度建构封闭。教研室制度也存在着明显的不足：教研室之间分工固定、相对封闭、缺乏沟通与合作，不利于跨学科体系的形成，影响学生的思维模式和视野，也不利于资源的共享；主要承担自上而下的教育教学功能，学术组织模式单一，教学与研究结合不够紧密。也正因为如此，俄罗斯正在努力实施创新型大学计划，推动国立大学教学科研的一体化，推动教研室的跨学科整合，构建更加完善的学术治理模式。

三、国立大学组织机构的变革

（一）国立大学组织机构的类型

当前，俄罗斯国立大学的机构体系主要由决策机构、咨询审议机构、执行机构及监督机构构成①。

原来的决策机构是校务委员会，现在更名为学术委员会；原来的咨询审议机构是学术委员会，现在由各专门委员会负责，执行机构由校、系和教研室三级管理机构负责，工会、校长委员会及监督检查机构构成了大学的监督反馈机构。俄罗斯国立大学管理机构设置比较简洁和明确，主要由校级领导、行政管理和后勤服务三部分构成。校级领导有校长和副校长，校长负责全校工作，副校长协助校长共同管理。比如常务副校长，协助校长的全部工作；教学副校长，主要负责学校的教学工作；有关学校科学研究方面的工作，由专门的科研副校长进行管理；有关学校国际交流和留学生的管理由外事副校长负责；总务副校长，负责学校后勤保障、规划建设和有偿服务工作。各副校长权力划分明确，有集中，有分解，能够实现管理工作高效率最优化。高校内部从事行政管理的部门主要有校长办公室、教务处、科研处、外事处、学生处、研究生处等部门。后勤服务部门是学校各工作得以顺利实施的重要保障机构，主要有财务计划处、器材处、生活服务处等。

2001 年俄罗斯出台的《俄罗斯联邦高等职业院校的标准条例》中规定，俄罗斯除分校的组织建立、命名和注销之外，可以建立自己的独立机构。俄罗斯国立大学下级机构除了系和教研室外还包括建立的分校和其他代表机关。这种下级分支机构不是独立的法人，属于国立大学在外地设立的附属单位。2001 年《俄罗斯联邦高等职业院校的标准条例》规定，高等学校的所有分支机构可以根据学术委员会的决定建立分支机构学术委员会，校学术委员会来确定分校学术委员会的建立、活动程序、成员及权力。与校级管理系统一样，大学分支机构学术委员会对相应的分支机构实施总的领导，高等院校的分支机构拥有相对的自主性和独立性，分支机构的自主权益与大学的自主权益一起组成了大学整体的自治组织系统。

（二）国立大学组织机构的网络化发展

俄联邦政府 2007 年 5 月 25 日第 921 号决议通过了《教育与科学监督署所属教育机构网状发展构想》，该决议规定，教育与科学监督署所属教育机

---

① 宋丽荣. 俄罗斯高校内部管理体制改革及其启示［J］. 西伯利亚研究，2008（4）：51-53.

构要建立网状分布的合理机制，使教育机构在横向及纵向上实现一体化。文件进一步明确指出，横向一体化是将相同水平的教育机构扩大，纵向一体化是指将不同水平的教育机构一体化。教育机构的纵横一体化设置无疑增加了大学机构设置的负责性。从历史上看，苏联时期的函授、夜大模式就属于大学纵向一体化的一种形式，后来这种机构逐渐从大学的一个部门或部门中的一个职能发展成为一系列实质性的行业大学，承担在统一教学计划基础上集中培养专门人才的任务，俄罗斯国立社会大学就属于这类行业性大学。其他的如莫斯科国立技术大学、农业大学、师范大学等都在不同城市设立了分校网络。这些大学拥有许多分校及代表处等分散的教育网状机构，这些分支教育机构都以总校的名义联合在一起，与总校在人才培养目标、组织设置、教学与方法上协调一致。随着电子通信产业的发展，远程教学模式开始涵盖大部分分校和教学点。这无疑提高了俄罗斯高等教育的开放性和普及度。

俄罗斯国立大学在纵向一体化和横向一体化的发展上已经取得了一些经验：莫斯科国立经济信息统计大学在分校建立起了地区教育中心；而波夫国立技术大学的教学计划在俄罗斯现代人文学院的教育机构网点实施，以使教育资源能够互补；还有奔萨国立技术大学、乌里扬诺夫国立技术大学与欧亚开放学院提出的合作教育计划。俄罗斯教育纵横一体化设置并不是机构的简单联合，而是根据优势互补的原则进行机构的整合，发挥新教育机构的整体优势，提高整体效益。

第四节　国立大学协同治理模式的建构

苏联解体后，随着自由主义观念的深入人心，人们的公共参与意识与公共责任感不断被唤醒。国立大学内部强调民主化、分权化，并通过一系列制度设计保障各个利益主体参与决策的权力，力图使每个群体都有表达意愿的畅通渠道。其主要特征是参与国立大学决策的主体范围扩大了，决策主体呈现出分散化的态势。

一、教师成为国立大学治理体系中的重要主体

教师是国立大学的主要成员，也是参与现代大学协同治理的重要主体。2000 年俄罗斯联邦通过的《俄罗斯联邦 2025 年前国家教育论纲》中提出，

"创造条件不断提高教育领域教师和其他工作者的威望和社会地位"①。2004年8月《俄罗斯联邦教育法》第55条中提出，"俄罗斯教育系统工作者有权参与学校管理，有权保护自己的职业荣誉和职业尊严"。在新的治理模式中，教师在决策中扮演着重要的角色，他们能够更积极地参与教师职位候选人的选拔。他们也成为运行教育项目、设计课程体系、选拔胜任教师等重要决策的理事会成员②。2013年新修订的《俄罗斯联邦教育法》中重点强调了教师的作用："俄罗斯承认大学教师在社会发展中的独特地位，并且创造条件保证其实施职业活动。"③

根据法律规定，国立大学教师拥有致力于专业和学科的自由，教师可以根据国家教育标准的规定，自行确定所教授课程的内容，根据自己的理解进行学科教学，选择教学形式、教学方法、教学手段，自由选择研究课题，自行进行科学研究，同时享有各种资源、技术、服务等条件支持。

在教学与科研职能统一的情况下，国立大学教师作为科研的实施主体，也开始参与到国立大学的内部治理体系中，对大学的一些重要的问题拥有一定的决策权。他们既是校学术委员会的代表，"有权按照规定程序参加学校学术委员会的选举和被选举活动；有权对学校章程草案提出建议；参与讨论和决定有关高等学校运行问题，包括通过管理机构和社会组织参与讨论和决定这些问题；参与解决学校利益相关者教育关系争端；有权参与社会职业组织；有权保障职业尊严和职业声誉，在教师职业声誉遭受破坏时，有权维护客观公正的评判"④。

二、学生有了学校事务参与权

在国立大学的治理体系变革中，学生的权力开始从无到有地发展起来。《俄罗斯联邦教育法》《俄罗斯联邦高等和大学后职业教育法》及2012年《俄罗斯联邦高等职业教育机构（高等院校）标准条例》等相关教育方面的法律法规都明确规定了学生对学校事务的参与权、知情权和监督权。《俄罗

① Министерство образования и наука РФ. Национальная доктрина образования в Российской Федерации до 2025года［R］. 2000-10-19.

② ［俄］Yaroslav kuzminov Maria Yudkevich. 横向学术治理与纵向行政约束的博弈：俄罗斯大学治理模式变革案例分析［J］. 韩梦洁，译. 中国高教研究，2016（5）：73-76.

③ Министерство образования и науки РФ. Федеральный закон об образовании в Российской Федерации［Z］. 2013：142.

④ Министерство образования и науки РФ. Федеральный закон об образовании в Российской Федерации［Z］. 2013：143.

斯联邦高等和大学后职业教育法》第16条规定，学生可以在遵守高等职业教育国家标准的条件下，参与制订自己所受教育的内容；在国立大学免费使用图书馆、信息库、教学辅助设备、医疗和高等学校的其他设施。学生有选择科研课题进行研究的权力；可以根据兴趣和需求获取知识、选修课程、参与学校的权力部门等。学生是学校全体代表大会的重要组成部分，参与选举学校学术委员会成员；参与讨论和决定高等学校运行的最重要问题，包括借助社会组织和高等学校管理机构参与讨论和决定这些问题；熟悉学校章程、许可证、国家鉴定材料，以及学校的其他证明材料；参与按照国家法律创建的社会组织和职业协会，创建学生社会组织；按照联邦法律规定的程序对高等学校的行政命令及其指令提出上诉；等等①。

三、社会主体成为大学治理体系中的重要组成部分

1996年修改后的《俄罗斯联邦教育法》第1章第2条中"教育管理的国家—社会性质"，强调在教育领域中国家与社会的互动，建构国家控制和社会监督的新型管理模式。俄罗斯高等教育治理变革的一个重大方面是扩大社会参与，发挥社会监督作用，加速形成国家—社会高等教育治理模式。

2012年《俄罗斯联邦2013—2020教育发展规划纲要》指出，俄罗斯教育现代化的制度优势是教育更加开放。教育的现代质量和灵活性只有通过包括学生、家庭、企业主在内的利益相关者积极参与方能达成②。此前，企业一般不会参与大学课程的设计，但现在这种情况发生了改变，企业代表是大学代表大会的一部分，企业代表被邀请参与大学的课程及考试内容设计，或者去做相关内容的讲座。有些大学取代公司的技术部门成为企业人力资源和技术的提供者，而企业负责提供给大学相应的资金，甚至有些大型企业把大学内化为企业组织中的一部分。由于对学生能力的评价涉及诸多领域，因此各大学还积极聘请企业雇主及与教学相关的人员参与其中。以圣彼得堡大学为例，该大学除了教研室教师之外，学院教务科、宿舍管理人员、体育场馆指导教师、大学生社团组织负责人、企业雇主等都可以参与评价。利万诺夫说："俄罗斯教科部今后将保持开放，准备与社会开展对话。2014年，更将积极引入社会团体对大学教师教学和学生学习状况实

---

① Министерство образования и науки РФ. Федеральный закон об образовании в Российской Федерации [Z]. 2013：102-122.

② Министерство образования и науки РФ. Государственная Программа РФ "Развитие образования" на 2013-2020 [R]. Москва：министерство образования и науки РФ, 2012：18.

施评价。"① 这并没有引起大学的反感，因为这不仅能够解决大学的资金紧张问题，而且能够为毕业生提供出路，也提升了大学的声望，还能够获得政府的税收优惠。

为了便于与企业进行沟通和联系，俄罗斯所有的国立大学都建立起特别董事会，用以进行大学与企业之间的沟通和交流。教育与科学部长福森科的一个主要观点是：教育系统不能是"它自己的事情"，高等教育和中等学校必须与公民社会的形成一块考虑，职业教育尤其要考虑用人单位的要求，商业代表有必要在决定课程与质量评估方面发出声音。企业主、公司及其授权的组织有权对高等学校职业教育大纲进行认证，企业家协会参与教育质量相关事宜，如职业标准的确定、课程和培训过程的评价等。《2013年教育法》第89条再次确定俄罗斯教育管理的国家—社会性质，教育的基本原则是民主性、教育机构自治、教育系统的信息开放和社会舆论关切。

对于国立大学来说，社会的主要作用是：对国家高等教育管理机构的活动实施总监督；对划拨到不同层级教育预算的纳税人资金的有效使用情况进行监督；对毕业生培养质量进行监督；对教育服务市场主体遵守法律条文的情况进行监督；等等。保障代表公众意志及利益的社会代表，包括企业主、社会团体、教育共同体、民众等进入高等教育治理结构，参与大学重要事务决策。

社会广泛参与大学事务，反映出教育系统向社会的开放程度及社会向教育系统开放的质量，反映消费者对涉及自身利益事务决策的参与程度②。

第五节　国立大学内部治理情况的微观透视

一、莫斯科国立大学的内部治理体系

（一）莫斯科国立大学概况

俄罗斯莫斯科国立大学原名莫斯科罗蒙诺索夫国立大学（московский государственный университет имени М. В. Ломоносов，МГУ），简称莫斯科大学，是俄罗斯联邦规模最大、历史最悠久的综合性国立大学。莫斯科国

---

① О публичных планах деятельности федеральных органов исполнительной власти［J］. Вестник высшей школы，2013（7）：4-5.

② Министерство образования и науки РФ. Государственная Программа РФ "Развитие образования" на 2013-2020［R］. Москва：министерство образования и науки РФ，2012：18.

立大学是俄罗斯"最古老、最重要的国立大学之一，对俄罗斯社会的发展与进步有着重大意义"。

莫斯科大学建立于 1755 年，由教育家 M. B. 罗蒙诺索夫倡议并创办，至今已有 250 多年的历史。莫斯科大学不但是全俄罗斯联邦最大的大学和学术中心，也是全世界最大和最著名的高等学府之一。莫斯科大学在俄罗斯联邦具有特殊地位，它是俄罗斯独立的有自治权的大学，有 13 名诺贝尔奖获得者、6 名菲尔兹奖获得者。截止到 2017 年，莫斯科大学共设有力学—数学、计算数学与控制论、物理、化学、生物、土壤、地质、地理、历史、语文、哲学、经济、法律、新闻、心理学等 23 个系，50 多个专业，15 个教学和学术中心，11 个科学研究所，180 个研究生专业方向。学生 3 万名左右，包括来自 100 多个国家的留学生。学校拥有核物理、天文、力学、人类学 4 个研究所，4 个天文台，自然地理、动物学、人类学 3 个博物馆，1 个面积近 50 公顷的植物园，还有各种科研机构和实验室，以及广场、运动场、体育馆、剧场、大礼堂等，总占地面积 320 公顷。学校最初设法律、医学和哲学 3 系，后增设数学—物理系，并将哲学系扩充为历史—语文系，附设有 2 所文科中学、1 所师范学堂和 1 家印刷社。莫斯科大学现今有 4300 名教授和教师，4800 名研究员，其中 7800 人拥有博士学位，167 人为俄罗斯科学院院士①。

现任校长是维克多·安东诺维奇·萨多夫尼奇。莫斯科大学校长的级别相当于俄罗斯联邦国家教育部部长。莫斯科大学分为两大科系：文科系包括经济学、社会学、历史、文学、艺术、外语、法律学、新闻、俄语、哲学等专业；理科系包括计算机、医学、数学—力学、化学、物理、生物、地质、土壤、心理学、建筑学等专业。在莫斯科大学，系的规模很大，如力学数学系拥有近 350 名教授、副教授、助教和工作人员，近 2500 名本科生、研究生；计算数学与控制理论系现有 250 多位教授和教师，其中 80 位国家博士、8 位俄罗斯科学院院士和 10 位通讯院士；物理学系有 35 个教研室，组成 6 个专业大组，本科生 2300 人，研究生 400 人，教师 827 人（包括 79 位兼职），其中国家博士 258 人、普通博士 485 人；新闻系有教授 21 人，副教授 65 人，教员及其他工作人员 121 人，在系学习的俄罗斯学生近 2200 人，外国留学生约 100 人，进修生 12 人，博士研究生 26 人等②。

---

① 莫斯科国立大学网站［EB/OL］. http：//www.msu.ru/en/admissions/.
② 莫斯科国立大学网站［EB/OL］. http：//www.msu.ru/en/admissions/.

近年来，随着俄罗斯联邦政府重点大学发展计划的推行，莫斯科大学的实力日益增长，在世界大学声誉排名（泰晤士版）中 2017 年排在 30 位，世界大学学术排名（上海交大版）中 2017 年排在 97 位，2017 年 QS 金砖大学排行榜位列第五。

（二）莫斯科国立大学内部治理体制

莫斯科国立大学内部治理体制建构的依据来源于大学章程的规定。最早的大学章程起源于 1804 年 11 月俄罗斯沙皇亚历山大一世签署的《莫斯科帝国大学章程》，其中确立了大学传播科学文化知识的职责，给予其国家最高优待的地位，确立了以校长为董事会主席的董事管理制度并建立校长选举制度，这为莫斯科大学以后的内部治理体制的建立奠定了基础。根据章程的规定，莫斯科大学内部管理活动需要符合联邦法律和大学征程的规定，学校管理坚持校长负责和集体领导相结合的原则，同时保障师生能够参与学校重大决策。

根据 2008 年 3 月《俄罗斯国立莫斯科大学章程》的规定，莫斯科国立大学的最高权力机构是学校代表大会，学校代表大会组成人员包括系（科研院）学术委员会和学校学术委员会的代表、学生代表、其他机构的工作人员。为了保障学校管理的民主性，校学术委员会成员不能超过大会总人数的 50%。学校代表大会每年召开一次。当遇到学校发展问题需要集体决议的时候，校长和学术委员会可以临时召集非例行会议。学校代表大会的职权包括审议和修改学校章程、听取校长有关学校重大发展问题的汇报、选举校学术委员会委员、校学术委员会提请审议的其他事项等。

学校代表大会选举校学术委员会委员，校学术委员会属于常设组织，负责全面把握学校的教育教学和科研等活动。校学术委员会每 5 年选举一次。校长是校学术委员会主席。校长、副校长、校监是校学术委员会的常设成员，除此外，学术委员会中还包括学校各机构的代表和学生代表、系主任，以及一些由校长提名、学校主要机构和部门提议、校学术委员会批准的特殊人员。原则上校学术委员会人数不得超过 140 人，每两个月至少召开一次会议。校学术委员会会议实行多数制原则。如果一半或以上的委员出席委员会会议，则委员会的决议经学术委员会主席签署后即刻生效。

莫斯科国立大学校长由俄罗斯联邦总统任命，直接领导和管理学校的具体事务。2009 年，时任俄罗斯总统的梅德韦杰夫签署《大学法》，一方面，赋予了莫斯科大学和圣彼得堡大学独立颁发印有俄罗斯国徽的毕业证书的特殊权力；另一方面，取消了这两所大学的校长选举制，实行任命制。

如此一来，实行了两个世纪的校长选举制被废除。莫斯科校长的任免权归俄罗斯联邦总统，校长一般任期为 5 年，但可以连任。

系、科研院是学校的基本教学和科研单位，其内部分别设立教研室、实验室、工作处及其他教科研部门或辅助性部门。系（科研院）的最高权力机构是系（科研院）学术委员会。系主任（院长）领导和管理本系的教学、科研、行政、财政、国际交流等具体事务。系主任由校学术委员会不记名投票选举，任期为 5 年。科研院院长由院学术委员会不记名投票选举产生，校长根据校、院学术委员会的投票结果签署任命书①。

莫斯科国立大学的教师选聘是建立在竞争的基础上的，学校确定招聘条件，对应聘的人员进行职业技能和专业素养方面的鉴定，并与选聘的合格人员签订劳动合同。劳动合同分为定期和不定期两种，以此来保障教师的研究和教学自由。在莫斯科大学，系主任、教研室主任、院长及院属实验室主任等具有行政职务的教学管理人员并不参与竞聘，而是由学校行政机构在职权范围内负责任免。莫斯科大学教师等人员拥有校学术委员会和院系、教研室学术委员会的选举权和被选举权；有权向高一级管理机关申诉学校、院系、教研室管理机构的决议；有权自主开展各项教学、科研活动和其他科学研究；有权自主选择教学、研究内容和方向，确定方法和手段；有权无偿使用学校图书、影像等学术资源；等等。

对于学生主体，根据莫斯科大学章程，学生拥有参加校务委员会代表选举和被选举的权利；拥有参加校学术委员会代表选举和被选举的权利；拥有享受大学教学设施和各项资源服务的权利；拥有符合条件即可获得奖助学金的权利，若本校的公费生名额有空缺，成绩各方面表现优秀的自费生可以申请转为公费生；等等。

（三）莫斯科国立大学治理体制改革的特点

1. 国家干预增强

根据 2012 年 1 月政府批准的莫斯科大学章程修改方案，莫斯科大学每年都要制定相应的财政预算报给国家教育与科学部批准，学校的财政活动要严格遵照教育与科学部批准的财政方案，即便是学校创收活动获得的资金也被纳入财政方案。国有资产管理局根据联邦法律可以审核学校参与的商业性和非商业性行动，审核学校为其他组织提供资金的行为。莫斯科大学的动产和不动产及创收性活动受到联邦政府的严格控制，学校要定期向

---

① 邵海昆．《国立莫斯科大学章程》的内容及其分析［J］清华大学教育研究，2015，36（1）：82-87．

联邦执行机关汇报资金使用情况，没有国有资产管理局的批准不能擅自处理学校的资产。学校可以对不动产进行租赁，但必须要经过国有资产管理局的批准。

根据莫斯科大学章程，校代表大会有权制定和修改学校章程。但在2012年俄罗斯联邦政府最新文件中，莫斯科大学学校代表会议制定和修改的学校章程必须要经过联邦政府的批准才能生效，况且联邦政府有权独立修改学校章程。

国家控制的加强还表现为：校学术委员会选举校监，但联邦政府有权推荐校监候选人并与校监签订劳动合同。

2. 校长权力扩大

当前莫斯科大学的内部调整中，主要特点是突出校长权力的扩大。首先，莫斯科大学章程中废除了学校大会选举校长制，校长不需要直接对学校代表大会负责，因此学校对校长的控制减弱，校长决策的自由度增加。其次，根据大学章程的规定，校长可以任命副校长、校学术委员会秘书、图书馆馆长等学校相关机构的领导者。校长对学校机构的领导由提名权改为任命权，无疑增强了校长的人事控制权。以往向政府建议重组学校的职权归校学术委员会所有，但最新的莫斯科大学章程中，改为"审议大学校长关于学校重组的建议"，也就是把学校重组的权力由校学术委员会的职权改为校长的职权。这既加强了校长和政府之间的联系，也扩大了校长在学校事务中的话语权。校长权力扩大还表现为：系（科研院）的建立和撤销由校学术委员会批准，改为需要经校长同意；废止系主任（科研院）院长原有的确定本部门人员编制的权力，学校人员编制需要由校长审批，系主任的选举办法需要由校长批准；除系主任、教研室主任、科研院院长、院属实验室主任等以外，学校其他组织和机构的负责人均由校长任免；等等。

二、克麦罗沃国立大学的内部治理体系

（一）克麦罗沃国立大学概况

克麦罗沃国立大学组建于1974年，是一所年轻的综合性大学。现在国立克麦罗沃大学是西西伯利亚地区规模最大的国立大学之一。学校有20个系，70个教研室，另外有5所分校，有全日制、函授、夜校等各类学生2万余人。学校有一支高学历的教师队伍，共有900教师。其中，有35名联邦科学院和其他科学院的院士和通讯院士，80名科学博士、教授，380名科学

副博士、副教授，17 名工作人员具有功勋工作人员称号。目前学校已设置了 93 个本科、硕士专业，有 7 个专业具有博士学位授予权。

　　大学的前任校长伊琳娜·阿尔伯托夫娜·斯维里多娃具有学者、官员的双重身份，且是地方的重要官员。伊琳娜·阿尔伯托夫娜·斯维里多娃曾任克麦罗沃州主管科学与教育事务的副州长。同时斯维里多娃又是医学博士，现任克麦罗沃国立大学社会心理系教授、社会医学与生命安全教研室主任，俄罗斯自然科学院通讯院士①。克麦罗沃国立大学的这种情况与当今俄罗斯许多其他大学一样。

　　（二）校长的工作

　　1. 专业和学科的重新布局

　　近年来，俄罗斯政府正在推行高等教育的深化改革，改革的重要方式之一就是通过设置各种标准对大学进行分类，如联邦大学、研究型大学等。这是俄罗斯大学进行重新布局和洗牌的过程。改革的结果决定着大学在高等教育体系中所处的位置和所能获得的资源和发展空间。在这种情况下，克麦罗沃这样相对年轻的地方大学必须要紧跟政府政策的步伐，否则就会处于落后的状况。

　　克麦罗沃州将斯维里多娃从州政府官员推选为克麦罗沃大学的校长的目的就是能够将州和大学联系起来，尽全力巩固克麦罗沃国立大学在俄罗斯高等教育体系中的位置。

　　斯维里多娃校长工作的第一项重要任务就是确保克麦罗沃国立大学的发展不会落后于其他国立大学。为此，她上任初始就根据"博洛尼亚进程"的要求改变了学校的学生培养体系，积极研究并采用第三代国家标准，具体包括：对学校的专业进行调整，按照新的国家标准重新设计培养目标和教学计划，增加本科和硕士专业课程，研究与国家标准相适应的教学方法体系，组织教师进行培训，提高教师教学技能，开展网络教学，积极利用网络资源，等等。

　　2. 积极争取科研项目

　　根据俄罗斯国家对大学的要求，校长积极推动学校科研工作的开展，通过各种关系为学校科研经费。2007 年，克麦罗沃大学的科研经费为 5000 多万卢布。2011 年，学校争取到的科研经费达到 1.091 亿卢布，增加近一

---

① 凡宝轩，徐洪征，谢飞. 俄罗斯大学女校长［M］. 北京：中国传媒大学出版社，2014：37-54.

倍①。学校获得了诸如教育部的"高校科研潜力发展"项目、"2007—2013年俄罗斯科技整体优先发展方向研究"联邦项目等课题。另外，学校也获得了许多地方资助。为了获取种种资源、项目，校长经常赴莫斯科出差。

3. 力保学校生源

近年来俄罗斯少子化趋势不断增强，大学面临着生源不足的压力。相对于俄罗斯国内那些久享盛名的综合性大学，克麦罗沃国立大学这样的地方大学面临的压力就很大。为了缓解生源紧张的情况，克麦罗沃国立大学积极和中学进行合作和交流，通过开展讲座和组织老师向中学生授课等方式宣传学校。通过组织中学学科竞赛的方式增加大学的影响力，并对报考的中学生提供学费和福利方面的优惠。

除了吸引生源之外，校长还努力到政府部门争取更多的招生指标，以扩大学校的生源数量。

4. 把握人才培养方向

人才培养是学校的核心，为了提高克麦罗沃国立大学人才培养的质量，校长带领学校各个部门的领导深入市场和企业，了解他们的人才需求，从而制定新的人才培养规划。克麦罗沃人才培养的模式主要取决于三个方面，一是俄罗斯社会发展的需要；二是加入"博洛尼亚进程"后国际上人才培养的共性需求；三是地区人才需求状况。现在克麦罗沃人才培养已经跳脱了完的职业训练模式，开始根据上述需要培养具有综合素养的综合型人才。为此，学校每年从经费中拨出 1900 万卢布用于举办大众活动和文化、保健、体育活动；开展二学历课程使学生成为宽口径的复合型人才；积极与企业部门合作，聘请企业专家给学生讲授实用性课程等。

5. 校企合作和对外合作

2009 年开始，俄罗斯允许大学和科研院创办小规模知识密集型企业。为此，克麦罗沃国立大学积极做出反应。至 2012 年克麦罗沃国立大学已有 20 家附属企业完成注册。2010 年克麦罗沃国立大学组建了科技创新综合体；2012 年在这个机构的基础上学校又设立了创新管理处，并启动了青年商业孵化器项目。从克麦罗沃国立大学的发展趋向看，目前大学已经改变了过去封闭的状况，开始积极与社会中各种不同的组织进行交流合作，并把这些企业变成学校发展中不可缺少的资源。

除了俄罗斯企业之外，克麦罗沃国立大学还积极进行国际交流与合作，

---

① 凡宝轩，徐洪征，谢飞. 俄罗斯大学女校长［M］. 北京：中国传媒大学出版社，2014：37-54.

目前已经与德国、法国、比利时、荷兰、芬兰等国的多所大学签订了合作协议。大学采用联合培养和推选优秀公费生等活动派遣学生出国留学，同时也创造积极的条件吸引留学生到克麦罗沃进行学习。

小　结

与欧美国家不同，俄罗斯国立大学真正具有自主权并成为独立的法人是从 20 世纪 80 年代末 90 年代初开始的。国家政治形势复杂、经济衰退、国家经费投入减少导致俄罗斯国立大学面临严重的生存危机。但相应地，大学因此有了更多的机会和社会联系，并取得了较多的自主权。2000 年普京执政后，重新强调国家对大学的责任，在增加国家对大学经费投入的同时，也增强了对大学的控制力。从治理体系变革的特点上看，俄罗斯国立大学的内部治理的变革和外部治理变革密切相关，是外部治理机制在大学内部的延伸。外部治理变革更深远的意义在于促进了俄罗斯大学内部治理方式、组织结构和人才培养范式的深刻变革。

处于社会全面转型期的俄罗斯国立大学，教育自主权在政府和大学之间明显倾向于后者。分权化、市场化及自主权扩大在国立大学的实践取向中非常明显。在政府与大学的关系中，权力位移正在从政府一边转向大学一边。大学受政府控制和管理的情况正在发生改变。

完善法律框架、强调法律的作用，是俄罗斯国立大学发展的制度保障。俄罗斯国立大学的发展都是在国家政策引导下进行的。俄罗斯联邦政府修订了一系列法律法规，为国立大学科研活动和社会活动提供制度保障。

新时期，俄罗斯国立大学的自治权力明显增强，大学在教学、科研、行政与财政方面享有比以往要多的自主权。在教学自主权层面上，大学在课程的设置与选择、培养方案的确定、授课计划的安排、教学内容的选择、教学方法的运用、教学过程的组织等方面的自主权更大。虽然为了保障教育质量，大学要保证这些方面都要符合国家教育标准，通过国家鉴定和认证的程序，但在一定程度上，政府在课程、教学等方面的直接控制还是减少了，大学、院系和教师的选择权力增加了；在行政自主权方面，国立大学逐渐掌握了教职人员的竞聘、解聘的权力，可以自行确定机构类型和职能，决定人员配置和组织。从国立大学的内部治理体系上看，校长和学术委员会一起对大学进行管理。校长、主席、副校长、系主任、教研室主任等对校—系—教研室进行从宏观到微观的行政管理；校学术委员会—系学术委员会—教研室学术委员组成国立大学从宏观到微观的集体管理体制。校学术委员会、系学术委员会、教研室学术委员会是校、系、教研室各级的自主管理机构。各系和教研室可以在大学章程许可的范围内，在自己的职权范围内拥有教学、科研、人事方面的自主权。

近几年来，由于在大学的内外考评体系中学术指标的比重越来越大，因此学术权力在国立大学治理体系中的地位明显上升。在国立大学治理过程中出现的矛盾和冲突中，以学术权和行政权的冲突最为激烈。其显著的特点是以教授为代表的学术委员会和以校长为代表的行政管理机构的冲突。如何化解二者之间的矛盾，发挥委员会领导下的校长负责制的优势，是未来俄罗斯国立大学内部治理体制变革中需要面对的问题。

结 语

走过了两个多世纪的俄罗斯国立大学有深厚的历史积淀和独特的民族色彩，国立大学代表着俄罗斯高等教育的最高水平，体现着俄罗斯民族特殊的文化意识。然而，社会转型和非国立大学的发展给俄罗斯国立大学带来了诸多的挑战，在传统和现代、继承和创新、依附与独立之间找到平衡点，成为当前俄罗斯国立大学发展中的迫切任务。顺应俄罗斯社会发展趋势和世界高等教育改革潮流，俄罗斯国立大学必然要走成为独立法人和具有独立意识的社会主体的道路，这一过程能不能顺利进行取决于国立大学治理体系变革的广度和深度。无论是外部环境的要求，还是内部自治的需要，外、内部治理问题都是俄罗斯国立大学将要必须面对的问题。

一、俄罗斯国立大学外部治理变革的基本特征

（一）国家主义——俄罗斯国立大学外部治理变革的中心思想

国家主义、强国思想使俄罗斯在历史发展上进行了一次又一次的变革和转型。超越西方、实现国家的现代化、使俄罗斯立于世界先进民族之林是贯穿俄罗斯历史的一条红线[①]。俄罗斯历史上的每一次社会转型都伴随着教育尤其是高等教育的转型。高等教育成功则代表着社会转型的成功，反之，当社会转型出现问题时，在教育领域中就会出现发展上的阻碍。大学成功就意味着国家可以在世界经济、文化竞争中立于不败之地。因此，全世界的政府都在积极涉入大学事务，努力通过外部治理方式的调整来影响大学的内部治理。

发生学的理论告诉我们，任何形态的个体最初的形态对它后来的发展都起着模板和参照系的作用。俄罗斯国立大学属于上层权力直接降生的模式，国立大学产生的目的是巩固国家政权、实现俄罗斯富强的梦想。国立大学的这种诞生模式就规制了国立大学与政府的关系导向。国立大学的目的就是培养俄罗斯国家发展中所需要的人才，就是为了服务国家。大学自治权利是由国家所赋予的，是国家外部治理方式的一种表现形式，当然国家可以赋予国立大学自治权，也可以收回。俄罗斯历史上国立大学被三次赋予自治权又三次收回，就说明国立大学自治的边界是由国家所设定的。从二者的权利划分角度看，俄罗斯国立大学始终处于弱势的地位。

从俄罗斯国立大学的发展历史上看，国立大学与政府的关系表现为政治中心的范式形式，即大学外部治理的"国家主义"。这表现为国家对国立

---

① 李静杰. 俄罗斯的现代化之路：传统和现代的结合 [J]. 俄罗斯学刊，2011（1）：5-10.

大学如何治理，采用何种方式，设定多少边界，既取决于政治、经济、社会的各个领域所提供的制度环境，也取决于社会主流文化、价值观念、意识形态、民族传统等为主的文化环境。这种治理模式使国立大学的改革能保持高效地实现各种目标，但同时也使国立大学的运行中呈现出僵化的特征。正是在国家积极干涉和引导下，俄罗斯国立大学才能在相对较短的时间内取得了显著成果。

政府控制模式在苏联时期最为显著，在国家政策的积极引导下，国立大学迅猛发展，为苏联成为世界超级大国提供了人力和智力支持，为苏联赢得了世界声誉。但也应该看到，这种治理模式下，政府成为主导国立大学建设与发展的唯一力量，大学不可避免地成为政府的附属机构。无论在管理模式还是思想意识、价值观念上，大学与国家都紧密地连接在一起。国家管理一切，大学缺乏独立的意识和能力，更谈不上独立的法人地位和身份。

20世纪90年代初，苏联解体，俄罗斯独立，社会转型带来了国家治理模式的根本性转变。在最初的十年里，政府把自治权还给国立大学，赋予国立大学独立的法人地位和身份，使大学拥有了教学自主权、科研自主权、行政自主权和财政自主权。国立大学可以作为独立的社会主体在市场中参与经费的筹集，可以进行有偿教育服务，可以和企业进行经营性商业活动，可以独立地成立自己的企业。这种治理方式变革的原因是复杂的：一是受到西方所谓自由、民主观念的影响；二是俄罗斯市场经济体制的建立，政府压缩职能界限的结果；三是由于俄罗斯经济形势严峻，无法向国立大学提供足够其发展的资金，不得不对国立大学进行放权，使其能够通过多种手段筹集发展所需的经费。这种情况一方面使国立大学自主意识增强，另一方面也重新确立了政府与国立大学的治理关系。

普京执政后，政府采取各种手段增加了对国立大学的影响和控制，强调国家对大学的责任，采取一系列方法引导大学发展符合国家的政策目标。总体来看，在国家与国立大学的互动中，作为国家代理人的政府始终处于主导地位，政府对国立大学进行治理的边界，总是随着政府职能的扩展和收缩而变化。对于国立大学来说，国家主义治理方式仍然是事实的反映，在外部治理体系中依然强调国家的主导力量。尽管俄罗斯在各种法律上都允许个人和社会参与创办教育机构，但是对于国立大学来说，政府依然是国立大学各项活动的发起者和倡导者，政府对国立大学的控制方式虽然发生了改变，但控制的力度仍然不小。

从当代俄罗斯发展的现状来看，政府保护下的国立大学的自治是脆弱的。俄罗斯高等教育改革的一个经常性的现象就是"自上而下"的强制性的治理模式。俄罗斯历史上溢满了"国家主义"的文化传统，在俄罗斯民族的意识中国家及其权力是最重要的存在。这一精神层面的传统已经"内化"到俄罗斯社会中的各个领域。国家是改革的缔造者和主体，已经成为俄罗斯社会中的共识。千百年来，俄罗斯人形成了国家主义的价值观念，这种观念根深蒂固。俄罗斯国立大学所取得的成就在于国家的积极干预，但弊端也在于国家的过多干预。这种治理范式实质上还是计划经济控制的方法，包含着专制主义的特征。在治理关系中，政府的过分强大消解了大学自治和自由的权力，但同时也为国立大学提供了国家层面的保障和庇护。另外也应该看到，国家的过度保护使俄罗斯国立大学的抗风险能力较弱，缺乏竞争和危机意识，无论在体制上还是在资源上都过多地依赖国家，这压抑和扼制了大学的独立性和批判意识，使其产生了严重的依赖性。其表现为当政府的支持和投入较多时，国立大学迎来了发展的春天，发展较快，但一旦政府忙于其他事务，减少对国立大学的支持和关注，俄罗斯国立大学发展就缓慢或停滞不前。

在俄罗斯国立大学外部治理的变革中，始终存在着自由和控制之间的来回摆动。当政府减少对国立大学的控制时，大学资源不足，只能到更加广阔的社会中筹集经费，这时大学往往显示出充分的自主和活力，大学会享有更多的自由。此时，国立大学物质是贫乏的，思想是丰富多彩的。当政府增加对国立大学的控制时，直接的方法是增加对大学资源上的投入和思想、意识形态的控制，大学接触到的主体只有政府这个单一个体，国立大学的表现是沉闷和枯燥的。这时候国立大学物质丰富，但精神和自由贫瘠。大学诞生在一种无论在政治、经济方面还是在知识学问方面都处于分裂状态的独特文明中，大学的规模发展到最大时，正是越来越依靠政府全面控制之日[①]。俄罗斯国立大学具有国家控制的历史传统，集权制管理模式已经融入了国立大学的骨髓，这种思想往往使国立大学很轻易地成为国家实现目标的一种工具，它把国家战略和国立大学的发展紧紧地捆绑在一起。

（二）兴国、强国——俄罗斯国立大学外部治理变革的总体目标

当今社会，大学作为国家经济和社会发展的发动机，已经成为一种共

---

① ［美］伯顿·克拉克. 高等教育新论：多学科的研究［M］. 2版. 王承绪，徐辉，等译. 杭州：浙江教育出版社，2001：26.

识。大学决定着一个国家的发展实力和未来发展潜力。随着全球化进程的不断深入，时间空间的压缩化、社会化，以及知识化、信息化成为新时代发展的特征。世界各国普遍面临着一个全球化的外部环境。在这种环境下，俄罗斯国立大学能否适应转型后政治、经济、文化和意识形态的发展环境，能否面向市场环境培养国家、社会和个人需要相适应的人才，在很大限度上决定着俄罗斯在世界格局在中的地位和俄罗斯国家在世界市场上的综合竞争力。

俄罗斯属于典型的后发型国家，追赶和超越成为国家发展的主要模式，也因此，国立大学被作为超越发展的动力之一，被赋予了国家和民族"复兴"和"强盛"的重任。新时期，俄罗斯国立大学的重要战略目标是"克服社会、国家和精神危机，保障人民高质量的生活，保障民族安全；振兴俄罗斯在教育领域内的世界大国地位；创造俄罗斯稳定的社会、经济和文化发展的基础"①。1999 年 12 月，普京在《千年之交的俄罗斯》的讲话中也强调了"在一个国民生理和心理都不健康、受教育程度低、缺乏专业知识的国家，任何时候都不能攀登到世界文明的顶峰"。这项任务的完成需要以国家为主导、以大学为主体进行建构。作为民族国家富强的重要影响因素，国立大学必须要承载国家复兴和富强的使命，这就是国立大学的国家化和民族化。国立大学要成为俄罗斯科技的加油站和人才的供应站，在国家各个领域的发展中发挥作用。全球化时代，俄罗斯面临着西方文化殖民、民族身份认同危机、民族文化安全等问题。民族精神的重建、民族身份的重构已经成为俄罗斯国家所面临的严重问题。国立大学作为文化教育的主要场所，发挥着生产知识软实力的作用，是加强民族身份认同、加强国家文化凝聚力的重要手段。

从俄罗斯国立大学的发展历史可以看出，出于强国和兴国的国家需求，政府经常出于各种原因对大学进行干涉。这样做的原因，是基于治理的需要，政府作为国立大学的投资人，是国立大学的所有者，有权干预大学的各项事务；国立大学作为政府的治理对象，作为社会的公共产品，应该受到政府部门的监督和控制；国立大学作为社会组织本身也具有逐利性，在市场的条件下各种经济行为容易失序，进而影响到大学功能的发挥和影响到社会公平。在国立大学和市场之间，政府应该发挥协调和控制的作用。

---

① Высшее образование срлвнение российской и европейской модели ［EB/OL］. （2011-07-23） ［2016-03-26］. http：// www.ibl.ru/konf/140509/64.html.

国立大学是知识和价值生产的主要场所，由于意识形态因素的存在，政府需要介入大学的事务。因此，国立大学的自治始终是有一定限度的，是在政府干预下的一定程度的自治。从国立大学的属性上分析，政府对大学的干涉是不可避免的，适当的干涉也是有益的，但如果政府干涉过度，则会影响大学正常功能的发挥，大学的自由和自治受到限制，会出现保守、封闭、依赖性严重的问题，不利于国立大学的长期健康发展。因此，政府在外部治理过程中如何调整治理边界，是国立治理体系改革的首要问题。

回顾历史，我们可以发现，俄罗斯国立大学作为社会中一种不可或缺的个体，正以它独特的性格和精神气质接受社会变迁和时代更替的洗礼。任何时代，社会经济、政治、文化及意识形态的变化都对国立大学的发展有着潜在和显在的影响。大学的治理方式总是和社会变迁相联系的。从外部治理的角度看，除了俄罗斯独立初期的十年，普京上台后的一系列政策都表明了政府千方百计地施加对国立大学的影响，使国立大学的发展方向和国家需求联系起来，以此使国立大学的行为符合国家发展的目标。而国立大学一边响应政府的召唤，以便获得资金和政策的支持；另一边又努力保持和政府的距离，保持大学的独立、自治和自由。控制和自由之间的钟摆式运动成为国立大学外部治理变革中政府与大学关系的主要模式。

由于历史惯性的影响，在俄罗斯外部治理体系中，市场和社会的作用相对于政府要小得多。造成这种情况的原因，一方面是俄罗斯国家和民族文化传统中国家主体的思想；另一方面是俄罗斯的市场经济始终是不完全的，是政府主导下的市场经济体制。也因此，国立大学在和市场进行活动的时候，更多的是政府在发挥主导作用，政府制定规范和活动框架，大学和市场在划定的框架下进行活动，这个过程中充满了政府的身影。显然，在政府、市场和大学三者的关系中，政府处于主导的强势地位，市场和大学处于相对弱势的地位。

（三）分权化——俄罗斯国立大学治理体系改革的主要线路

从权力划分的角度看，俄罗斯持续进行着教育分权化的线路，其中包括建构开放的教育市场体系、满足教育消费者的需求、发展国家—社会治理模式等。分权化是俄罗斯教育战略改革的方向。在分权化背景中，俄罗斯政府构建了一个巨大的教育网络体系。这个体系能够与受教育者、社会机构和各种不同的产业部门进行网络式的互动。教育体系将向社会中的其他体系，如企业公司、商业化教育服务市场、大众传媒、不同的社会组织进行开放。这些组织可以参与到国立大学的内部治理中，根据自己的需要对大学的教育大纲、人才培养标准、教育服务标准等提供建议。落实这样开放式的教育网络体系，需要开放性的治理模式。首先，政府在开放式的教育网络中扮演的角色发生了改变，从控制者向协调者转变，减少了国家对所有层次的国立大学进行整体划一、事无巨细地治理的方式，同时强化政府作为国立大学和社会组织之间沟通协调者和资金提供者的功能。其次，以市场为导向，建立"消费者中心"的理念，确定消费者需求对国立大学的作用，使大学改变封闭状态，关注消费者需要，并落实到大学教学、科研、组织管理等各个环节当中。最后，扩大国立大学的自主权。俄罗斯计划在2020年前使大部分教育机构转变成具有独立自主权的组织，赋予国立大学充分的自主权并使其承担相应的责任。这是俄罗斯国立大学外部治理体系变革的中心和重心。还有，当前，社会组织参与国立大学治理体系的改革是分权化治理模式的重要体现。国立大学中的监督委员会、督学委员会等不仅能使更多的社会力量参与大学治理，而且促使国立大学加强了与社会的联系。

二、俄罗斯国立大学内部治理变革的基本特征

俄罗斯进行高等教育体制改革的目的是建立适合国家强国战略发展、符合社会需求、顺应国际教育改革趋势的体制和结构。为此，国家出台了一系列的政策和法规，为教育体制改革奠定基础。大学的自治和独立是世界教育改革的主要趋势，俄罗斯加入"博洛尼亚进程"时一个重要的条件就是大学必须成为独立的自治组织。因此，俄罗斯政府不断修改相关法律，不断增加大学自治的权力，以推动大学的国际认可度，使俄罗斯大学能够融入世界大学体系中。在俄罗斯政府推动大学自治和自理的过程中，大学尤其是国立大学内部治理体系的改革是关键因素。这是因为，非国立大学是后俄罗斯独立以后成立的，本身规模小，转型容易，也容易接受新的事物和管理方式，且非国立大学在俄罗斯高等教育体系中的作用也相对较小，不足以影响到俄罗斯高等教育体系的结构。国立大学基本是从苏联时期发展过来的，有相对较长的历史，惯性大，转型难，又在俄罗斯高等教育体系中处于关键地位，因此国立大学内部治理体系改革是政府推动教育体制改革的主要方面。

（一）国立大学的自主权扩大

俄罗斯政府不断出台相关法律法规，对国立大学的自治权予以确认。

1992 年《俄罗斯教育法》、1996 年《俄罗斯联邦高等和大学后职业教育法》《自治机构法》及《国立（市立）非营利自治组织法》、2013 年《俄罗斯联邦教育法》《2025 年前俄罗斯联邦国家教育要义》等都明确了俄罗斯国立大学的自治权，对国立大学的办学方针、主体和财政拨款方式进行了规定。国立大学以独立法人形式拥有相应的自我治理的权力，同时要对国家、社会和受教育者个人承担相应的责任。国立大学具有独立的学术自治的权力、教学自治的权力、行政自治的权力和财政自治的权力，在大学章程中得以体现。国家法律政策在保证国家教育的统一性的基础上，充分地扩大了国立大学的自主权。政府在法律和政策上为国立大学的自治提供支持和引导。

俄罗斯国立大学自治权的扩大，有以下几方面原因。一是政府经费短缺，无力全面供应大学所需经费，不得不放权。二是世界高等教育中民主、自治思想潮流有了世界性扩展，俄罗斯政府想要让大学取得世界认可、融入世界高等教育体系，就需要使大学的变革符合世界主流价值观。三是政府职能转变的需要，在强调收缩政府职能的情况下，政府没有办法对国立大学进行全面的管理。

国立大学拥有自主权和自主权的扩大是政府外部治理变革的结果，同时也为大学内部治理体系的变革提供了可能性。在没有独立自主权的情况下，国立大学是无法进行内部治理和管理的。

（二）教授治校的权力得到落实

俄罗斯国立大学在理顺校、系、教研室三方主体的关系时，明确了各自的权、责、利的内容，并根据学术自治、民主管理的原则运行。系是行政组织，教研室是教学和科研组织，教研室同时采用以教研室主任为首的行政体系和教授团体为主体的学术委员会体系，共同分工管理教研室的各项事务。教师是学校、系和教研室学术委员会的主要成员，可以通过各种渠道参与到大学事务中，体现了教授治校的思想。

教授治校的直接模式是教授群体有更多的机会和权力参加到学校、系和教研室的各项事务中去。当前，在国立大学中，学术委员会是大学、系、教研室主要的管理机构，学术委员会的成员主要由教授构成，教授可以通过投票表决等方式通过多种渠道直接决定学校管理中各级组织机构的事务。教授治校的权力通过学术委员会的功能的发挥成为可能。

但也应该看到，学术委员会作为委员会管理的一种组织形式，仍然存在着从众心理、利益纠葛、效率低下等群体管理的诸多弊端。也因此，虽然教授的权力得到了认可，但在具体的学校领导体制中，校长的作用仍然不可忽视。

（三）多主体参与的国家—社会模式的形成

《俄罗斯联邦高等和大学后职业教育法》第 15 条规定，高等和大学后职业教育体系中的社会组织及国家—社会团体遵照俄罗斯联邦法律开展其活动。学生的社会组织可以代表高等学校学生的利益。在高等和大学后职业教育体系中，可以建立不充当法人的种种国家—社会团体，如高等学校的教学方法联合体、科学方法委员会、科学技术委员会及其他委员会。国家—社会团体由国家教育管理机关建立，各团体依照这些管理机关的批准开展自己的活动。高等学校的教学科研人员和其他人员，在高等和大学后职业教育体系中开展活动的企业、机关、组织的工作人员根据自愿原则加入国家—社会团体。国家—社会团体可以依照俄罗斯联邦法律吸收外国公民、无国籍人士和外国法人参与自己的工作。国家高等职业教育管理机关、高等学校学术委员会研究分析并在自己的活动中考虑高等和大学后职业教育体系中的社会组织及国家—社会团体的建议。

从法律的规定中可以看出，俄罗斯政府正在建构一种由政府—社会—校长—教师—学生多种主体共同参与的联合体，这是俄罗斯国立大学内部治理民主化的主要体现。其中政府—社会参与国立大学的治理模式，加强了国立大学与外界环境的联系，增加了社会参与国立大学治理的途径，也符合现代大学制度建设的需要，体现了现代社会民主化的治理理念。

三、本研究的创新与不足

（一）本研究的创新之处

从苏联解体至今，俄罗斯国立大学治理变革已历经 20 多年。20 多年只不过是历史长河中的一瞬间，但对俄罗斯国立大学来说，却经历了翻天覆地的变化。俄罗斯社会治理模式的颠覆式转型也导致了国立大学治理模式的剧烈变革。如今，对治理模式变革进行评价还为时尚早，但对俄罗斯国立大学的研究需要站在一定的历史高度，以更广阔的视角去进行审视。

任何一种形式的大学治理体系的变革都不能脱离外部环境的影响。俄罗斯国立大学治理变革的不断尝试也向我们提出了这样的命题：俄罗斯国立大学治理变革的目标是什么？它延续着怎样的发展路径？国立大学治理变革中怎样处理现代与传统、外来与本土之间的矛盾和冲突？国立大学治理变革中各种主体又进行了怎样的较量与博弈？在传统与革新中国立大学怎样保持折中与平衡？俄罗斯外部暴风骤雨式的变革特征在国立大学治理中又经历了怎样的演绎？国立大学治理变革在20多年中取得了什么样的成就，又遇到了哪些问题？这些问题的回答需要我们重新回到俄罗斯历史中寻找答案。

钟启泉先生曾表示过：我们对俄罗斯教育的研究出现了断层。现在俄罗斯教育研究与西方教育研究已经联上了，其话语系统的西方特征令人吃惊。我们一定要客观地把握俄罗斯教育的完整的发展脉络。但我国现在研究俄罗斯教育的人很少，这与中俄都是大国的现实不符①。相较于20多年前，如今的俄罗斯已经重新站在了新的历史起点，在经历过艰难的奋斗后，俄罗斯正以崭新的面貌展现自己。从现代工业社会向知识经济社会的过渡使俄罗斯国立大学站在引领俄罗斯发展的前列。肩负着富国、强国重任的俄罗斯国立大学如何治理和变革，是一个对我们具有重要研究意义和研究价值的问题。

本研究的创新点主要体现为：

第一，从目前的研究成果来看，在总体数量上，对俄罗斯教育研究的成果太少，对俄罗斯高等教育的研究成果更少，对1992年以后俄罗斯教育的研究成果则少之又少。我国比较有代表性的研究成果只有刘淑华的《俄罗斯教育发展战略研究》、杜岩岩的《21世纪俄罗斯师范教育现代化的价值取向及制度安排研究》、顾鸿飞的《俄罗斯非国立高等教育发展研究》、李莉的《大学与政府：俄罗斯高等教育与国家崛起》、姜炳军的《俄罗斯研究生教育的传统与变革》和凡宝轩的《俄罗斯大学女校长》等寥寥几本。与数量庞大的对欧美国家大学的研究成果相比，对俄罗斯高等教育和大学的研究较少。由于稀少，对于俄罗斯高等教育进行研究就显得更有意义和价值，有着填补空白的意蕴。

第二，从研究内容来看，俄罗斯国立大学在俄罗斯高等教育体系中处于主体的地位，体现着俄罗斯高等教育发展的水平和程度。了解国立大学的发展历史，基本上就理解了俄罗斯高等教育的绝大部分历史，国立大学的作用是不可以忽视的。但从目前国内的研究成果来看，对俄罗斯国立大学的研究往往隐藏在俄罗斯高等教育宏观研究中。笔者在对我国国家图书馆等多个检索渠道进行检索时发现，还没有一本对俄罗斯国立大学进行研究的专著出现，这显然不利于我们客观了解俄罗斯高等教育的发展现状，

---

① 赵红旭. 适应博洛尼亚进程——俄罗斯高等教育变革的分析 [D]. 上海：华东师范大学，2017：3.

因此把俄罗斯国立大学单独拿出来进行研究具有一定的创新性。

从已有的研究成果来看，在俄罗斯高等教育研究中存在着宏观和微观二元割裂的情况。而事实上，宏观外部治理和微观内部治理的变革是相辅相成的，外部治理变革是环境系统变革的结果，而内部治理变革是外部治理变革的延伸。环境—外部治理—内部治理本就可以看成一个大系统和两个子系统相互作用的产物。需要把三部分放到同一个场域中去分析和比较，这样才能理清变革的轨迹和规律，也才能发现本质和特征。用同一的时间进行系统的审视，才能如全景聚焦一样统观俄罗斯国立大学治理的全貌。在本书的构思中，把三个系统整合成一个大系统进行分析，打破了二元割裂的研究范式，具有一定的创新性。

纵观俄罗斯国立大学二十余年治理变革的历程，这是一个从秩序重建到纵深推进的过程。我们可以看到俄罗斯国立大学治理从崇尚西方的自由化到突出民族特色、从全面革新到尊重历史、从激进式改革到渐进式演变的发展特征。其中，分权化、市场化、财政多元主体投入体制的建立、强国思想和创新教育、国际交流与合作贯穿于国立大学内外部治理体系的变革中。对各线索的把握是理解国立大学治理变革轨迹的重要方法。这在研究方法上有一定的创新性。

（二）本研究的不足

回想本书的写作历程，如何在庞杂的历史史料中筛选出真正切合本书研究的材料是一直困扰笔者的问题。治理本身是一个既容易界定又不容易把握的概念。如果展开可以形成无限扩展的外延，似乎是无所不包、无所不能的。如何把握和界定对笔者来说是一个难点。

国内资料太少，国外资料贫乏，导致可以借鉴的材料不足，这也增加了本书写作的难度。特别是很多有关治理的研究是蕴含在别的研究中的，如何剥离和析出，以及对于治理变革概念的把握程度也是本书研究的一个难点。

再有，在外文资料的翻译中，对外文资料的把握程度也成为本研究中的一个难点。

参考文献

一、中文参考文献

（一）著作

［1］安方明.社会转型与教育变革:俄罗斯历次重大教育改革研究［M］.北京:社会科学文献出版社,2006.

［2］陈广胜.走向善治:中国地方政府的模式创新［M］.杭州:浙江大学出版社,2007.

［3］陈列.市场经济与高等教育:一个世界性的课题［M］.北京:人民教育出版社,1998.

［4］戴晓霞,莫家豪,谢安邦.高等教育市场化［M］.北京:北京大学出版社,2004.

［5］范建中.当代俄罗斯:政治发展进程与对外战略选择［M］.北京:时事出版社,2004.

［6］傅树政,雷丽平.俄国东正教会与国家(1917—1945)［M］.北京:社会科学文献出版社,2001.

［7］顾鸿飞.俄罗斯非国立高等教育发展研究［M］.厦门:厦门大学出版社,2012.

［8］郭小丽.俄罗斯的弥赛亚意识［M］.北京:人民出版社,2009.

［9］海运,李静杰.叶利钦时代的俄罗斯:政治卷［M］.北京:人民出版社,2001.

［10］韩骅.学术自治:大学之魂［M］.北京:中国文史出版社,2005.

［11］李福华.大学治理的理论基础与组织架构［M］.北京:教育科学出版社,2008.

［12］黎诣远.西方经济学［M］.北京:高等教育出版社,1999.

［13］李莉.大学与政府:俄罗斯高等教育与国家崛起［M］.北京:社会科学文献出版社,2012.

［14］刘明.街头政治与"颜色革命"［M］.北京:中国传媒大学出版

社,2006.

[15] 刘省非.教育市场化:转型期俄罗斯高等教育改革研究[M].北京:人民出版社,2013.

[16] 刘淑华.俄罗斯教育战略研究[M].杭州:浙江教育出版社,2014.

[17] 吕炜.高等教育财政:国际经验与中国道路选择[M].大连:东北财经大学出版社,2004.

[18] 孟伟,熊震,王连喜,等.演变后的俄罗斯[M].深圳:海天出版社,2010.

[19] 潘懋元.新编高等教育学[M].北京:北京师范大学出版社,1996.

[20] 石中英.知识转型与教育改革[M].北京:教育科学出版社,2001.

[21] 孙永正.管理学[M].北京:清华大学出版社,2007.

[22] 王承绪.比较教育学史[M].北京:人民教育出版社,1999.

[23] 王义高.俄罗斯教育10年变迁[M].北京:北京师范大学出版社,2003.

[24] 王义高.苏俄教育[M].长春:吉林教育出版社,2000.

[25] 王诗宗.治理理论及其中国适用性[M].杭州:浙江大学出版社,2009.

[26] 王绽蕊.高校治理比较与改进[M].北京:光明日报出版社,2013.

[27] 谢晓光.俄罗斯与东亚转型理论与实践[M].长春:长春出版社,2012.

[28] 俞可平.治理与善治[M].北京:社会科学文献出版社,2000.

[29] 张宝泉.美·苏·英·德·法高等学校管理比较[M].长春:东北师范大学出版社,1998.

[30] 张维迎.大学的逻辑[M].北京:北京大学出版社,2004.

[31] 郑杭生.当代中国社会结构和社会关系研究[M].北京:首都师范大学出版社,1997.

[32] 北京师范大学外国教育研究所.苏联高等和中等专业教育法令汇编[M].北京:北京师范大学出版社,1984.

[33] 周三多.管理学:原理与方法[M].2版.上海:复旦大学出版社,1997.

[34] 朱力.变迁之痛:转型期的社会失范研究[M].北京:社会科学文献出版社,2006.

[35] 朱小蔓,[俄]鲍列夫斯卡娅,[俄]鲍列辛柯夫.20-21世纪之交中俄教育改革比较[M].北京:教育科学出版社,2006.

［36］［美］D.B.约翰斯通.高等教育财政:问题与出路［M］.沈红,李红桃,译.北京:人民教育出版社,2004.

［37］［美］安德鲁·C.库钦斯.俄罗斯在崛起吗?［M］.沈建,译.北京:新华出版社,2004.

［38］［美］本杰明·莱文.教育改革:从启动到成果［M］.项贤明,洪成文,译.北京:教育科学出版社,2004.

［39］［美］伯顿·克拉克.高等教育新论:多学科的研究［M］.2版.王承绪,徐辉,等译.杭州:浙江教育出版社,2001.

［40］［美］阿道夫·A.伯利,德纳·C.米恩斯.现代公司与私有财产［M］.甘华鸣,罗锐韧,蔡如海,译.北京:商务印书馆,2005.

［41］［美］理查德·C.博克斯.公民治理:引领21世纪的美国社区［M］.孙柏瑛,等译.北京:中国人民大学出版社,2013.

［42］［美］理查德·M.尼克松.超越和平［M］.范建民,等译.北京:世界知识出版社,1995.

［43］［美］尼古拉·梁赞诺夫斯基,马克·斯坦伯格.俄罗斯史［M］.8版.杨烨,卿文辉,译.上海:上海人民出版社,2007.

［44］［美］约翰·E.丘伯,泰力·M.默.政治、市场和学校［M］.蒋衡,等译.北京:教育科学出版社,2003.

［45］［美］詹姆斯·N.罗西瑙.没有政府的治理［M］.张胜军,刘小林,等译.南昌:江西人民出版社,2001.

［46］［苏联］B.B.马夫罗金.彼得大帝传［M］.余大钧,译.北京:商务印书馆,2000.

［47］［苏联］普列汉诺夫.俄国社会思想史(第一卷)［M］.孙静工,译.北京:商务印书馆,1988.

［48］［苏联］叶留金.苏联高等学校［M］.张天恩,等译.北京:教育科学出版社,1983.

［49］［俄］别勒古洛夫.俄罗斯民族地区教育体系的形成与发展［M］.阿依提拉·阿布都热依木,等译.北京:社会科学文献出版社,2014.

［50］［俄］普京.普京文集:文章和讲话选集［M］.北京:中国社会科学出版社,2002.

［51］［俄］戈连科娃.俄罗斯社会结构变化和社会分层［M］.宋竹音,王育民,译.北京:中国财政经济出版社,2004.

［52］［法］让-皮埃尔·戈丹.何谓治理［M］.钟震宇,译.北京:社会科学

文献出版社,2010.

[53] 国际货币基金组织.世界经济展望[M].北京:中国金融出版社,1998.

[54] 教育发展与政策研究中心.发达国家教育改革的动向和趋势:美国、日本、英国、联邦德国、俄罗斯教育改革文件和报告选编(第5集)[M].北京:人民教育出版社,1994.

[55] 上海外国语学院苏联研究所.苏联高等教育文件选编[M].上海:上海外语教育出版社,1986.

[56] 现代国际关系研究所民族与宗教研究中心.世界宗教问题大聚焦[M].北京:时事出版社,2002.

[57] 中华人民共和国教育部国际合作与交流司.国外高等教育调研报告[M].北京:首都师范大学出版社,2001.

(二)期刊

[1] 安兆祯.2018年俄罗斯经济社会发展展望[J].商业经济,2018(4).

[2] 卞靖,李松健.跨越"中等收入陷阱"的国际比较与启示:从供给侧结构性改革的视角[J].当代经济管理,2017(11).

[3] 曹一红.俄罗斯创新经济发展背景下产学研一体化探析[J].教育探索,2018(2).

[4] 陈汉强.俄罗斯高校内部管理体制变革述论[J].理工高教研究,2009,28(5).

[5] 董红梅.俄罗斯高等教育改革措施研究[J].黑龙江省政法管理干部学院学报,2016(2).

[6] 董舒文,于翔.博洛尼亚进程推动下的俄罗斯高等教育国际化[J].中国电力教育,2012(14).

[7] 杜岩岩.欧洲教育一体化进程中的俄罗斯高等教育改革[J].教育理论与实践,2007(2).

[8] 杜岩岩,张男星.博洛尼亚进程与中俄教育交流合作的空间[J].俄罗斯研究,2009(1).

[9] 杜岩岩.俄罗斯创新型大学发展战略及其保障机制[J].教育科学,2011,27(5).

[10] 杜岩岩.俄罗斯高等教育体制的变革[J].教育研究,2011(12).

[11] 樊英波,李雅君.延续与创新:梅德韦杰夫的教育思想解读[J].俄罗斯文艺,2009(4).

［12］费方域.什么是公司治理？［J］.上海经济研究,1996(5).

［13］冯绍雷.俄罗斯体制转型的发生、路径及其走向［J］.俄罗斯研究, 2001(2).

［14］苟立云.俄罗斯大学教育的几大走向分析［J］.黑龙江高教研究, 2006(7).

［15］顾鸿飞.俄罗斯大学入学考试制度:国家统一考试探析［J］.比较教育研究,2006(5).

［16］郭强,赵风波."一带一路"战略下的中俄跨境高等教育［J］.中国高教研究,2017(7).

［17］郭晓琼."梅普"时期的俄罗斯经济:形势、政策、成就及问题［J］.东北亚论坛,2012(6).

［18］郭晓琼.危机与应对:普京第三任期俄罗斯经济发展［J］.东北亚论坛,2017(6).

［19］何学仁.暴富群体与乞丐阶层:俄罗斯贫富两极大分及其原因［J］.国际贸易,1999(10).

［20］何雪莲.公私莫辨:转型国家高等教育市场化研究［J］.比较教育研究,2012(1).

［21］何雪莲.创新的义务:俄罗斯企业型大学政策研究［J］.现代大学教育,2014(5).

［22］郝赫.简析俄罗斯政治权力体系架构的特点及其挑战［J］.俄罗斯东欧中亚研究,2017(6).

［23］黄永鹏,程家明.俄罗斯经济转轨战略调整及对转型国家的启迪［J］.汕头大学学报(人文科学版),2005(5).

［24］贾长平.困扰俄罗斯的人口危机［J］.世界知识,2011(11).

［25］姜晓燕.俄罗斯教育 20 年:变革与得失［J］.比较教育研究,2010 (10).

［26］符拉基米尔·科隆泰,陈思.俄罗斯的社会转型［J］.国际社会科学杂志(中文版),2000(1).

［27］赖明谷,柳和生.大学治理:从制度维度到文化维度［J］.现代大学教育,2005(5).

［28］雷丽平.令人堪忧的俄罗斯人口问题［J］.俄罗斯研究,2001(3).

［29］李芳.俄罗斯的国立大学、企业与国家新三位一体的矛盾分析［J］.比较教育研究,2004(11).

［30］李艳辉,O.A.玛什金娜.俄罗斯第三代高等教育国家标准:背景、框架、特点［J］.高等教育研究,2014,35(2).

［31］李木洲,刘海峰.民国时期国立大学的设立与分布［J］.高等教育研究,2014,35(4).

［32］李培林.社会结构转型理论研究［J］.哲学动态,1995(2).

［33］李莎,刘卫东.俄罗斯人口分布及其空间格局演化［J］.经济地理,2014(2).

［34］李雅君,刘彦尊.连续与非连续:俄罗斯教育改革模式［J］.教育理论与实践,2010,30(10).

［35］李雅君,嘉莉娜·谢尔盖耶夫娜·科瓦廖娃,王建国,等.俄罗斯创新人才培养的背景与实施策略［J］.现代教育管理,2013(5).

［36］李艳辉.俄罗斯基础教育创新发展动向及启示［J］.中国教育学刊,2013(2).

［37］刘洪岩.昂扬而凝重的话题:俄罗斯法治转型进程中的法律自治［J］.北方法学,2018(2).

［38］刘杉杉.俄罗斯政府近期发布的宏观教育改革方案［J］.世界教育信息,2008(10).

［39］刘淑华,刘欣妍.走向治理:俄罗斯高等教育内部管理体制变革取向［J］.比较教育研究,2015(2).

［40］刘淑华.近20年来俄罗斯的高等教育外部治理变革［J］.高等教育研究,2016,37(7).

［41］刘淑华.21世纪以来俄罗斯高等教育国际化战略:动因、举措和特征［J］.中国高教研究,2018(3).

［42］刘志民,胡顺顺."一带一路"沿线5国高等教育持续增长的成因分析［J］.重庆高教研究,2016(11).

［43］卢乃桂,操太圣.中国改革情境中的全球化:中国高等教育市场化现象透析［J］.北京大学教育评论,2003(1).

［44］吕济锋,夏人青.俄罗斯高等教育政策评述［J］.上海师范大学学报,2006(5).

［45］陆南泉.普京的治国理念与俄罗斯的未来［J］.当代世界与社会主义,2005(2).

［46］梅汉成.俄罗斯大学重组工作将继续进行［J］.世界教育信息,2014(17).

［47］孟繁红.俄罗斯高校对博洛尼亚进程的参与［J］.教育评论,2011(4).

［48］庞大鹏.俄罗斯的"主权民主"思想［J］.欧洲研究,2008(4).

［49］庞大鹏.俄罗斯的国家认同:内政外交的联动性［J］.俄罗斯东欧中亚研究,2018(1).

［50］祁占勇.大学章程的法律性质及其完善路径［J］.高教探索,2015(1).

［51］乔莉莉.俄罗斯现行高等教育国家标准框架下学生学业评价改革研究［J］.外国教育研究,2015(11).

［52］秦惠民.有关大学章程认识的若干问题［J］.教育研究,2013(2).

［53］邵海昆.《国立莫斯科大学章程》的内容及其分析［J］.清华大学教育研究,2015,36(1).

［54］邵海昆.俄罗斯高校国际竞争力提升方案:实施三年 成效显著［J］.世界教育信息,2016(2).

［55］宋丽荣.俄罗斯高校内部管理体制改革及其启示［J］.西伯利亚研究,2008(4).

［56］孙春梅.俄罗斯讨论建立教育贷款系统［J］.比较教育研究,2007(6).

［57］孙天华.大学治理结构中的委托—代理问题:当前中国公立大学委托代理关系若干特点分析［J］.北京大学教育评论,2004(4).

［58］汤智,李小年.大学基层学术组织运行机制:国外模式及其借鉴［J］.教育研究,2015(6).

［59］田刚健.当代俄罗斯国家文艺奖的评选机制与价值导向［J］.中国社会科学评价,2018(2).

［60］万秀兰.比较教育学科的发展战略与建设目标:浙江师大比较教育学科建设研讨会纪要［J］.全球教育展望,2008(4).

［61］王恩华.俄罗斯大学自治:历史、现状与趋势［J］.国家教育行政学院学报,2013(11).

［62］王义高.从《联邦教育发展纲要》看俄罗斯教育发展新态势［J］.外国教育研究,2002(3).

［63］王会花.俄罗斯高等教育评估体系发展脉络及启示［J］.世界教育信息,2018(1).

［64］王洪才.大学治理的内在逻辑与模式选择［J］.高等教育研究,

2012,33(9).

[65] 王莉.当代俄罗斯学位授予制度改革及启示[J].学位与研究生教育,2018(3).

[66] 王浦劬.国家治理、政府治理和社会治理的含义及其相互关系[J].国家行政学院学报,2014(3).

[67] 王书武,宋丽荣.现代政治治理下的俄罗斯大学与政府关系[J].继续教育研究,2009(10).

[68] 王伟,陈于后.高校章程与高校治理结构的重塑[J].湖南科技大学学报,2012(3).

[69] 王秀玲,于广建,梁荣欣.俄罗斯高教改革与人才培养模式[J].高等农业教育,1997(6).

[70] 肖甦.俄罗斯的一流大学建设[J].华东师范大学学报,2016(3).

[71] 徐明,李芳.俄罗斯"叫停"部分高校分校的动因分析[J].比较教育研究,2005(6).

[72] 徐明.俄罗斯高等教育服务市场发展状况分析[J].俄罗斯学刊,2011(4).

[73] 阎德学.冷战后日本关于俄罗斯社会转型研究综述[J].俄罗斯中亚东欧研究,2012(4).

[74] 杨宁,杨广云.俄罗斯高校管理体制的民主化进程:基于前苏联与俄罗斯的比较研究[J].大学(研究与评价),2009(4).

[75] 杨洲,刘志民.世界七大留学目的国留学生招收策略对比及启示[J].现代大学教育,2017(6).

[76] 张男星.论俄罗斯的高等教育改革——来自20世纪末的教育震撼[J].俄罗斯研究,2002(4).

[77] 赵定东.俄罗斯社会转型的历史动态轨迹[J].辽东学院学报(社会科学版),2006(5).

[78] 赵定东,杨政.俄罗斯社会转型理论及立论基础析论[J].西伯利亚研究,2005(4).

[79] 赵建常.俄罗斯文学与宗教文化[J].中北大学学报(社会科学版),2006(4).

[80] 赵伟.《俄罗斯联邦教育法》修订的价值取向——基于法律文本的解析[J].哈尔滨师范大学社会科学学报,2016(2).

[81] 周尚文."俄罗斯思想"与俄罗斯社会转型[J].当代世界与社会主

义,2002(4).

［82］张树华.历史、历史观与三十年来的俄罗斯政治［J］.华东师范大学学报(哲学社会科学版),2017(2).

［83］［日］富永健一.关于功能理论、社会系统理论及社会变动问题的再思考［J］.社会学研究,1987(1).

［84］［俄］安德烈·多布罗沃利斯基,郭明磊.俄罗斯高等教育的发展现状和改革方向［J］.重庆高教研究,2015(2).

［85］［俄］A.涅斯捷连科.过渡时期已经结束,以后将会怎样［J］.经济问题,2000(11).

［86］希尔瓦娜·马勒,张聪明.转轨十年后的俄罗斯经济:经济失败和目前的政策选择［J］.东欧中亚研究,2002(1).

［87］中国驻俄罗斯大使馆教育处.俄罗斯教育科学部颁布创新型大学评选标准［J］.世界教育信息,2006(8).

［88］全国教育科学规划领导小组办公室."俄罗斯创新型大学发展战略及其保障机制研究"成果报告［J］.大学(学术版),2012(6).

［89］刘淑华,朱思晓.苏联解体后俄罗斯高等教育结构体系变革［J］.外国教育研究,2021(3).

［90］王莉,张晋敏.俄罗斯教育出口的发展、动力及其策略分析［J］.西伯利亚研究,2019,46(5).

［91］赵宏媚,严丹.俄罗斯"教育出口项目(2017—2025 年)"解读及启示［J］.世界教育信息,2019(10).

［92］牛继平,李妍.俄罗斯教育服务出口发展研究［J］.欧亚经济,2020(1).

(三)硕博士论文

［1］崔晓娟.转型期俄罗斯青年价值观研究［D］.上海:华东师范大学,2003.

［2］杜健荣.卢曼法社会学理论研究:以法律与社会的关系问题为中心［D］.长春:吉林大学,2009.

［3］胡伶.公共治理范式下的地方教育行政职能转变研究［D］.上海:华东师范大学,2010.

［4］李雅君.俄罗斯教育改革模式的历史文化研究［D］.长春:东北师范大学,2010.

［5］孙曙光.治理理论视阈下我国公立大学内部制度研究［D］.长春:吉

林大学,2017.

［6］佟金梅.转型期俄罗斯高等教育市场化改革研究［D］.长春:东北师范大学,2007.

［7］王广振.转型期俄罗斯中产阶级问题研究［D］.济南:山东大学,2007.

［8］吴明华.现代大学的治理逻辑及其在中国大学实现路径研究［D］.上海:上海交通大学,2013.

［9］姚漫漫.俄罗斯教师培养模式转型的路径及保障机制研究［D］.沈阳:辽宁师范大学,2017.

［10］张男星.俄罗斯高等教育体制变革研究［D］.上海:华东师范大学,2002.

［11］赵红旭.适应博洛尼亚进程:俄罗斯高等教育变革的分析［D］.上海:华东师范大学,2017.

二、俄文参考文献

（一）著作

［1］Савельев А Я, Момот А И, Хотеенков В Ф и др. Высшее образование в России: Очерк истории до 1917 г［M］. М.: НИИВО, 1995.

［2］Барабанова С В. Государственное регулирование Высшего образования в Российской Федерации: административно－правовые вопросы［M］. Казань: Изд－во Казанского государственного университета, 2004.

［3］Романкова Л И. Высшая школа: Социальные технологии деятельности［M］. М.: НИИВО, 1999.

［4］Тренин Д В. Интеграция и идентичность: Россия как "новый Запад"［M］. М.: Европа, 2006.

［5］Кондаков И В. Культура России: краткий очерк истории и теории: учебное пособие по специальности "Культурология"［M］. М.: Университет, 2008.

［6］Жуков В И. Университетское образование: История, социология, политика［M］. М.: РИЦ ИСПИ РАН, 2003.

［7］Гретченко А И, Гретченко А А. Болонский процесс: интеграция России в европейское и мировое образовательное пространство［M］. М.:

КНОРУС, 2009.

［8］Хорин И С, Шматова Н И. Высшее образование в России （политико－правовой, исторический и философский аспекты: моног-рафия）［M］. М.: Изд-во Нац. ин-та бизнеса, 2009.

［9］Болотин И С, Джамалудинов Г М. Социология высшей школы ［M］. М.: Экономика и финансы, 2003.

［10］Васильев Ю С, Глухов В В, Федоров М П. Экономика и организация управления вузом: учебник［M］. СПб: Лань, 2004.

［11］Глухов В В, Карахотин С Н. Многоканальная система финансирования учреждений высшего образования ［M］. СПБ: Изд-во Политехнического университета, 2007.

［12］Лукашенко М А. Образование в условиях рынка: концепция учебного заведения［M］. М.: Экономика, 2002.

［13］Ильинский И М. Негосударственные вузы России: опыт самоидентификации［M］. М.: изд-во Мос. гуманит. ин-та, 2004.

［14］Фиапшев Б Х. Образовательные стандарты, автономия высшей школы, академические свободы［M］. М.: Народное образование, 2007.

［15］Беляков С А. Модернизация о-бразования в России: совершен-ствование управления［M］. М.: МАКС Пресс, 2009.

［16］Правительств о Р Ф. Конституция Российской Федерация［M］. Красноярск: Новосибирск Сибирское универство издательство, 2010.

［17］Стриханов М Н. Подготовка научно－педагогических кадров и поддержка молодых учёных Материалы Всероссийской конференции: Подготовка Научных Кадров в РФ состояние перспективы развития［M］. Н. Новгород: НГГУ, 2002.

（二）期刊

［1］Холкин Д В. Управленческий консалтинг в высшей школе［J］. Университетское управление: практика и анализ, 2004（2）.

［2］Колесн иков В И. Формирование системы управления университетами в России［J］. Педагогика, 2003（2）.

［3］Копыл А Н. Проблема преемственности в русской педагогике XVIII–XIX вв.［J］. Педагогика, 2006（7）.

［4］Князев Е А. Об университетах и их стратегиях ［J］.

Университетское управление：практика и анализ, 2005 (4).

［5］Арнаут М Н. Анализ эффективности методов управления университетом［J］. Территория новых возможностей. Вестник Владивостокского государственного университета экономики и сервиса, 2015, 1 (28).

［6］Кельчевская Н Р, Мухамедьяров Р В. Организационно-правовая структура государственных высших учебных заведений［J］. Университетское управление, 1999 (3).

［7］Криштал М М. Генерация инноваций и оптимизация системы управления университетом［J］. Экономика образования, 2012 (4).

［8］Ворошилова Е Н. Управление кадровыми ресурсами многопрофильного университета［J］. Инновационная наука, 2015,4(1).

［9］Егоршин А. П. Перспективы развития образования России в XXI в.［J］. Университетское управление：практика и анализ, 2000 (4)：50-64.

［10］Белоус В И, Устинкин С В. Социальные последствия российских радикальных реформ 90-х гг. XX столетия［J］. Власть, 2010 (3).

［11］Курган Г. Отечественная история：смена парадигмы［J］. Высшее образование в России, 2006 (2).

［12］Смирнов С. Болонский процесс：перспективы развития в России ［J］. Высшее образование в России, 2004 (1).

［13］Медведев С. Болонский процесс：Россия и глобализация ［J］. Высшее образование в России, 2006 (3).

［14］Беляев В, Жабрев Г. Болонский процесс попытка конкуренции ［J］. Высшее образование в России, 2006 (4).

［15］Акулинин Ф В, Пономарев М А. Высшее образование как инструмент инновационного развития экономики России［J］. Экономика образования, 2010 (6).

［16］Лукашенко М. Рынок образовательных услуг：десять лет спустя ［J］. Высшее образование в России, 2003 (1).

［17］Роденкова Т Н. Актуальные проблемы управления финансовыми потоками в российском образовании［J］. Экономика образования, 2003 (3).

［18］Ромаков Л И. Проблема теории экономики высшей школа［J］.

Экономика образования, 2005(10).

［19］ Манюрова А. Продаётся социально – ответственная услуга［J］. Платное образование,2003 (4).

［20］ Акимов Ю. По законам цивилизованного рынка［J］. Платное образование, 2003(6).

［21］ Зернов В А. Негосударственное профессиональное образовани: современное состояние и перспективы развития ［J］. Гуманизация образования, 2003 (2).

［22］ Становление общества знаний – цель реформирования образования и науки［J］. Высшее образование сегодня,2004 (4).

［23］ Мудрова Е Б, Виноградова Е Б, Государство – инвестор, Государство – заказчики подготовка Научно педагогических Надров: сеть НИУ［J］. Высшее Образование в России,2013(12):22.

［24］ Розина Н. О разработке нового поколения государственных образовательных стандартов［J］. Высшее образование в России, 2007 (3).

［25］ Гаврилов В С, Колесников В. Иванович, Олесеюк Е В. К вопросу о национальных моделях образования［J］. Высшее образование в России, 2009 (3).

［26］ Колесников В Н, Кучер И В, Турченко В Н. Коммерциализация высшего образования – угроза национальной безопасности России ［J］. Педагогика школьная, 2004 (6).

［27］ Сазонов Б, Максимов Н, Караваева Е. Классификация образовательных программ: состояние и перспективы обновления ［J］. Высшее образование в России, 2006 (1).

［28］ Беляков С А, Куклин В Ж. Системные аспекты образовательной политики и управления образованием［J］. Университетское управление: практика и анализ, 2003 (3).

［29］ Вербицкая Л, Касевич В. Институциональная автономия и проблема управления в высшем образовании［J］. Высшее образование в России, 2006 (7).

［30］ Круглов Ю, Олесеюк Е. Государство и высшая школа ［J］. Вузовский вестник, 2006 (6).

［31］ Лазарев Г И, Крюков В В, Карпова В О. Социально –

экономическое развитие стран и качество высшего образования：сравнение на основе рейтинговых оценок［J］. Вестник высшей школы, 2013 (11).

［32］Лазарев Г И. Предпринимательский университет：инновационный образовательный менеджмент［J］. Педагогика, 2013 (8).

［33］О публичных планах деятельности федеральных органов исполнительной власти［J］. Вестник высшей школы, 2013 (7).

［34］Образование, которое мы можем потерять：сборник / под общ. ред. В. А. Садовничего［C］. М.：Московский гос. ун‑т им. М. В. Ломоносова：Ин‑т компьютерных исслед, 2002.

［35］Прозументова Г Н. Образование в инновационной саморазвивающейся системе школ（Постановка проблемы）［J］. Образование и наука：современные стратегии развития：Межвузовский тематический сборник статей и материалов к Международному конгрессу "Образование и наука на пороге третьего тысячелетия", Россия, Новосибирск, 4 ‑ 9 сентября 1995 года. Томск, 1995(9).

（三）政策法规、报告

［1］Выступл ение Ельцина в Нью ‑ Йорком Университете［N］. Правда, 1991‑07‑09.

［2］Владимир Путин：Россия на Рубеже Тысячелетий［R］. Независимая газета, 1999‑12‑10.

［3］Путин В В. Россия на рубеже тысячелетия［N］. Независимая Газеда, 1999‑12‑30.

［4］Российс кое и общеевропейское образовательное пространство：организационно ‑ экономическое образовательное проблемы интеграции университетское управление［N］. 2004‑05‑06.

［5］Калл иома Л. Вузы выбывают из игры ‑ Негосударственные образовательные учреждения оказались на грани банкротства［N］. Российская Бизнес‑газета, 2009‑05‑19.

［6］Сави цкая Н. Негосударственные вузы：родны дитя или приемное? Эксперты предлагают лишить негосударственные вузы права выдавать госдипломы［N］. Независимая газета, 2005‑02‑08.

［7］Игорь Наумов. Отечественная наука подиум грантами［N］. Независимая газета, 2012‑05‑23.

［8］Минис терство науки и образования РФ. Концепция Экспорта Образовательных Услуг Российской Федерации［R］. Москва: Министерство науки и образования РФ, 2009.

［9］Минис терство образования и науки РФ. Экспорт Российских образовательных Услуг: Статистический сборник（Выпуск 5）［R］. Москва: Социоцентр, 2015.

［10］Министе рство образования и науки российской Федерации. Стратегия развития наука и инноваций в Российской Федерации на период до 2015 года［R］.2004-06-02.

［11］Мини стерство образования и науки российской федерации, федеральская служба государственной статистики, Государственный университет - Высшая школа экономики. Образование в Российской Федерации: 2010: статистический сборник［R］. Москва: государственный университет-Высшая школа экономики,2010.

［12］Мини стерство образования РФ. НациональнаяДоктрина на Образования Российской Федерации［R］. Москва: Министерство образования РФ, 2000:3.

［13］Мини стество образования и наука Российской федерации. Российское образование - 2020: модель образования для экономики, основанной на знаниях［R］. Москва: изд-во ГУ ВШЭ, 2008.

［14］Минэк омразвития России. Стратегия инновационного развития Российской Федерации на период до2020 года［R］. Москва, 2010.

［15］Минис терство образования и науки РФ. Главные события в современном образовании 2004-2011 гг.［R］. Москва медиаплан, 2012.

［16］Правит ельство Российской федерации. О конкурсном отборе программ развития университетов в отношении которых устанавливается категория национальный исследовательский университет［R］.2009-07-13.

［17］Федер альная служба по надзору в сфере обрзования и науки. Концепция общероссийской системы оценки качества образования［R］. Москва,2008.

［18］Владимир Путин: Россия на Рубеже Тысячелетий［R］. Независимая газета,1999-12-10.

［19］Министерство образования и наука РФ. Национальная доктрина образования в Российской Федерации до 2025 года［R］.2000-10-19.

［20］Минист ерство образования и науки РФ. Государственная Программа РФ "Развитие образования" на 2013-2020 гг. ［R］. Москва: министерство образования и науки РФ, 2012.

［21］Иваненко К. Б. Негосударственное высшее образование России: тенденции и особенности развития социологический аспект ［D］. Екатеринбург,2005.

［22］Министерство образования и науки РФ. Федеральный закон об образовании в Российской Федерации ［Z］. 2013.

后 记

苏联解体后，俄罗斯国立大学治理体系一直在激烈的政治经济体制转型中摸索着变革路径。虽然俄罗斯国立大学治理体制基本上继承了苏联时期大学的教育传统，但是一直处于变化中，尤其是在21世纪初俄罗斯社会经济体制改革的背景下，俄罗斯国立大学治理体系出现了更大的变化。其主要体现为：市场化、法人化、民主化等成为影响国立大学治理体系的重要因素，国立大学从政府附属机构变为独立法人机构。无论就大学自身还是仅就大学内部治理结构而言，民主化都是其变革的主要趋势。

21世纪，俄罗斯国立大学在治理体系快速变革的同时，也积累了一系列的问题。这主要表现为：大学的法人地位仍然受到历史惯性的影响，大学对政府的依赖性仍然存在；国家、社会、大学三方协同式治理体系的建设还不完善；在市场和商品经济的冲击下，国立大学的逐利行为趋重，国立大学整体治理方式官僚化态势明显；等等。

目前，俄罗斯社会政治、经济环境日趋稳定，俄罗斯联邦对国立大学的政策也相对平稳，这些为俄罗斯国立大学的发展提供了机遇。但机遇也伴随着挑战，比如俄罗斯国立大学国际化发展的难度依然很大，也为国立大学科研水平向世界高水平看齐增加了障碍。因此，增加国立大学科研活力和动力，成为俄罗斯国立大学治理体系变革的目标。对俄罗斯国立大学治理体系变革的研究同样对我国大学治理体系改革有重要的参考价值。

本书是在笔者博士学位论文的基础上修改而成的。感谢我的导师胡建华先生。老师渊博的知识、谦虚的为人处事风格都使我受益匪浅。犹记得听老师给硕士生上课，每次下课，老师都不忘把黑板擦得干干净净再离开教室，他说这样不给别人留麻烦。一位德高望重的资深学者能在一件小事情上做到这样，令我深受触动。现在，我在下课的时候也坚持把黑板擦干净。我想，老师能做到，做学生的也要做到。老师的卓越学识和让人敬佩的人格品质是我一生学习的榜样。

在论文的写作过程中，从选题的确定、研究思路的理顺、研究框架的设计到文献资料的搜集整理，胡老师都一一指导。论文中每一处细微的修改都凝结着老师的付出。我更加深刻地感受到了胡老师严谨的学术态度、开阔的学术视野、求真务实的学术品格。感谢老师的厚爱和叮咛！

感谢王建华教授，王老师是一个生活中和蔼可亲、学术上又特别严谨的人。求学过程中，每次和王老师交流都令我受益匪浅。

同时感谢陈何芳教授、祝爱武教授、程晋宽教授、周川教授和胡钦晓教授，他们在我毕业论文的完成过程中提出了宝贵的建议。感谢南京师范大学教科院的各位老师和同学，感谢他们的帮助！

感谢东北师范大学邬志辉先生和张培女士，他们是我的硕士生导师，在我的成长过程中始终给予我关怀和帮助，尽管我已毕业多年，他们仍然给予我各种支持。

感谢给予我各种帮助的各位领导和同事！

感谢我的家人在论文的写作过程中对我的支持和谅解！

感谢江苏大学出版社米小鸽女士和张冠先生，在他们的帮助下，本书得以出版。

感谢人生中这一段岁月和各种遇见！

最后，由于笔者在翻译和分析问题上尚有不足，书中难免存在疏漏之处，敬请诸位专家学者批评指正！

解瑞红

2021 年 10 月于镇江家中